Frank Kürschner-Pelkmann

Babylon –

Mythos und Wirklichkeit

Babylon –
Mythos und Wirklichkeit

Frank Kürschner-Pelkmann

Steinmann

Erste Auflage

ISBN 978-3-927043-65-7
Covergestaltung: Elsa von Rahden, Fischerhude
Titelfoto des Ischtar-Tores: Helga Reisenauer
Autorenfoto: Birgit Uhl
Herstellung: BoD – Books on Demand GmbH, Norderstedt

www.steinmannverlag.de

Inhalt

Einleitung

„Die du an großen Wassern wohnst und große Schätze hast, dein Ende ist gekommen, dein Lebensfaden wird abgeschnitten" (Jeremia 51,13). Keine andere Stadt wird in der Bibel so negativ dargestellt wie Babylon – und keiner wird so häufig der Untergang prophezeit. Die Bibelstellen, wo neutral oder sogar positiv über die Stadt am Euphrat berichtet wird, sind rar. Nicht einmal die assyrische Hauptstadt Ninive hat in der Bibel einen so schlechten Leumund, denn immerhin wird in der Jonageschichte von der Umkehr und Rettung der Menschen dieser Stadt erzählt. Im Bewusstsein vieler Christinnen und Christen bleibt die antike Hauptstadt Babyloniens hingegen das „Sündenbabel". Dem stehen seit Ende des 19. Jahrhunderts archäologische Erkenntnisse gegenüber, die die beeindruckenden Leistungen der Babylonier beweisen. Dabei ist auch deutlich geworden, dass die kulturelle, religiöse und ethnische Vielfalt der Stadt einen Reichtum dargestellt hat und keineswegs gradlinig in den Untergang führte.

Noch zu oft verlaufen heute der theologische und der archäologische Diskurs über Babylon unverbunden nebeneinander. Babylon in seiner ganzen Vielfalt zu entdecken, eröffnet Christinnen und Christen ganz neue Einsichten zur biblischen Botschaft und für ein glaubwürdiges christliches Leben in heutigen multikulturellen und multireligiösen Gesellschaften.

Die „oberen Zehntausend" im babylonischen Exil

Babylon ist in der Bibel die Hauptstadt des größten Feindes des jüdischen Volkes, von König Nebukadnezar. Die Eroberung Jerusalems 597 v. Chr. durch seine Truppen hatte zur Folge, dass die Stadt zerstört und die „oberen Zehntausend" der jüdischen Gesellschaft an den Euphrat verschleppt wurden. Sie erlebten in Babylon eine reiche, bunte und quirlige Großstadt mit einem vielstimmigen „babylonischen Sprachgewirr". Jüdische Propheten waren überzeugt, dass eine solche Stadt dem Untergang geweiht sein musste.

Das Leben der Juden in der Exilszeit war keineswegs nur Anlass, an den Flüssen von Babylon zu sitzen und zu weinen. Anders, als wir nach einem Besuch einer Aufführung von Verdis Oper „Nabucco" vermuten könnten, lagen die jüdischen Bewohner Babyloniens nicht schmachtend in Ketten. Vielmehr konnten sie in eigenen Siedlungsgebieten zusammenleben und ihre Religion praktizieren. Das war mehr, als besiegte und verschleppte Menschen in manchen anderen antiken Reichen zu erwarten hatten, beispielsweise in Assyrien. Dass die Juden im Exil in größeren Gruppen zusammenlebten, gilt heute als eine der Voraussetzungen dafür, dass sie als Volk das

Exil überstanden haben und religiös gestärkt aus ihm hervorgegangen sind. Auch wissen wir inzwischen, dass manche Juden im Exil zu Wohlstand kamen und anerkannte Positionen in der babylonischen Gesellschaft erlangten. Das erklärt, warum viele Exilfamilien nicht in die Heimat zurückkehrten, als sie die Erlaubnis dazu erhielten, sondern in Babylonien blieben.

Die theologischen Grundlagen der jüdischen Religion sind in erheblichem Umfang in Babylon formuliert worden – und das selbst dann noch, als das babylonische Reich schon untergegangen war. Die großen jüdischen Diasporagemeinden an Euphrat und Tigris lernten die persische und dann die griechische Kultur und religiöse Welt intensiv kennen und wurden davon beeinflusst.

Die Erfahrungen und Einsichten der Gläubigen in der Diaspora trugen wesentlich zur Festlegung der jüdischen Glaubensvorstellungen bei, wie wir sie heute kennen. Das Bild von Babylon in der Bibel blieb dennoch weitestgehend negativ und dies auch im Neuen Testament.

Die biblischen Geschichten von Babylon haben immer wieder Künstler, Komponisten, Schriftsteller und in den letzten hundert Jahren auch Filmemacher inspiriert. Unser Bild vom unvollendeten Turmbau von Babel hat Lukas Cranach d. Ä. mit seinen Gemälden für immer geprägt. Georg Friedrich Händel hat die Geschichte von Belsazar und dem Menetekel an der Wand zu einem Oratorium gestaltet und Heinrich Heine das gleiche Thema zu einem berühmten Gedicht verarbeitet. Unter den zahllosen Filmen, die Motive aus den biblischen Babylongeschichten aufgegriffen haben, nimmt der Stummfilm „Metropolis" von Fritz Lang bis heute eine Sonderstellung ein: als eines der bedeutendsten Werke der Stummfilmgeschichte. Unter den neueren musikalischen Werken zur Stadt am Euphrat ist der weltweit verbreitete Song „Rivers of Babylon" besonders zu erwähnen, der ursprünglich von einer karibischen Reggaeband produziert wurde.

Ein neues Bild von Babylon

Erst ganz allmählich setzt sich bei uns unter dem Einfluss der Altorientalistik und Archäologie ein differenzierteres Bild von Babylon durch. Die polemische Darstellung dieser Stadt in biblischen Texten ist inzwischen als Ausdruck der Wut eines unterdrückten und verschleppten Volkes erkannt worden. Die Entzifferung der babylonischen Keilschrift und die Freilegung von Wohnhäusern eröffnen einen völlig neuen Zugang zu einer der ersten Großstädte in der Geschichte der Menschheit, ihrer religiösen und kulturellen Vielfalt und dem Alltagsleben ihrer Bewohner. Inzwischen ist unbestritten, dass die babylonische Kultur und Wissenschaft über viele Jahrhunderte prägend war für die gesamte Region, die wir heute als Mittleren Osten bezeichnen.

Immer noch beeindrucken die Beiträge Babylons auf Gebieten wie Mathematik, Medizin und Astronomie. Wenn jemand heute in letzter Minute ankommt, richtet er sich nach dem Zeitmaß der Babylonier. Sie waren die ersten, die den Tag in 24 Stunden und jede Stunde in 60 Minuten einteilten. Wer auf die Botschaften der Sterne vertraut, orientiert sich dabei immer noch am astronomischen und astrologischen Wissen der Babylonier, das auf langjährigen Beobachtungen des Sternenhimmels beruhte. Viele Legenden und Geschichten der Herrscher von Babylon und ihrer Untertanen sind so spannend und nicht selten auch so geheimnisvoll wie die biblischen Geschichten aus jener Zeit.

Aus vielen Facetten entsteht ein Bild vom Leben und Glauben in einer Stadt, die länger bestanden hat als fast alle anderen Städte auf der Erde. Davon sind neben den Keilschrifttafeln fast nur noch Lehmziegel und Lehmhügel übrig geblieben – und ein offenbar unsterblicher Mythos. Oder sind es doch sehr unterschiedliche Mythen, an die zum Beispiel amerikanische Fundamentalisten, die Gründer multikultureller Kulturvereine und die Betreiber „einschlägiger“ Etablissements anknüpfen?

Die wissenschaftlichen Erkenntnisse über Babylon stimmen in vielen Punkten nicht mit den Erzählungen, Berichten und Legenden in der Bibel überein. Das wird allerdings von manchen Christinnen und Christen weiterhin vehement bestritten, die mit dem Buch „Und die Bibel hat doch recht“ von Werner Keller[1] unter dem Arm archäologische Erkenntnisse sehr selektiv zur Kenntnis nehmen. Dabei eröffnet uns die unvoreingenommene Beschäftigung mit den Ergebnissen der Erforschung des historischen Babylon viele neue Erkenntnisse und Einsichten zu biblischen Texten. So wissen wir heute, welche Ähnlichkeiten und Unterschiede zwischen babylonischen Mythen und biblischen Geschichten wie der Geschichte von der großen Flut bestehen, und warum das so ist.

In diesem Buch geht es auch um die neuere Geschichte Babylons: die Ausgrabungen der Stadt seit dem 19. Jahrhundert, den Abtransport der bedeutendsten Funde nach Europa, den „Wiederaufbau“ von Teilen von Babylon unter Saddam Hussein, seine Stilisierung zum neuen Nebukadnezar und schließlich die Einrichtung eines US-Armeehauptquartiers mitten zwischen den Resten von Babylon.

Dabei wird deutlich: Ein neuer Umgang mit dem Erbe von Babylon kann wesentlich zum nationalen, auch geistigen Wiederaufbau des Iraks beitragen. Gleichzeitig können neue Brücken zwischen diesem Land und anderen Kulturen der Welt geschlagen werden, die auf vielfältige Weise von dem profitiert haben, was in Babylon gedacht und entdeckt wurde.

---

[1] Werner Keller: Und die Bibel hat doch recht, Berlin 2009.

Von Babylon lernen, heißt Vielfalt zu schätzen

In diesem Buch wird der Versuch unternommen, die historische Entwicklung, die biblischen Darstellungen und den Mythos von Babylon in Beziehung zueinander zu setzen. Dafür habe ich zahlreiche Forschungsergebnisse unterschiedlichster Wissenschaften zu Babylon studiert, um ihre Kernaussagen verständlich zu vermitteln und zu einem Gesamtbild zusammenzufügen. Dieses Buch soll etwas von der Faszination dieser Stadt sichtbar machen und dazu einladen, von Babylon zu lernen, von seinen geschichtlichen Erfahrungen, seiner Kultur, seiner Religion und auch von seinem Mythos.

Mir sind bei der Beschäftigung mit Babylon und der Verwünschungen dieser Stadt jene biblischen Texte noch wichtiger geworden, die das Miteinander von Menschen und die Geschwisterlichkeit der Kinder Gottes betonen. Diese biblischen Texte zeichnen kein konfliktfreies Bild des Lebens der Menschheit und ihres Verhältnisses zu Gott. Aber sie sind nicht von einem abgrundtiefen Hass auf die Anderen geprägt, sondern von dem Engagement für eine Welt, in der alle einen Platz und eine Zukunft haben.

Eine Beschäftigung mit Babylon wirft nicht zuletzt viele Fragen zum Zusammenleben in heutigen multikulturell geprägten Großstädten auf. Ist eine Vielfalt von Kulturen, Sprachen und Religionen eine Bereicherung? Oder drohen eine „babylonische Sprachverwirrung" und ein Zerfall der Gesellschaft? Wie lässt sich eine Balance von Identitätswahrung und Integration herstellen? Professor Markus Hilgert, Assyrologe und Direktor des Vorderasiatischen Museums in Berlin, hat die Bedeutung der Beschäftigung mit dem antiken Mesopotamien für heutige Menschen so beschrieben: „Die altorientalischen Metropolen hatten Herausforderungen zu bewältigen, mit denen Gesellschaften bis zum heutigen Tag konfrontiert sind. Dazu zählen etwa die soziale Integration ethnischer Minderheiten, Natur- und Umweltkatastrophen sowie das Ressourcenmanagement. Viele Städte des Zweistromlands sind offenbar sehr erfolgreich mit diesen Herausforderungen umgegangen, denn sie waren über mehrere Jahrtausende hinweg äußerst einflussreiche Macht- und Kulturzentren – denken wir nur an Uruk, Babylon oder Assur. In unserem eigenen Interesse sollten wir heraus finden, was sie so beispiellos erfolgreich machte."[2]

---

[2] Interview mit Dr. Markus Hilgert: Was sagen uns 4.000 Jahre alte Keilschrifttafeln heute, Wissenschaft aktuell, o. J.

Am Anfang stand ein Epos

Menschen haben sich schon vor Jahrtausenden immer neu nach dem Woher, dem Warum und dem Wohin ihres Lebens gefragt und in ihren Mythen und einer Vielzahl von religiösen Texten je eigene Antworten darauf gefunden. Für die Bewohner von Mesopotamien stand fest – das wissen wir aus Keilschrifttexten –, dass die Welt zunächst nur von Göttern bewohnt wurde. Grundlage des Glaubens an den babylonischen Gott Marduk war das Weltschöpfungsepos „Enuma elisch".[3] Es trägt diesen Namen nach den ersten beiden Worten des Epos „Als oben ..." Der erste Absatz lautet vollständig:

Als oben der Himmel nicht genannt war,
Und unten die Erde einen Namen nicht trug,
Gab es Apsu, den Uranfänglichen, ihren Erzeuger,
Und Schöpferin Tiamet, die Gebärerin von ihnen allen.
Sie hatten ihre Wasser in eins vermischt,
Ehe sich Weideland verband und Röhricht zu finden war –
Als noch keiner der Götter existierte ...[4]

Die Welt bestand zunächst nur aus Wasser. Nicht einmal das süße, männliche Wasser Apsu und das salzige, weibliche Wasser Tiamet waren voneinander geschieden. Als diese Trennung erfolgt war und beide aufeinander stießen, entstand Leben. Aber die jungen Götter, die nun gezeugt und geboren wurden, störten durch ihren Lärm den Süßwassergott Apsu. Er zog gegen seine Nachkommen in den Kampf, wurde aber von ihnen getötet. Die durch den Mord erschreckte Göttin Tiamet schuf sich daraufhin Ungeheuer und als neuen Gefährten Kingu, um die jungen Götter zu vernichten.

Die jungen Götter drohten von dieser Streitmacht besiegt zu werden, bis der junge Gott Marduk anbot, gegen Tiamet und Kingu zu kämpfen. So lesen wir es jedenfalls in der babylonischen Version dieser weit verbreiteten Geschichte. Marduk stellte die Bedingung, dass er auf Dauer als König aller Götter anerkannt werden müsste. Die Versammlung der jungen Götter stimmte dem zu und forderte Marduk auf, der feind-

---

[3] Es gibt verschiedene Versionen dieser Geschichte, hier wird eine Zusammenfassung wiedergegeben, die Professor Stefan M. Maul in einem Ausstellungskatalog dargestellt hat: Stefan M. Maul: Die Religion Babylons, in: Marzahn, Joachim/Schauerte, Günther (Hrsg.): Babylon Wahrheit, München 2008, S. 167ff.

[4] Zitiert nach: Joachim Marzahn/Günther Schauerte (Hrsg): Babylon Wahrheit, Berlin 2008, S. 22.

lichen Göttin den Hals abzuschneiden. Mithilfe einer großen Flut gewann Marduk in dem nun folgenden Kampf die Oberhand und besiegte die Göttin des salzigen Wassers. Aus der getöteten Tiamet schuf Marduk als Schöpfergott die Welt und aus Kingu die Menschen, die für die Götter arbeiten sollten. Die erleichterten und dankbaren jungen Götter priesen Marduk nun als „Richter" und machten ihn für alle Zeiten zu ihrem König. Die Götter erbauten ihrem Retter die Stadt Babylon und als irdische Wohnstatt den Marduk-Tempel Esagila (oder Esagil) im Zentrum dieser Stadt. Der Tempel wurde – nach babylonischem Glauben – zur Heimat aller Götter. Der Tempel bildete zugleich das Zentrum der Welt. Im Epos verkünden die Götter: „Auch wenn die Menschen irgendeinen anderen Gott verehren sollten, ist Marduk der Gott eines jeden von uns!"[5]

Die Erhöhung von Marduk zum obersten Gott in der babylonischen Glaubenswelt war nur denkbar nach den militärischen Erfolgen des babylonischen Königs Hammurapi und der Entstehung eines mächtigen Königreiches mit der Hauptstadt Babylon. Zugleich festigte dieses Epos die Überzeugung der Bewohner der Stadt, dass die Götter ihnen einen besonderen Platz in der Geschichte von Menschen und Göttern zugedacht hatten. Das, was wir heute den Mythos Babylon nennen, war geboren – mit ganz konkreten Konsequenzen für die reale Stadt und ihre Machtposition in Mesopotamien. Der Altorientalist Stefan M. Maul schreibt über die historische Verortung des Epos: „Es ist offensichtlich, dass das *Enuma elisch* den politischen Aufstieg Babylons unter Hammurapi voraussetzt, reflektiert und in den mythischen Uranfang zurückprojiziert. Dem *Enuma elisch* zufolge ist das von Götterhand erbaute Babylon gar der Mittelpunkt des Kosmos."[6]

Der religiöse Glaube an den Gott Marduk und seine Rolle im Götterhimmel und auf der Erde waren so stark, dass er etliche militärische Niederlagen und Zerstörungen von Babylon überstand. Erst als der Tempel in Trümmern lag und die Stadt jegliche politische und wirtschaftliche Bedeutung verloren hatte, schwand auch der Glaube an Marduk. Wie häufiger in der Weltgeschichte, starb der Glaube zuletzt.

Als die Götter nicht mehr arbeiten wollten

Die Götter waren, erfahren wir in der mesopotamischen Mythologie, unsterblich, aber viele von ihnen mussten zunächst im Schweiße ihres Angesichts hart arbeiten, um Nahrungsmittel anzubauen. Das wird im „Atraḫasis-Epos" erzählt, der etwa 1800

---

[5] Zitiert nach: M. Maul: Altorientalische Schöpfungsmythen, in: Reinhard Brand u. a. (Hrsg.): Mythos und Mythologie, Berlin 2004, S. 47.

[6] Stefan M. Maul: Die Religion Babylons, in: Babylon Wahrheit, a. a. O., S. 168.

v. Chr. entstand.[7] Da auch antike Mythen um Glaubwürdigkeit bemüht sein mussten, wurden in diesen mesopotamischen Schöpfungsepos genaue und für die damaligen Hörerinnen und Hörer überprüfbare Informationen über die Bedingungen des Ackerbaus an Euphrat und Tigris verwoben. So wurde zum Beispiel dargestellt, wie die Götter in mühsamer Arbeit die Kanäle und Gräben aushoben, durch die die Felder mit Flusswasser versorgt wurden.

Auch die Bearbeitung dieser Felder war mühsam, und so kann es nicht überraschen, dass jene Götter, die hart schuften mussten und keineswegs ein göttliches Leben führten, murrten und aufbegehrten. Die Götter, die für den Kanalbau eingeteilt worden waren, verbrannten aus Protest ihre Tragkörbe und Schaufeln. Es wurde sogar der Plan geschmiedet, den Gott zu erschlagen, der als ihr Aufseher eingeteilt worden war. Der Götterkönig Enlil verschanzte sich daraufhin mit einigen getreuen Göttern in seinem Palast. Verhandlungen zwischen den Konfliktparteien blieben zunächst ergebnislos, und die göttliche Weltordnung drohte zusammenzubrechen. An dieser Stelle weicht dieses Epos von der „Enuma elisch"-Version der Bewohner Babylons ab. Denn nach dieser Geschichte war es nicht Marduk, sondern der Gott der Weisheit, der die bahnbrechende Idee hatte, neue Geschöpfe zu schaffen, die die Fronarbeit übernehmen sollten. Diese Menschen sollten aus Lehm sowie aus Fleisch und Blut eines Gottes geformt werden. Dass man dafür ausgerechnet jenen Gott wählte, der das Aufbegehren der Götter gegen die harte Fronarbeit angeführt hatte, sollte sich als Fehler erweisen, denn der rebellische Geist wurde nun auch zu einem Charaktermerkmal der Menschen.

Erst einmal waren die Götter, so ist in dem Epos überliefert, großzügig gegenüber den Menschen und lehrten sie alles, was überhaupt auf Gebieten wie der Wissenschaft und der Kunst zu erfahren war. Leider ging bei der später folgenden großen Flut viel von dem Wissen verloren, sodass sich die babylonischen Wissenschaftler später bemühen mussten, dieses Wissen aus alten Keilschriften zu erschließen oder sich auf andere Weise anzueignen. Anders als der Prometheus der Griechen blickten die babylonischen Weltveränderer deshalb nicht nach vorn, sondern auf die Zeit zurück, als die Welt vor der großen Flut gefüllt war mit Ordnung, Wissen und Weisheit. Der Ausspruch in der biblischen Schöpfungsdarstellung „und siehe, es war gut" hätte auch in dem mesopotamischen Schöpfungsepos einen Platz haben können, selbst wenn es ansonsten deutliche Unterschiede bei den Antworten auf die Frage gibt, wie alles Leben angefangen hat und wie die Menschen auf diese Erde gekommen sind.

---

[7] Eine Darstellung dieses Mythos hat Stefan M. Maul in dem folgenden Aufsatz entfaltet: Stefan M. Maul: Ringen um göttliches und menschliches Maß, in: E. Hornung/A. Schweizer (Hrsg.): Schönheit und Mass, Basel 2007, S. 169ff.

Schöpfungsgeschichten in der Bibel

Im ersten Schöpfungsbericht der Bibel bedeckt Wasser die ganze Erde und steht am Anfang des Lebens. Im zweiten Vers des 1. Buches der Bibel heißt es, „der Geist Gottes schwebte auf dem Wasser". Dann trennte Gott das Wasser und das Feste und nannte das eine Meer und das andere Erde. Diese Darstellung kann auf dem Hintergrund der Erfahrungen der Israeliten an Nil, Euphrat und Tigris gedeutet werden, wo am Ende der jährlichen Überflutungen das Land wieder auftauchte und binnen kurzer Zeit die Pflanzen sprossen. Ohne die Überschwemmungen und die anschließende Trennung von Land und Wasser wären weder eine intensive Landwirtschaft noch die Entstehung der Hochkulturen an diesen Flüssen möglich gewesen. Die Babylonier, Assyrer und Ägypter brachten diese Leben spendenden Ereignisse mit ihren jeweiligen Göttern in Verbindung, die jüdischen Verfasser der biblischen Texte mit dem Wirken des einen Gottes.

Bekanntlich enthält die Bibel einen zweiten Schöpfungsbericht, in dem Adam und Eva als erste Menschen geschaffen werden. Zwei der vier Flüsse, die durch den Paradiesgarten strömen und ihn bewässern, tragen die Namen Euphrat und Tigris (1. Mose 2,14). In beiden biblischen Schöpfungsberichten wurden religiöse Geschichten und Vorstellungen anderer Völker aufgegriffen, sie wurden aber so erzählt, dass sie im Einklang standen mit dem eigenen Verständnis vom Willen und Wirken des einen Gottes. Diese Adaption religiöser Vorstellungen anderer Völker ist keineswegs singulär, sondern die meisten Religionen der Welt sind dadurch geprägt, dass religiöse Geschichten und Glaubensüberzeugungen benachbarter Völker aufgenommen und dann so erzählt wurden, dass sie in die eigene Glaubenswelt hineinpassten. Bemerkenswert ist aber, dass der Glaube an den Gott der Bibel die Jahrtausende überdauert hat, während die Götter der Babylonier oder der antiken Ägypter heute lediglich noch bei denen auf Interesse stoßen, die sich für Archäologie und Altertumsforschung interessieren.

Dazu, dass babylonische Schöpfungstexte in die biblische Schöpfungsgeschichte eingeflossen sind, hat der taiwanesische Theologe Choan-Seng Song in seinem Buch „Theologie des Dritten Auges" geschrieben: „Für viele Christen war es durchaus keine freudige Überraschung zu entdecken, dass die Schöpfungsgeschichte im 1. Kapitel des Genesisbuches in ihrem Ursprung auf einen mesopotamischen Schöpfungsmythos zurückgeht und damit keineswegs eine Offenbarung des Schöpfungsgeschehens darstellt, die einzig und allein dem Volk Israel zuteil geworden wäre."[8]

---

[8] Choan-Seng Song: Theologie des Dritten Auges, Asiatische Spiritualität und christliche Theologie, Göttingen 1979, S. 50.

Der Garten Eden leidet unter Wassermangel

Die Geschichte vom biblischen Paradies entstand wahrscheinlich im babylonischen Exil, und es ist durchaus möglich, dass das Flussdelta von Euphrat und Tigris mit seiner üppigen Vegetation die Schreiber der ersten Bücher der Bibel zu ihrer Darstellung inspiriert hat. Menschen, die aus einem trockenen und staubigen Bergland westlich des Jordan kamen, muss vor allem das anscheinend unendliche grüne Meer der Mündungsarme der beiden Flüsse ins Rote Meer über die Maßen beeindruckt haben. Aber seit einigen Jahrzehnten droht dieses „Paradies" auszutrocknen. Die ökologischen Folgen der abnehmenden Wassermenge von Euphrat und Tigris zeigen sich besonders drastisch im gemeinsamen Mündungsdelta. Von der früheren Schilfrohrlandschaft von der Größe Sachsen-Anhalts ist nur noch ein kleinerer Teil übrig. Das Feuchtgebiet wurde nach dem ersten Golfkrieg vom Regime Saddam Husseins von Anfang der 1990er Jahre an systematisch trockengelegt, weil sich dort eine größere Zahl schiitischer Rebellen versteckt hatte. Außerdem sollten Vorbereitungen für die leichte Erschließung der Ölquellen der Region getroffen werden. Mit mehr als 30 Dämmen und Kanälen wurde das Wasser von Euphrat und Tigris umgeleitet und das Feuchtgebiet zu 90 Prozent zerstört. Auch viele der ursprünglichen Dörfer wurden vernichtet. Mehr als neun Zehntel der etwa eine halbe Million Bewohner des Deltagebietes flüchteten in andere Teile des Iraks oder in Nachbarländer.

Es kam noch schlimmer. 2007 berichtete der irakische Wasserminister Abdul Latif Rasheed in einem Gespräch mit der Nachrichtenagentur Reuters, dass das Wasservolumen des Euphrats auf 30 Milliarden Kubikmeter gefallen sei, die Hälfte der Wassermenge vor einigen Jahrzehnten.[9] Grund seien die Staudammbauten in Syrien und der Türkei. Die Situation am Tigris sei etwas günstiger, aber Staudammprojekte des Iran an den Zuflüssen dieses Stroms würden ebenfalls Sorge bereiten.

Eine Renaturierung des Marschlandes erweist sich als schwierig, zumal der Wind große Teile der fruchtbaren oberen Bodenschichten weggetragen hat und der Versalzungsgrad der Oberfläche hoch ist. Erfreulicherweise zeigen die ersten Maßnahmen zur Wiederherstellung des Feuchtgebiets trotzdem positive Wirkung. Nicht nur nimmt die Fläche des Marschlandes wieder zu, sondern auch die für diese Region typischen Tierarten sind zurückgekehrt. Manche Wissenschaftler sprechen schon vom „Wunder Mesopotamiens". Aber Dürren in den letzten Jahren haben die Renaturierungsbemühungen zurückgeworfen. Und die wachsenden kriegerischen Auseinandersetzungen im ganzen Irak erschweren solche Aufbauarbeit stark oder machen sie unmöglich. Muss der Garten Eden bald wegen Wassermangels geschlossen werden?

---

[9] Vgl. Iraq calls for water treaty to avert crisis, Reuters, 23.8.2007.

Als die Menschen an Euphrat und Tigris sesshaft wurden

Mesopotamien war Jahrtausende lang das kulturelle, politische und ökonomische Zentrum jener großen Weltregion, die wir heute Mittlerer Osten nennen. Im Norden Mesopotamiens entstand Assyrien, im Süden erst das Reich der Sumerer und dann die Reiche von Akkad und Babylonien. Diese und benachbarte Reiche rangen viele Jahrhunderte lang um die Vorherrschaft in der fruchtbaren Region. Mesopotamien bildet den östlichen Teil des „Fruchtbaren Halbmondes" auf der Arabischen Halbinsel, der im Tal des Jordan beginnt und über das östliche Syrien im Bogen bis zum Persischen Golf reicht. Zu beachten ist, dass diese Begrifflichkeit aus der Neuzeit stammt und nicht das Bewusstsein der Menschen, die vor Jahrtausenden in dieser Weltregion lebten, bestimmt hat.

Der fruchtbare Boden Mesopotamiens ermöglichte es etwa vom 16. Jahrtausend v. Chr. an ersten kleinen Gruppen von Menschen, die bis dahin übliche nomadische Lebens- und Wirtschaftsweise aufzugeben und sesshaft zu werden. Zunächst beschränkten sie sich darauf, weiterhin ihr Überleben durch Jagen und Sammeln zu sichern, aber ganz allmählich gelang es ihnen, einzelne besonders geschätzte Pflanzen, vor allem Getreide, selbst anzupflanzen und ertragreichere Sorten zu züchten. Parallel dazu konnten einige Tierarten wie Schafe, Ziegen, Schweine und Rinder domestiziert werden. Dieser Prozess der Entwicklung einfacher Formen von Ackerbau und Viehzucht zog sich über mindestens 10.000 Jahre hin. Er bewirkte eine Revolution im Leben der Menschen in Mesopotamien und dann auch in Afrika, Asien und Europa. Das, was wir heute als Zivilisation bezeichnen, wäre ohne diese grundlegenden wirtschaftlichen Fortschritte nicht möglich gewesen.

Mesopotamien wurde zu einem Zentrum der neuen sesshaften Gemeinschaften, weil hier die natürlichen Bedingungen für Ackerbau und Viehzucht besonders günstig waren. Die Flüsse Euphrat und Tigris hatten durch Ablagerungen im Laufe von vielen Jahrtausenden das fruchtbare Schwemmland entstehen lassen, und das Flusswasser ermöglichte schon vor Jahrtausenden eine Bewässerung der Felder. Nordmesopotamien erhält im Winter so viel Niederschläge, dass hier auch ein Regenfeldbau möglich ist, während die Landwirtschaft im Süden ganz vom Wasser der Flüsse abhängig war und ist.

Vor allem der Euphrat hat ein flaches Flussbett. Dass das Land kaum höher als der Wasserspiegel des Flusses ist, erleichterte die Nutzung des Flusswassers für Bewässerungszwecke. Aber diese Bewässerungslandwirtschaft gestaltete sich schwieriger als in Ägypten. Stets drohte in dem flachen Schwemmland eine Verlagerung des Flusslaufes – mit katastrophalen Folgen für die Bauern, deren Felder überschwemmt wurden, und auch für jene Bauern, deren Felder plötzlich weit entfernt vom neuen Flussverlauf lagen. Auch strömte die größte Menge Flusswasser im März und April durch Mesopotamien, zu einer Zeit, wo es den Bauern wenig half, weil das Getreide bald geerntet werden sollte und Überschwemmungen sich verheerend auswirken konnten. Deshalb waren der Deichbau und Maßnahmen zur Speicherung des Wassers unerlässlich, wenn eine erfolgreiche Landwirtschaft betrieben werden sollte. Diese Wasserbaumaßnahmen erforderten und ermöglichten die Entstehung politischer Strukturen, die über ein Dorf oder eine Kleinstadt hinausreichten. Die Gründung großer Städte und Reiche wurde allerdings erst möglich, als die Landwirtschaft so hohe Erträge auf dem fruchtbaren Schwemmlandboden erzielte, dass eine wachsende städtische Bevölkerung zusätzlich ernährt werden konnte.

Der Fortschritt in Mesopotamien hatte einen Namen: Uruk

Die Stadt Uruk (in der Bibel: Erech) im Süden Mesopotamiens, die von Sumerern bewohnt wurde, entwickelte sich von etwa 4.000 v. Chr. an zu einem Zentrum politischen Lebens und kultureller und technologischer Innovationen. Die Archäologin Margarete van Ess, die seit Mitte der 1990er Jahre Ausgrabungen in Uruk (etwa 260 km südlich von Bagdad) geleitet hat, schreibt zur Bedeutung des Ortes: „Uruk, das ist ein Schlüsselwort der Menschheitsgeschichte. Vor etwa 6.000 Jahren entwickelte sich in Südmesopotamien eine Form des Zusammenlebens, die uns heute selbstverständlich erscheint – die Stadt."[10] Diese Stadt, so haben deutsche Archäologen und Archäologinnen bei umfangreichen Grabungen seit 1912 nachgewiesen, wurde von einem Netz von Kanälen durchzogen, was möglich wurde, weil der Euphrat in der Blütezeit von Uruk nahe der Stadt vorüberfloss und sein Wasser abgeleitet werden konnte. Mit etwas Fantasie könnte man Uruk als das Amsterdam des alten Orients bezeichnen. In dieser ersten Großstadt in der Geschichte der Menschheit mit bis zu 50.000 Bewohnern wurde die heute selbstverständliche Arbeitsteilung zwischen verschiedenen Berufsgruppen eingeführt. Vor allem im Handwerk entstanden viele neue Berufe, und es bildeten sich gleichzeitig hierarchische Strukturen in der Gesellschaft. Das „Modell Stadt" wurde zu einem so großen Erfolg, dass bald weitere Städte in Mesopotamien und benachbarten Regionen entstanden – nicht zuletzt Babylon.

In Uruk entwickelten die Menschen eine erste Keilschrift, die in Tontafeln eingeritzt wurde. Außerdem nahm hier die Mathematik ihren Anfang. Auch das Rad wurde in dieser Zeit erfunden. Und nicht zu vergessen: Hier entstand die erste städtische

---

[10] Margarete van Ess: Am Anfang war Uruk, in: Abenteuer Archäologie, 1/2006, S. 66.

Verwaltung, von der wir heute noch wissen. Wie wichtig eine effiziente Organisation gemeinsamer Arbeitsvorhaben schon damals war, lässt sich erahnen, wenn man erfährt, dass für die neun Kilometer lange Stadtmauer von Uruk etliche Millionen Lehmziegel hergestellt und vermauert wurden.

Die Entwicklung der sich drehenden Töpferscheibe vereinfachte und beschleunigte die Keramikherstellung in Uruk beträchtlich, und diese Innovation verbreitete sich rasch im ganzen Mittleren Osten und darüber hinaus. Wahrscheinlich war die Massenproduktion von einfachen Tongefäßen in Uruk bereits so perfektioniert, dass die von Archäologen in großer Zahl gefundenen Glockentöpfe als billiges „Wegwerfgeschirr" verwendet wurden. Auch das Bierbrauen erlebte in Uruk eine erste Blüte. Die Massenproduktion von Keramik, Textilien, Lederwaren und weiteren Gütern bildete die Grundlage dafür, den Fernhandel systematisch auf- und auszubauen. Da es im Schwemmland von Mesopotamien sehr wenig Holz und keine Metallvorkommen gab, ermöglichte der Fernhandel es, an diese unverzichtbaren Güter zu gelangen. Besonders begehrt war das Holz der Zedern, die an der Mittelmeerküste wuchsen. Nicht zuletzt für den Fernhandel erwies sich die Keilschrift als geradezu unverzichtbar, wollte man sich doch nicht länger allein darauf verlassen, dass die „Geschäftskorrespondenz" und die Preisvorstellungen von den Karawanenbegleitern nach Monaten aus dem Gedächtnis übermittelt wurden. Die zunächst einfachen Schriftzeichen wurden bald auch in fernen Städten verstanden, und individuelle Rollsiegel bekräftigten, dass die Nachricht wirklich vom Geschäftspartner in Mesopotamien geschickt worden war.

Uruk wuchs im 3. Jahrtausend v. Chr. zu einer Großstadt mit annähernd sechs Quadratkilometer Fläche, und die Herrscher schafften es, zumindest für einige Zeit, ganz Mesopotamien unter ihre Kontrolle zu bringen. In Uruk fanden die Regierenden bald heraus, dass sich eine Großstadt nicht allein mit einer Armee und einer effizienten Verwaltung zusammenhalten ließ. Es bedurfte auch Mythen und einer Religion, die Antworten auf die Grundfragen des Lebens gaben und die eine gemeinsame Identität der Stadtbewohner entstehen ließen. Bekannt ist Uruk heute vor allem noch durch das Gilgamesch-Epos, in dessen Mittelpunkt der berühmteste König der Stadt steht.

Zwar verlor Uruk seine politische und militärische Vormachtstellung gegen Ende des 3. Jahrtausends v. Chr., aber die Stadt blieb weiterhin das religiöse und kulturelle Zentrum des südlichen Mesopotamien. 4.500 Jahre lang wurde Uruk fast ohne Unterbrechung bewohnt. Erst im 4. oder 5. Jh. n. Chr. endete die Geschichte der Stadt, nachdem wichtige Handelswege verlagert worden waren und nicht mehr durch Uruk führten. Auch die politische Bedeutung der Stadt war zu dieser Zeit längst Geschichte.

Aller Anfang ist klein

Und Babylon? Über diesen Ort erfahren wir zunächst gar nichts, und es kann kein Zweifel bestehen, dass die Stadtkultur von Babylon ohne die vielen kulturellen und ökonomischen Innovationen in älteren Städten wie Uruk und Ur nie möglich gewesen wäre. Aus diesen Städten erfahren wir auch von ersten staatlichen Strukturen und ersten Herrscherdynastien. Ökonomisch weiteten sich die Handelsbeziehungen bis nach Anatolien und dem Iran aus. Auch erste Handelskontakte nach Ägypten sind überliefert.

Immer wieder kam es zu militärischen Auseinandersetzungen zwischen den Stadtstaaten, und von 2350 v. Chr. an gelang es den Herrschern der Stadt Akkad, aus den eroberten Städten einen Staat zu bilden. Sargon von Akkad (2334-2279 v. Chr.) war dessen erster König. Seine Nachfahren konnten das Staatsgebiet etwa auf eine Fläche ausdehnen, die dem späteren Babylonien entsprach. Aber die Herrschaft der Könige von Akkad wurde immer wieder durch Aufstände der selbstbewussten Städte gefährdet. Um die bedrohte staatliche Macht zu festigen, wurden Verwandte des Königs mit der Herrschaft über eroberte Städte betraut, und man setzte auch die Religion als Herrschaftsinstrument ein. Der jeweilige König wurde zum Gott erklärt und musste verehrt werden. Diese Instrumentalisierung der Religion wurde später in Babylon fortgeführt.

Babylon wurde während der Herrschaftszeit der Könige von Akkad erstmals auf Keilschrifttafeln erwähnt, besaß allerdings damals noch keine große Bedeutung. Um 2100 v. Chr. fand die akkadische Herrschaft ein Ende, weil sie den aus dem Norden einfallenden Gutäern unterlagen. Die mesopotamischen Städte und ihre Fürsten nutzten diese Auseinandersetzungen, um erneut eine größere Unabhängigkeit zu erlangen. Allerdings konnte eine neue Herrscherdynastie von Ur aus die Invasoren vertreiben und die südmesopotamischen Städte zu einem neuen Staat unter ihrer Herrschaft zusammenfügen. Die Hauptstadt Ur wurde prächtig ausgebaut und erhielt als religiösen Mittelpunkt eine Zikkurat, einen mehrstufigen Tempel. Dank der weiter entwickelten Keilschrift war es nun möglich, einen zentralistischen Staat aufzubauen und durch eine intensive Kommunikation mit den lokalen Vertretern des Herrscherhauses zu kontrollieren. Auch der Siegeszug der staatlichen Bürokratie war nun nicht mehr aufzuhalten und setzt sich bekanntlich bis heute fort. Aus der Zeit der Könige von Ur sind Zehntausende Anordnungen, Rechnungen und Quittungen auf Tontafeln erhalten geblieben. Trotz (oder wegen?) der staatlichen Bürokratie nahm die Wirtschaft einen anhaltenden Aufschwung, und auch der Fernhandel wurde stark ausgeweitet. Zu erwähnen ist zudem, dass in Ur eine königliche Rechtssprechung und erste Gesetzessammlungen entstanden.

Allerdings währte die Herrschaft der Könige von Ur nur etwa ein Jahrhundert, dann führten Überfälle von benachbarten Völkern und das Unabhängigkeitsstreben der mesopotamischen Städte zu einem Niedergang dieses ersten zentralistischen Staates. Diese Zeit der Auflösung alter Strukturen und der bewaffneten Konflikte ermöglichte den Aufstieg der Stadt Babylon zur dominierenden politischen Macht der Region. Etwa in dieser Zeit hat sich nach biblischer Darstellung Abraham mit seiner Familie aus Mesopotamien auf die Reise nach Kanaan begeben.

Abrahams Aufbruch aus Mesopotamien

Am Anfang der Geschichte des jüdischen Volkes steht der Aufbruch einer Sippe aus der Stadt Ur in Mesopotamien (1. Mose 11,28). Die Geschichte von der Brautsuche für Isaak (1. Mose 24) und die Jakobsgeschichte (1. Mose 28-30) deuten hingegen darauf hin, dass die Familie Abrahams in Harran (oder Haran) im heutigen syrisch-türkischen Grenzgebiet zu Hause war. Es könnte sein, dass dies die ältere Tradition ist und die Stadt Ur erst während der Exilszeit in den biblischen Text eingefügt wurde, weil Ur näher an den Siedlungsgebieten der verschleppten Juden in Babylonien lag und als bedeutende antike Stadt bekannt war. In jedem Fall wird die Geschichte vom Aufbruch Abrahams aus Ur oder Harran von vielen Theologen als Legende angesehen, die in der Exilszeit eine besondere Bedeutung gewann. Den Juden im Exil sollte mit der Geschichte vom Aufbruch Abrahams aus Mesopotamien nahegelegt werden, selbst „in ein von Gott gewiesenes Land zu wandern“, schreibt der Alttestamentler Rainer Albertz. Abraham wurde „den Exilierten als leuchtendes Ur- und Vorbild der Rückkehr in ihre alte Heimat vor Augen“ geführt.[11]

Um die Bereitschaft zum Aufbruch aus dem babylonischen Exil zu erhöhen, wurden Abraham – und indirekt auch den späteren rückkehrbereiten Juden – große Verheißungen für das Leben im fernen Palästina verkündet. Im 12. Kapitel des ersten Buches Mose wird die Aufforderung Gottes, in ein Land zu ziehen, das Gott Abraham zeigen würde, verbunden mit Verheißungen: „Und ich will dich zum großen Volk machen und will dich segnen und dir einen großen Namen machen, und du sollst ein Segen sein“ (1. Mose 12,2). Der Segen sollte bemerkenswerterweise nicht auf die Verwandtschaft oder das Volk Abrahams beschränkt bleiben, denn Gott kündigte gleich anschließend an: „Ich will segnen, die dich segnen, und verfluchen, die dich verfluchen; und in dir sollen gesegnet werden alle Geschlechter auf Erden.“ Wenn es zutrifft, dass diese Verheißungen auch die Juden im babylonischen Exil ansprechen und zur Rückkehr in die Heimat veranlassen sollten, so entdecken wir also bereits hier, in der Geschichte über den Ursprung des jüdischen Volkes, eine Verbindung zu Babylon. Dann ist es keineswegs beliebig, dass Abraham in dieser Erzählung aus Mesopotamien aufbrach und nicht aus irgendeinem anderen Land. Die Erfahrungen im Babylonien der Exilszeit hatten demnach einen beträchtlichen Einfluss darauf, wie der Gründungsmythos des jüdischen Volkes gestaltet wurde.

Abraham machte sich nach biblischer Überlieferung zusammen mit seiner Frau, Verwandten und Bediensteten auf den Weg in das Land Kanaan, und Gott kündigte

[11] Rainer Albertz: Die Exilszeit, Stuttgart 2001, S. 197.

ihm an, dass er seinen Nachkommen dieses Land geben würde, in dem bisher die Kanaaniter wohnten. Und tatsächlich gelang es Abraham und den Seinen, in Kanaan Fuß zu fassen.

Eine Ehefrau aus Mesopotamien

Als Abraham hochbetagt war, bestellte er eines Tages seinen ältesten Knecht zu sich und ließ ihn schwören, dafür zu sorgen, dass Abrahams Sohn Isaak keine Kanaaniterin heiraten würde. Der Knecht sollte in Abrahams Heimat ziehen, um dort eine Frau für Isaak zu finden. Krasser konnten die biblischen Verfasser die Ablehnung der Kanaaniter nicht formulieren. Es kam in der Frühgeschichte Israels nach den Erkenntnissen heutiger Historiker häufig zu Ehen zwischen Kanaanitern und zugewanderten Familien. Genau das war das Problem für den Verfasser des biblischen Textes. Die biblische Geschichte von der Brautsuche für Isaak ist dem Bestreben der Verfasser des 1. Buches Mose geschuldet, das jüdische Volk von seinen Nachbarvölkern abzugrenzen und abzuheben. Gerade im späteren Exil und inmitten der Vielfalt von Völkern in der Region zwischen Nil und Euphrat hatten sie das Ziel, das jüdische Volk zu erhalten, indem eine Vermischung mit anderen, und natürlich besonders den benachbarten Völkern vermieden wurde. Dieses Ziel prägte konsequenterweise auch die Abrahamsgeschichten, also die Legenden vom Ursprung dieses Volkes.

Der Knecht sollte Isaak nicht mit nach Mesopotamien nehmen, sondern für ihn die richtige Braut aussuchen und zwar aus der Verwandtschaft Abrahams. Gott würde einen Engel vor dem Knecht hersenden, damit dieser den richtigen Weg finden und die vorgesehene Frau mit nach Hause bringen könnte. Der Knecht schwor, sich genau an diese Weisungen zu halten, erfahren wir im 24. Kapitel des 1. Buches Mose.

Der Knecht wählte zehn Kamele seines Herrn aus und zog mit ihnen und wertvollen Geschenken in die Stadt Harran in Nordmesopotamien. So kann es allerdings historisch nicht gewesen sein, betonen die Archäologen Lidar Sapir-Hen und Erez Ben-Yosef von der Universität Tel Aviv, denn in der Zeit, in der die Geschichte zeitlich angesiedelt wird, etwa zwischen 2000 und 1500 v. Chr., waren die Kamele in Kanaan noch gar nicht domestiziert. Das geschah nach Erkenntnissen israelischer Wissenschaftler erst gegen Ende des 10. Jh. v. Chr.[12] Solche wissenschaftlich belegten Tatsachen bringen manche „bibeltreuen“ Christen in Rage, die fest daran glauben, dass sich alles genau so zugetragen hat, wie es in der Bibel steht. Alle anderen Christen können die Erkenntnisse über die erst spätere Domestizierung der Kamele gelassen aufnehmen, weil sie diesen Bibeltext als eine Glaubensgeschichte lesen, die wir gera-

[12] Vgl. Christian Weber: Bibel-Autoren erfanden Kamele, in: Süddeutsche Zeitung, 12. 2. 2014.

de dann verstehen können, wenn wir nicht davon ausgehen, dass der Knecht tatsächlich vor einigen Jahrtausenden mit zehn Kamelen nach Mesopotamien aufgebrochen ist.

Aufgeschrieben wurden die Geschichten von Abraham und seiner Familie in der heute vorliegenden Form erst im letzten Jahrtausend vor Christus, wahrscheinlich im babylonischen Exil oder in nachexilischer Zeit. Es fällt in diesen Geschichten über die Frühzeit des jüdischen Volkes auf, dass immer wieder Menschen lange Strecken unterwegs waren: Abraham von Mesopotamien nach Kanaan, der Knecht zurück nach Mesopotamien und anschließend zusammen mit Rebekka nach Kanaan. Rebekkas Sohn Jakob machte sich ebenfalls auf die Reise nach Harran, wo er seine Cousine Rahel traf und sich in sie verliebte. Einige Jahre später zogen sie zurück nach Kanaan. Das waren jeweils Strecken von etwa 800 Kilometern. Die Wander-Geschichten können durchaus so gedeutet werden, dass hier die Erfahrung von Menschen auf dem Weg ins babylonische Exil und zurück durchschimmert.

Eine Begegnung am Brunnen

Der Knecht Abrahams ließ bei seiner Ankunft in Harran seine Kamele am Brunnen außerhalb der Stadt lagern und wartete darauf, dass die Frauen der Stadt kommen würden, um dort Wasser zu schöpfen. Während er wartete, betete der Knecht zu Gott, dass sein Plan gelingen möge, hier die richtige Frau für Isaak zu finden. Während er noch betete, kam Rebekka, eine schöne Jungfrau, die zur Familie des Abrahambruders Nahor gehörte, mit einem Krug auf der Schulter aus der Stadt. Der Knecht lief ihr entgegen und bat sie, sie möge ihm ein wenig Wasser aus ihrem Krug zu trinken geben. Rasch ließ sie den Krug in den Brunnen hinab und gab ihm zu trinken. Danach bot sie an, auch für die Kamele Wasser zu schöpfen. Und sie holte so lange Wasser aus dem Brunnen und goss es in die Tränke, bis alle Kamele ihren Durst gestillt hatten. Das Verhalten von Knecht und junger Frau war nach damaligen Maßstäben sehr ungewöhnlich, denn ein Mann durfte eine fremde Frau nicht ansprechen, und sie durfte nicht für einen fremden Mann Wasser schöpfen. Aber wir hören an dieser Stelle der Bibel eine schöne Legende, und so können wir beruhigt die gesellschaftlichen Konventionen vernachlässigen und wahrnehmen, dass diese Begegnung von Knecht und junger Frau unverzichtbar war, damit die Geschichte die vorgesehene Richtung nehmen konnte.

Der Knecht vergewisserte sich, dass Gott mit der Wahl dieser jungen Frau zur Gemahlin Isaaks einverstanden war, dann schenkte er ihr einen goldenen Stirnreif und zwei goldene Armreife. Er erkundigte sich nach ihrer Familie und fragte, ob im Hause ihres Vaters genügend Raum war, um ihn und seine Kamele zu beherbergen. Ja, erfuhr der Knecht von der jungen Frau, es sei ausreichend Raum vorhanden und es gäbe auch viel Stroh und Futter. Da dankte der Knecht seinem Gott, und Rebekka lief nach Hause, um ihrer Mutter zu erzählen, was sie erlebt hatte. Die Familie schickte den Bruder des Mädchens zum Brunnen, um den Fremden in ihr Haus einzuladen. Über den Bruder wird dann gesagt: „Da führte er den Mann ins Haus und zäumte die Kamele ab und gab ihnen Stroh und Futter, dazu auch Wasser, zu waschen seine Füße und die Füße der Männer, die mit ihm waren“ (1. Mose 24,32).

Man lud den Fremden zum Essen ein, aber er wollte zunächst sein Anliegen vorbringen. Er stellte sich als Knecht Abrahams vor und vergaß nicht zu erwähnen, dass Gott seinen Herrn reich gesegnet hatte mit Schafen und Rindern, Silber und Gold, Knechten und Mägden, Kamelen und Eseln. Dieses ganze Vermögen habe Abraham seinem Sohn Isaak übertragen. Er, der Knecht, sei gekommen, um eine Frau für diesen Sohn in Abrahams ursprünglicher Heimat zu finden. Dann erzählte er ausführlich, wie er Rebekka am Brunnen getroffen hatte, und fragte: „Seid ihr nun die, die an meinem Herrn Freundschaft und Treue beweisen wollen, so sagt mir‘s; wenn nicht, so sagt mir‘s auch, dass ich mich wende zur Rechten oder zur Linken“ (1. Mose 24,49). Der Hausherr und sein Sohn stimmten zu, dass Rebekka mit dem Knecht reisen sollte, um die Frau des Sohnes seines Herrn zu werden, so wie Gott es bestimmt hatte.

Der Knecht dankte Gott und überreichte der zukünftigen Braut, ihrer Mutter und ihrem Bruder viele wertvolle Geschenke. Anschließend speisten die Männer ausführlich. Am nächsten Morgen drängte der Knecht, mit der Braut abzureisen. Das ging der Familie nun aber doch zu schnell, und die Verwandten baten, das Mädchen möge noch einige Tage bei ihnen bleiben, bevor sie in die Fremde ziehen würde. Aber der Knecht antwortete: „Haltet mich nicht auf, denn der HERR hat Gnade zu meiner Reise gegeben. Lasst mich, dass ich zu meinem Herrn ziehe“ (1. Mose 24,56). Daraufhin ließ man Rebekka rufen und fragte sie, ob sie mit dem Mann ziehen wollte. Nachdem sie dies bejaht hatte, ließ man sie in Begleitung ihrer Mägde mit dem Knecht ins fremde Land ziehen. In Kanaan angekommen, wurde Rebekka zur Frau Isaaks „und er gewann sie lieb“ (1. Mose 24,67).

Der getreue Knecht war offenkundig auch ein kluger Knecht, der den göttlichen Auftrag umsichtig ausgeführt hatte. Bemerkenswert an dieser Geschichte ist, dass Rebekka von ihrer Familie gefragt wurde, ob sie mit in das fremde Land ziehen und dort heiraten wollte. Die Männer ihrer Familie entschieden also nicht einfach über ihren Kopf hinweg. Die Frau entschloss sich, wie einige Jahrzehnte vorher Abraham, ihre mesopotamische Heimat zu verlassen, um in ein unbekanntes Land aufzubrechen. Hatte sich Rebekka vorher schon als gastfreundlich und hilfsbereit erwiesen, so wurde sie in der Erzählung nun als mutige junge Frau dargestellt.

Der biblische Text lässt erkennen, dass schon am mythologischen Beginn der Geschichte des Volkes Israel enge Verbindungen nach Mesopotamien bestanden. Erst danach wird von Verbindungen nach Ägypten berichtet. Anschließend spielten die Länder an Nil sowie an Euphrat und Tigris immer wieder wichtige Rollen in den biblischen Texten und auch in der Historie Israels, wie sie von Archäologen und Historikern rekonstruiert worden ist.

Der Aufstieg der Stadt Babylon

Während sich die ersten Vorfahren des jüdischen Volkes in Kanaan ansiedelten, entstand in Mesopotamien die Stadt, die für Verfasser verschiedener biblischer Texte zum großen Widersacher wurde, Babylon. Wann genau die Stadt gegründet wurde, wissen wir heute nicht mehr. Die ältesten Siedlungsschichten sind noch nicht ausgegraben, und angesichts der politischen Konflikte im Irak, die archäologische Grabungen unmöglich machen, wird dies vermutlich noch einige Zeit so bleiben. Erste Erwähnungen der Stadt reichen bis in die Mitte des dritten vorchristlichen Jahrtausends zurück.[13] Nach dem Wenigen, was wir aus der damaligen Zeit wissen, nahm Babylon zunächst keine bedeutende Position unter den Städten im sumerischen Königreich ein. Häufiger wird Babylon dann in der Zeit um 2100 v. Chr. als Sitz eines Statthalters der Könige von Ur erwähnt. Aus den Opfern, die regelmäßig zum Tempel in Nippur geliefert werden mussten, lässt sich schließen, dass Babylon bereits damals ein Bierbrauort war. Die Stadthistoriker des später mächtigen Babylons haben die bescheidene Frühgeschichte der Stadt anders erzählt, um einen beeindruckenden ersten Auftritt der Stadt auf der Bühne der Weltgeschichte zu inszenieren. Es ist deshalb ratsam, sich auf das zu verlassen, was historisch belegt ist.

Hammurapi – ein König sorgt für Gerechtigkeit

König Samu-abum regierte von 1894 v. Chr. an die damals noch kleine Stadt Babylon. Er ist der erste uns noch bekannte Herrscher einer Dynastie, die den allmählichen Aufstieg zu einer bedeutenden Stadt einleitete. Am berühmtesten unter den frühen Herrschern war Hammurapi, der von 1793 bis 1750 v. Chr. regierte und der in diesen 43 Jahren die politische Macht und den Mythos der Stadt begründete. Seine militärischen Erfolge und vor allem seine diplomatische Durchsetzungsfähigkeit machten Babylon zu einer der führenden Städte Mesopotamiens. Eine wichtige Grundlage dieses Erfolges war das gute Verhältnis zum benachbarten Königreich Mari (im östlichen Teil des heutigen Syrien). Die Zusammenarbeit reichte so weit, dass man sich im Bedarfsfall gegenseitig Truppen zur Verfügung stellte.

Vor allem die Besetzung der konkurrierenden Stadt Esnunna im Jahre 1761 v. Chr. machte Babylon zur dominierenden Stadt im Süden Mesopotamiens. In den folgenden Jahren konnte Hammurapi einen Angriff der Herrscher von Elam abwehren und

---

[13] Einen fundierten und detaillierten Überblick der Geschichte Babylons finden Sie in dem Aufsatz „Geographie und Geschichte" von Bernd Müller-Neuhoff in: Babylon, Wahrheit, a. a. O., S. 38ff.

den Einflussbereich Babylons stark ausweiten. Dabei profitierte Babylon beträchtlich von der Zuwanderung von Bewohnern südmesopotamischer Städte. Ob diese Fluchtwelle ökologische Gründe hatte oder durch militärische Angriffe ausgelöst wurde, ist bisher nicht vollständig geklärt. Aber eindeutig ist, dass die politische, kulturelle und wirtschaftliche Bedeutung Babylons durch die Migranten rasch zunahm. Begünstigt wurde der Aufstieg der Stadt in der zweiten Hälfte des zweiten Jahrtausends auch dadurch, dass ältere sumerische Städte wie Ur und Uruk ihre politische und militärische Vorherrschaft verloren hatten. Die Schwäche der anderen Städte bildete eine wichtige Grundlage für die Stärke Babylons.

Hammurapi sorgte in seinem Reich durch Gesetze und Wirtschaftsreformen für das Wohlergehen der Bürger und damit auch für eine solide ökonomische Grundlage seiner Expansionspolitik. Die lange Regierungszeit des Königs schuf die Möglichkeit, ein wirkungsvolles Verwaltungs- und Kontrollsystem aufzubauen. Bekannt geblieben ist dieser babylonische König durch seine umfangreiche Sammlung von Gesetzen („Codex Hammurapi"), die immer neu auf Keilschrifttafeln kopiert wurde. Die nach heutiger Zählung 282 Rechtssätze bildeten zwar nicht explizit die rechtliche Begründung der Entscheidungen von Gerichten, stellten aber die Grundlage des babylonischen Rechtssystems dar (siehe auch den Abschnitt über Recht und Gerechtigkeit in Babylon).

Dass Hammurapi aus dem unbedeutenden Ort Babylon die Hauptstadt eines großen Reiches machen konnte, war für die Babylonier nur dadurch zu erklären, dass der Gott Marduk, der für das Wohlergehen der Stadt sorgte, an die Spitze der Stadtgötter der mesopotamischen Städte aufgestiegen war. Dem Erfolg einer Stadt auf der Erde ging nach mesopotamischem Glauben der Aufstieg des Gottes dieser Stadt im Götterhimmel voraus. Da war es nur angemessen, Marduk einen großen Tempel in Babylon zu errichten, und in diesem Tempel wurde ein Kultbild des Gottes auf- und ausgestellt. Zwischen Götterhimmel und irdischem Geschehen gab es eine unlösbare Verbindung, und die Schlüsselfigur war der überaus erfolgreiche König Hammurapi, der als Erwählter des Stadtgottes Marduk verehrt wurde.

Wie andere Stadtstaaten in Mesopotamien vorher und hinterher, musste Babylon in der Zeit nach Hammurapi erleben, dass eine militärische und politische Vorherrschaft so rasch verloren ging, wie sie erkämpft worden war. Hammurapis direkter Nachfolger konnte die Größe des Reiches zwar noch um einige Teile Assyriens erweitern, aber dann schwanden das militärische Übergewicht Babylons und auch die Größe des Reiches. 1595 v. Chr. konnten die Hethiter die Stadt erobern und für kurze Zeit besetzt halten. Dass sie die Marduk-Statue aus dem Tempel raubten, hatte katastrophale Auswirkungen auf das religiöse und gesellschaftliche Leben in Babylon, weil sie für die kultischen Handlungen unersetzlich war.

Eineinhalb Jahrzehnte später erlangten die Kassiten die Kontrolle über Babylon. Diese Einwanderergruppe aus dem heutigen Iran regierte die Stadt und die umgebenden Gebiete vier Jahrhunderte lang. Viel wissen wir über diese Epoche der babylonischen Geschichte noch nicht, aber es ist bekannt, dass die Stadt einen Großteil ihrer politische Bedeutung verlor, als der kassitische König ein Jahrhundert nach der Eroberung Babylons seine Hauptstadt nach Dur-Kurigalzu verlegte. Babylon blieb immerhin das geistig-religiöse Zentrum des Reiches. Hier wurde das Wissen der ganzen Weltregion auf kleinen Keilschrifttafeln festgehalten, und von hier aus verbreiteten sich babylonische Keilschrift und Sprache weit über Mesopotamien hinaus.

Dass die kassitische Herrschaftszeit zunächst eine relativ friedliche Zeit war, erleichterte die kulturelle und religiöse Blüte Babylons. Für die Festigung der religiösen Stellung der Stadt war von großer Bedeutung, dass es den kassitischen Herrschern gelang, den Hethitern die Marduk-Statue wieder abzunehmen und zurück nach Babylon zu bringen.

Ein König als Hirte

Die Könige von Babylon und besonders Hammurapi sahen sich als „Hirten" ihres Volkes.[14] Dabei orientierte Hammurapi sich vermutlich weniger an dem nomadischen Ursprung seiner Familie als an einer sumerischen Tradition des Hirten-Herde-Verhältnisses von Herrscher und Untergebenen. Auch König Gilgamesch wird in dem berühmten Epos als „Hirte von Uruk" bezeichnet.[15] In den religiösen Vorstellungen Mesopotamiens war es die Aufgabe des Hirten, seinen Schafen den Weg zu weisen, für sie zu sorgen und ihren Schutz zu gewährleisten. Ein sehr ähnliches Bild von Gott, dem Herrn, als Hirten finden wir in der Bibel, das bis heute in den Kirchen erhalten geblieben ist. In Babylon, so vermuten heutige Fachleute, hing die Verwendung dieses Bildes auch damit zusammen, dass die Tempelherden und deren Schutz durch die Hirten und indirekt den König von großer Bedeutung dafür waren, dass die Menschen ihrer religiösen Verpflichtung stets nachkommen konnten, für die Ernährung der Götter zu sorgen. Aus der Keule als Waffe des Hirten, der seine Herde verteidigt, hat sich

---

[14] Vgl. zu diesem Thema den Aufsatz „Das babylonische Königtum" von Gebhard J. Selz in: Babylon Wahrheit, a. a. O., S. 113f.

[15] Vgl. Stefan M. Maul: „Das Gilgamesch-Epos", Neu übersetzt und kommentiert, München 2005, S. 48.

in Mesopotamien das Zepter der Könige entwickelt, einer der vielen „Exportartikel" dieser Weltregion.

Der Gott Marduk wurde als so heilig angesehen, dass man sich schließlich scheute, seinen Namen auszusprechen. Man sprach nur noch von „Bel", was mit „Herr" übersetzt werden kann. Kennerinnen und Kenner des jüdischen Glaubens werden sich an dieser Stelle bewusst machen, dass es auch im nachexilischen Judentum eine große Scheu gab, den Namen Jahwe auszusprechen. Im Christentum vermeidet man die zu häufige Nennung des göttlichen Namens, indem man vom „Herrn" spricht. Es wäre verfehlt, diese Zurückhaltung der Nennung des Gottesnamens einfach auf babylonische Wurzeln zurückzuführen, aber bemerkenswert ist diese Parallele bei der Benennung des Höchsten dennoch.

Im Schatten Assyriens

Im 14. Jh. v. Chr. verschoben sich die politischen und militärischen Gewichte in Mesopotamien erneut. Der assyrische König nutzte die Schwäche Babyloniens, um dort einen Herrscher seiner Wahl an die Macht zu bringen, Karigalzu II. Aber der erwies sich als undankbar und unternahm einen Feldzug gegen Assyrien. Anschließend griff er das Nachbarreich Elam an und zerstörte die dortige Hauptstadt. Mit diesen Kriegszügen hatte er allerdings die militärische und ökonomische Stärke Babyloniens arg überstrapaziert, was zur Folge hatte, dass zunächst die Truppen Elams und dann die Truppen Assyriens über das Land herfielen. 1233 v. Chr. gelang es den Assyrern, Babylon zu erobern und weitgehend zu zerstören. Es folgten lang anhaltende und erbittert geführte Kämpfe zwischen den kulturell und religiös sehr ähnlichen Königreichen Babylonien und Assyrien um die Vorherrschaft in Mesopotamien. Diese Konflikte nutzte der König von Elam, um das geschwächte Babylonien zu erobern und zu plündern. Die Herrschaft der kassitischen Könige war damit endgültig beendet.

Der Widerstand gegen die Beherrschung durch Elam war in Babylonien beträchtlich und Mitte des 12. Jahrhunderts auch erfolgreich. Neue politische und militärische Bedeutung gewann Babylon unter der Herrschaft von König Nebukadnezar I. (Regierungszeit von 1126-1104 v. Chr.). Er führte erfolgreiche Kriege sowohl gegen Elam als auch gegen Assyrien. Besonders prestigeträchtig für den König war, dass er die Statue des Stadtgottes Marduk, den die Elamiter geraubt hatten, zurück nach Babylon holen konnte. Aus Sicht der Bewohner von Babylon war klar, dass dieser erneute Aufstieg ihrer Stadt nur mit dem Segen der Götter geschehen konnte. Der Stadtgott Marduk nahm deshalb eine noch herausragendere Position im Götterhimmel ein, jedenfalls im Verständnis der Babylonier. Dazu passend wurde der Schöpfungsmythos „Enuma elisch" in seine heute noch bekannte Gestalt gebracht und untermauerte nun die Stellung von Marduk als führendem Gott. Verknüpft damit war, dass die Einwohner Babylons ihre Stadt zum Zentrum des Universums proklamierten.

Trotz des göttlichen Schutzes durch Marduk wurde Babylon allerdings wenige Jahre nach dem Tod von König Nebukadnezar I. erneut von assyrischen Truppen erobert. Der Widerstandsgeist der Stadtbevölkerung war so groß, dass die Assyrer Babylon noch mindestens zwei Mal erobern mussten, bevor sie die Stadt für längere Zeit unter ihre Kontrolle bringen konnten. Sie raubten viele Tausend Tontafeln aus Babylon, was zur Folge hatte, dass Wissenschaft und Kultur in Assyrien aufblühten, allerdings stark von babylonischen Vorstellungen geprägt blieben. In gewisser Weise führten die militärische Beherrschung und der Raub der Keilschrifttafeln zu einer kulturellen Abhängigkeit Assyriens von Babylon.

Assyrien erlebte bald nach der Eroberung von Babylon selbst eine politische und militärische Schwächeperiode und verlor die Kontrolle über die Stadt an die Aramäer. Eine aramäische Volksgruppe, die Chaldäer aus dem Süden Mesopotamiens, stellten nun die babylonischen Könige. Ihre militärische Position wurde allerdings dadurch geschwächt, dass sie sich in ständigen Konflikten mit anderen aramäischen Volksgruppen befanden. Assyrien wurde wieder so mächtig, dass Babylonien in Tributabhängigkeit geriet. Wiederholt sandten die assyrischen Könige Truppen, um ihren Tributforderungen Nachdruck zu verleihen. Die Assyrer fühlten sich aber Babylonien weiterhin kulturell eng verbunden und verzichteten auf brutale Vernichtungsfeldzüge. Vor allem vermieden sie es, die Heiligtümer in Babylon zu beschädigen oder gar zu zerstören.

Der assyrische König Tiglat-pileser III., der von 745 bis 727 v. Chr. regierte, versuchte die ständigen Konflikte um die Herrschaft in Babylonien dadurch zu beenden, dass er sich auch zum König von Babylon erklärte. Er erfüllte nun auch alle Pflichten, die vom König beim Neujahrsfest für den Stadtgott Marduk erwartet wurden. Aber die Doppelmonarchie stieß bei den Chaldäern, der weiterhin tonangebenden Gruppe in Babylon, auf Widerspruch und Widerstand. 722 v. Chr. nutzte ein chaldäischer politischer Führer die kurzzeitige Schwäche Assyriens, schloss ein Bündnis mit Elam und setzte sich als Marduk-apla-iddina II. auf den babylonischen Königsthron. Erst zwölf Jahre später konnten assyrische Truppen diesen König aus Babylon vertreiben. Aber dank eines erneuerten Bündnisses mit Elam und der Unterstützung durch chaldäische Volksgruppen kehrte der vertriebene König noch einmal nach Babylon zurück – und wurde ein zweites Mal und diesmal endgültig von den Assyrern vertrieben.

Es folgten weitere Aufstände gegen die assyrische Vorherrschaft in Babylonien, und das veranlasste den assyrischen König Sanherib im Jahre 689 v. Chr., Babylon ein weiteres Mal zu erobern und dieses Mal vollständig zu zerstören. Das hätte das Ende der Stadt sein können, aber der nächste assyrische König, Asarhaddon, ließ Babylon wieder aufbauen, den Tempel restaurieren und die geraubten Götterbilder zurück in die Stadt am Euphrat bringen. Um frühere Bewohner wieder in die Stadt zu locken, wurden ihnen großzügige wirtschaftliche Privilegien gewährt. Und tatsächlich erlebte Babylon nun eine neue ökonomische und kulturelle Blüte. König Asarhaddon regelte seine Nachfolge so, dass einer seiner Söhne Assyrien regieren sollte und ein zweiter Sohn Babylonien. So geschah es auch, aber der neue König von Babylon stellte sich umgehend an die Spitze einer Aufstandsbewegung gegen seinen Bruder. Es kam zum Kampf, und Babylon wurde 648 v. Chr. ein weiteres Mal durch assyrische Truppen erobert. Dieses Mal brannten die assyrischen Truppen große Teile der Stadt nieder. Aber ein weiteres Mal wurde die Stadt wiederaufgebaut und dies erneut mit assyrischer Unterstützung.

Dankbar zeigten sich die Chaldäer dafür nicht. Als die assyrischen Truppen gleichzeitig einen Aufstand in einem anderen Landesteil niederschlagen und eine Invasion abwehren mussten, nutzten die Chaldäer die Gunst der Stunde im Jahre 626 v. Chr. zum Aufstand und setzten einen der Ihrigen auf den babylonischen Thron, der als König Nabopolassar in die Geschichte Mesopotamiens eingegangen ist. Dieser König verbündete sich mit den Medern und konnte so die Assyrier schlagen. Die Unabhängigkeit Babyloniens war wiederhergestellt. Unter dem Sohn von Nabopolassar, dem König Nebukadnezar II., gewann Babylonien erneut eine dominierende Position in der Region, und Babylon erlebte eine nie gekannte Blütezeit. Der Herrschaft von Nebukadnezar II. und der „Boomtown" Babylon wird ein eigenes Kapitel gewidmet werden. Vorher soll ein wichtiger Ursprung des Aufstiegs und des Reichtums von Babylon beleuchtet werden: das Wasser des Flusses Euphrat und seine Rolle in einem Epos von der großen Flut.

An den Ufern des Euphrats: Fluten, bewässerte Felder und ein Epos

Die Stadt Babylon wäre ohne die Lage am Euphrat nie zur Großstadt geworden. Der Fluss strömte durch das Stadtgebiet, und das Flusswasser diente auch dazu, die Wassergräben der Verteidigungsanlagen der Stadt zu füllen. Allerdings: Das Wasser war nicht nur ein Segen, sondern immer wieder auch eine Bedrohung. Angesichts der Überflutungsgefahr wurden viele Gebäude in Babylon etwas erhöht auf Hügeln und kleinen Erhebungen errichtet, die durch die Einebnung der Überreste früherer Lehmbauten entstanden. Auch die jüdischen Verfasser der biblischen Texte im babylonischen Exil könnten von der Bedrohung durch Flutwellen gewusst haben, lesen wir doch in Jesaja 14,22-23 als göttliche Warnung: „Und ich will über sie kommen, spricht der HERR Zebaoth, und von Babel ausrotten Name und Rest, Kind und Kindeskind, spricht der HERR. Und ich will Babel machen zum Erbe für die Igel und zu einem Wassersumpf und will es mit dem Besen des Verderbens wegfegen, spricht der HERR Zebaoth."

Herodot berichtet von Flussregulierungsmaßnahmen in Babylon, die ergriffen wurden, um der Gefahr von Flutkatastrophen zu begegnen: „Ferner hat sie an beiden Flussufern Dämme aufgeschüttet, die eine ganz erstaunliche Größe und Höhe haben." Außerdem wurde oberhalb von Babylon ein großer Euphrat-Stausee angelegt, der mit Steinmauern eingefasst war. In diesen Stausee konnte überschüssiges Wasser, das die Stadt bedrohte, abgeleitet werden. Es war sogar möglich, kurzfristig das gesamte Euphratwasser dorthin zu leiten, sodass der Flussabschnitt im Stadtgebiet trocken fiel und es zum Beispiel möglich wurde, die Pfeiler für eine Steinbrücke mitten im Flussbett zu errichten. Die Brücke bot anschließend eine bequeme Möglichkeit, die Stadtviertel auf beiden Seiten des Flusses zu erreichen, ohne auf Fähren angewiesen zu sein.

Daneben ermöglichte das Euphratwasser im weiten Umkreis der Stadt eine intensive Bewässerungslandwirtschaft. Ein Netz von Kanälen versorgte Felder, Dattelpalmhaine und Gemüsegärten mit Wasser. In Mesopotamien konnten wie erwähnt größere Städte wie Babylon erst entstehen, als es gelungen war, die landwirtschaftliche Produktivität so stark zu erhöhen, dass die Bauernfamilien deutlich mehr erzeugten, als sie selbst benötigten, und die Mehrproduktion an eine Stadtbevölkerung verkauften. Ausschlaggebend dafür war an Euphrat und Tigris das Entstehen einer Bewässerungslandwirtschaft.

Herodot schrieb über den Anbau von Korn: „Man bewässert es vom Fluss her, sodass es reift und gedeiht, doch nicht wie in Ägypten, wo man den Fluss über die Felder treten lässt, sondern indem man das Wasser mit der Hand und durch Schöpfwerke über die Felder hingießt. Ganz Babylonien ist wie Ägypten von Gräben durchzogen." Kein Land, berichtet Herodot, eigne sich so gut für den Getreideanbau wie Babylonien. Es trage zweihundertfältige Frucht, zweifellos eine Übertreibung, aber eine Übertreibung, die zeigt, wie beeindruckend die babylonische Landwirtschaft war. Die Judäer, die nach Babylonien verschleppt wurden, werden es ähnlich empfunden haben. Die meisten von ihnen kannten nur den Regenfeldbau, wie er in Palästina üblich war. Er barg große Risiken, denn wenn der Regen zur rechten Zeit ausblieb, fiel die Ernte aus, mit katastrophalen Folgen für die ganze Bevölkerung.

Der Euphrat, der durch Babylon floss, diente auch für den Transport von Lehmziegeln und vielen anderen Gütern auf großen Lastkähnen. Diese Transporte waren unerlässlich für den Ausbau der Stadt und die regelmäßige Versorgung der Bevölkerung mit Lebensmitteln. Herodot berichtet über eine originelle Form des Schiffstransports von Waren vom Oberlauf des Euphrats nach Babylon. Die Boote, erfahren wir, waren kreisrund und mit Leder bezogen: „In Armenien, dem Oberland von Assyrien, schneiden sie Schiffsrippen aus Weidenholz und umkleiden sie mit Häuten ... (sie) machen das Fahrzeug rund wie ein Schild, stopfen es dann innen mit Stroh aus und lassen es, nachdem es seine Ladung erhalten, den Strom hinuntertreiben." Diese Boote führten nach Herodot jeweils einen Esel mit an Bord. Wenn die Boote in Babylon eingetroffen waren und die Ladung verkauft war, machten die Schiffer auch die Schiffsrippen und das Heu zu Silbergeld, luden die Tierhäute auf die Esel und kehrten auf dem Landweg in ihre armenische Heimat zurück. In der babylonischen Geschichte von der großen Flut, die gleich erzählt wird, retteten sich interessanterweise die überlebenden Menschen und Tiere auf ein kreisrundes Boot, das natürlich wesentlich größer war als die Gefährte, von denen Herodot berichtet, aber eine ähnliche Schiffbautechnik aufwies.

Im Buch Sirach wird deutlich, wie stark der Wasserreichtum an Euphrat und Tigris die jüdische Bevölkerung im Exil beeindruckt hat. Es wird von Gott gesagt, dass er die Weisheit fließen lässt wie den Tigris im Frühling, und der Verstand „überströmt" wie der Euphrat (vgl. Sirach 18,34-36). Auch kann daran erinnert werden, dass durch den Paradiesgarten, in dem Adam und Eva in einer biblischen Schöpfungsgeschichte lebten, der Euphrat und der Tigris flossen (vgl. 1. Mose 2). Auffällig ist zudem, welch große Rolle Wasser in jenen Büchern der Bibel einnimmt, die in Babylon entstanden oder dort stark bearbeitet wurden, also vor allem die fünf Bücher Mose und verschiedene Prophetenbücher.

Mit Keilen auf der Spur der großen Flut

Dürren und Flutkatastrophen bedrohten immer wieder die Bewohner des antiken Mesopotamien. Und das erklärt, warum in Mythen erzählt wurde, wie das menschliche Leben durch große Fluten beinahe vollständig ausgelöscht wurde. Am berühmtesten ist das Gilgamesch-Epos, das in der heute bekannten Form etwa 1250 v. Chr. aufgeschrieben wurde. Das Epos wurde in Babylonien und benachbarten Ländern immer neu erzählt und war ein Schlüsseltext, um babylonische Vorstellungen vom Miteinander von Göttern und Menschen von einer Generation zur nächsten weiterzugeben. Es kann mit Sicherheit davon ausgegangen werden, dass die Verfasser der biblischen Noahgeschichte dieses Epos kannten und sich von ihm inspirieren ließen.

Wieder entdeckt wurde das Gilgamesch-Epos von George Smith, einem Autodidakten auf dem Gebiet der Altorientalistik, dessen Lebensgeschichte fast so tragisch endete wie diejenige der meisten Menschen in der großen Flut des Epos. Der 1840 geborene George Smith wuchs in armen Verhältnissen in London auf und musste schon mit 14 Jahren die Schule verlassen, um in einer Druckerei zu schuften. Er entwickelte ein großes Interesse an Assyriologie und Archäologie, und deshalb verbrachte er seine ganze Freizeit im Britischen Museum. Dort half er den Wissenschaftlern, zerbrochene Tontafeln mit Keilschriftzeichen wieder zusammenzufügen. Unter Tausenden Bruchstücken, die in Ninive gefunden worden waren, konnte George Smith auf geniale Weise jene Stücke finden, die zu einer ursprünglichen Tontafel gehört hatten. Das Museum stellte ihn schließlich für diese Tätigkeit ein, aber arrogant, wie die damaligen Wissenschaftler waren, zahlte man George Smith für seine wichtige Tätigkeit einen Lohn, der kaum höher war als derjenige einer Reinigungskraft des Museums. George Smith gab nicht auf und erwarb zusätzlich autodidaktisch die Fähigkeit, babylonische Keilschrifttexte zu verstehen und zu übersetzen. Er nutzte seine neu erworbenen Kenntnisse vor allem dafür, nach Texten zu suchen, die eine Bedeutung im Hinblick auf biblische Themen hatten.

Und dann kam der 3. Dezember 1872. Die britische „Society of Biblical Archaeology“ lud zu einem Vortrag in das vornehme Londoner „Mayfair Hotel“ ein. Der Saal war bis auf den letzten Platz gefüllt, und selbst Premierminister William Gladstone war erschienen, denn der „Daily Telegraph“ hatte vorab berichtet, dass eine Sensation zu erwarten war. An das Rednerpult trat George Smith. Er berichtete über einen Fund, der das Verständnis biblischer Texte grundlegend verändern sollte. Er trug vor, dass er das Fragment einer Tontafel übersetzt und darauf einen Ausschnitt einer mehr als 3.000 Jahre alten babylonischen Geschichte gefunden hatte, die ohne Zweifel der Sintflutgeschichte in der Bibel ähnelte. Es ging in dem Fragment um eine Flut, ein Schiff und einen Vogel, der ausgeschickt wurde, um trockenes Land zu finden. Das Publikum war begeistert von dieser Entdeckung. Premierminister Gladstone erhob sich, lobte George Smith und nannte ihn sogar „den Stolz dieses Landes“.

Die Redaktion des „Daily Telegraph“ witterte die Chance für eine neue große Story. Einige Jahre vorher hatte die Tageszeitung die Expedition von Henry Morton

Stanley nach Ostafrika finanziert, wo er den als verschollen geltenden Forscher David Livingstone am Tanganjikasee „entdeckt“ und der Zeitung exklusive Berichte über Expedition und glückliche Begegnung geliefert hatte. Nun sollte George Smith, vom „Daily Telegraph“ ausgestattet mit 1.000 Pfund, die fehlenden Tontafeln des babylonischen Epos in Ninive finden, dort, wo britische Archäologen bereits größere Mengen Tontafeln und Tontafelbruchstücke babylonischer Texte ausgegraben hatten.

Zwar war David Smith wegen fehlender Arabisch- und Türkischkenntnisse nicht gut auf ein solches Vorhaben vorbereitet und verfing sich prompt für Monate in den Fallstricken der Bürokratie des Osmanischen Reiches, aber schließlich erreichte er doch Ninive. Er begann sofort mit der Suche nach den fehlenden Tontafeln. Und wieder hatte der als Archäologe vollkommen unerfahrene George Smith großes Glück. Er fand nach wenigen Tagen, am 14. Mai 1873, mehrere zerbrochene Tafelfragmente, deren Inhalt zu der Tafel zu passen schien, die er in London entziffert hatte. Er ahnte nicht, dass diese Tontafeln aus einem sehr viel älteren mesopotamischen Epos stammten. Leider beging der unerfahrene George Smith in seiner Begeisterung dann auch noch den Fehler, der Redaktion des „Daily Telegraph“ in einem Telegramm von seinem Fund zu berichten. In London war man der Auffassung, diese Funde reichten aus für eine auflagesteigernde exklusive Story, und George Smith wurde umgehend nach London zurückbeordert. Er konnte später mit bescheidenen Mitteln noch zwei Mal nach Ninive reisen und übersetzte in den Zeiten dazwischen mit großer Emsigkeit die mitgebrachten Keilschrifttexte. Aber bei seiner dritten Reise erkrankte er während der Ausgrabungsarbeiten und starb am 19. August 1876 im Alter von nur 36 Jahren. Sein großer Beitrag zur Assyriologie ist lange Zeit von der Fachwelt kaum gewürdigt worden.

Gilgamesch: Ein König legt sich mit den Göttern an – und wird weise

Inzwischen sind mehrere Versionen des Epos gefunden und übersetzt worden, die nicht vollständig und nicht vollkommen identisch sind. Sie erlauben es aber, die alte Geschichte neu zu erzählen. Hauptperson ist der König Gilgamesch, den es in der mesopotamischen Geschichte tatsächlich gegeben hat. Er regierte wie erwähnt um das Jahr 2750 v. Chr. die Stadt Uruk, geht aus den Königslisten dieser Stadt hervor. Wahrscheinlich gehörte er zu den bedeutenderen Königen von Uruk, und vielleicht wurde die mehr als neun Kilometer lange Stadtmauer tatsächlich während seiner Regierungszeit errichtet, wie es im Gilgamesch-Epos überliefert wird. Dieses Epos entstand etwa im 18. Jh. v. Chr. und baute auf noch älteren Vorläufergeschichten auf.[16] Es ist damit eine der ältesten literarischen Überlieferungen der Menschheit.

Dem Epos ist zu entnehmen, dass Gilgamesch zunächst ein despotischer Herrscher war, der nicht nur seine Untertanen drangsalierte, sondern sich auch mit den Göttern anlegte. Um ihn in seine Schranken zu weisen, sandten die Götter deshalb Enkidu, einen wilden Menschen, der mit den Tieren lebte, zu ihm. Der heftige Kampf zwischen Gilgamesch und Enkidu endete allerdings anders als von den Göttern erwartet: Die beiden wurden Freunde und machten sich gemeinsam auf den Weg in den Libanon, um den Hüter der Zedernwälder, Humbaba, zu töten, die Bäume zu fällen und dringend benötigtes Bauholz nach Uruk zu flößen. Ihr Vorhaben gelang, aber die Götter waren sehr verärgert, und als Gilgamesch auch noch die Avancen der Göttin Ischtar auf beleidigende Weise zurückwies, sann man im Götterhimmel auf Rache. Enkidu musste für die Untaten seines Freundes sterben, und wie von den Göttern erwartet, stürzte das Gilgamesch in tiefe Verzweiflung. Er setzte nun alles daran, wenigstens den eigenen Tod zu verhindern und suchte Rat bei Uta-napischti und seiner Frau, die als einzige Menschen die große Flut überlebt hatten und dafür unsterblich geworden waren.

Diese Flut bildet eine eigene Geschichte im Epos. Anlass für die Katastrophe war, dass die Götter auf Initiative des Götterkönigs Enlil beschlossen, die ganze Menschheit in einer gewaltigen Flut ertrinken zu lassen. Die Versammlung der Götter stimmte dem Plan zu, ohne sich bewusst zu machen, dass damit auch ihre Ernährung durch die Menschen zu Ende sein würde. Nur Enki (oder Ea), der Gott der Weisheit, erkannte die Folgen des Flutplans und wehrte sich ebenso entschieden wie vergeblich dagegen. Am Ende der Versammlung mussten alle Götter, auch der Gott der Weisheit, schwören, den Plan nicht an die Menschen zu verraten. Enki versuchte, das Schlimmste zu verhindern, ohne den Schwur zu brechen. Er versetzte Uta-napischti in den Schlaf und flüsterte ihm im Traum zu, er sollte eine Arche bauen, wobei der Gott es vermied, die drohende große Flut direkt beim Namen zu nennen. Der Gott gab Uta-napischti genaue Anweisungen für den Bau der Arche, in die er seine Familie und Angehörige aller Tierarten aufnehmen sollte.

Uta-napischti baute das Gefährt, die gleich breit wie lang sein sollte. Sie war gerade fertig gestellt, als die große Flut begann. Im Epos lesen wir: „Wie ein Schlachtengemetzel ging die Wucht der Flut über die Menschen hinweg."[17] Alle Menschen mit Ausnahme der Familie von Uta-napischti ertranken jämmerlich. Auch all die Tiere, die

[16] Den übersetzten Text des Epos und hilfreiche Erläuterungen finden Sie in: Stefan M. Maul: „Das Gilgamesch-Epos", neu übersetzt und kommentiert, München 2005.
[17] Ebenda, S. 144.

nicht auf der Arche Zuflucht gefunden hatten, verloren ihr Leben. Die Flut nahm so gewaltige Ausmaße an, dass selbst die Götter in Angst und Schrecken versetzt wurden, gingen in der Flut doch auch ihre Wohnstätten auf der Erde verloren. Nun waren, so wird in dem Epos erzählt, die Klageschreie der Götter zu hören, die Weltordnung war im Chaos untergegangen. Auch viel von dem Wissen, dass die Götter vorher den Menschen bereitwillig vermittelt hatten, ging mit der ertrinkenden Menschheit verloren.

Als die Flut endlich zu Ende ging und die Wasser sich verliefen, schickte Uta-napischti nacheinander eine Taube, eine Schwalbe und einen Raben aus, um herauszufinden, ob es wieder einen trockenen Fleck Erde gab. Als die Bewohner der Arche gerettet waren und ihr Gefährt verlassen konnten, brachten sie ein Dankopfer dar. Die Götter rochen den süßen Duft, und „die Götter kamen alsbald wie die Fliegen über dem Opferspender zusammen“.[18] Endlich gab es wieder etwas zu essen.

Die über die Folgen ihres Beschlusses zur großen Flut erschreckten Götter verpflichteten sich, in Zukunft nie wieder der Vernichtung der ganzen Menschheit zuzustimmen. Nur der Götterkönig war verärgert, dass nun doch einige Menschen die Katastrophe überlebt hatten. Er setzte durch, dass der Tod, der bei der Flut erstmals auf die Welt gekommen war, von nun an zum Leben aller Menschen gehören sollte. Der Götterkönig persönlich machte eine Ausnahme und entrückte Uta-napischti und seine Frau in den göttlichen Bereich der Unsterblichkeit. Damit war das göttliche Verdikt erfüllt, dass alle Menschen durch die Flut sterben mussten. Alle Nachfahren von Uta-napischti und seiner Frau, die ja erst nach der Flut geboren wurden, sollten sterblich sein. Nach all den Krisen war es für die Menschen in Mesopotamien hinfort von äußerst großer Bedeutung, die endlich gewonnene Stabilität im Verhältnis von Menschen und Göttern zu bewahren, was vor allem erforderte, zuverlässig dafür zu sorgen, dass die Götter mit reichlich köstlicher Nahrung versorgt wurden.

Uta-napischti und seine Frau genossen das Leben im „Land der Seligen“, wo Gilgamesch sie besuchte, um zu erfahren, wie die Unsterblichkeit zu erlangen war. Enttäuscht musste er feststellen, dass ihm das ewige Leben verwehrt bleiben würde. Er kehrte sterblich, aber doch um viele Erkenntnisse reicher, nach Uruk zurück. Dort regierte er weise und machte sich auch dadurch einen Namen, dass er Tempel und Heiligtümer wieder aufbauen ließ, die bei der großen Flut zerstört worden waren. Gilgamesch wurde später von den Menschen zu einem Gott der Weisheit erhoben und als solcher im Babylon von Nebukadnezar II. verehrt. Und auf den gebrannten Tontafeln wurden seine Geschichten für die Ewigkeit bewahrt und damit auch die Hoffnung, vielleicht doch den paradiesischen Zuständen vor dem Beginn der Flut

[18] Ebenda, S. 146.

wieder etwas näher zu kommen. So blickten die Babylonier in ihrem Glauben und in ihrer Wissenschaft zurück auf die Zeit, als die Menschen noch nicht sterben mussten und als sie als göttliches Geschenk die ganze Fülle des Wissens und der Weisheit besaßen. Das Epos war in Babylon so beliebt, dass Keilschrift-Schüler einzelne Passagen wieder und wieder abschreiben mussten. Auch in den benachbarten Völkern wurde das Epos immer wieder erzählt und aufgeschrieben, sodass Fragmente der Geschichte auf Sumerisch, Akkadisch, Babylonisch, Hurristisch und Hethitisch erhalten geblieben sind. Wie erwähnt gibt es verschiedene Versionen – und bisher leider keine vollständige Fassung. Heute am weitesten verbreitet ist das Zwölf-Tafel-Epos, das ursprünglich etwa 3.600 Zeilen umfasst haben muss und in dem die Flutgeschichte ausführlich vorkommt.

Es gibt mehrere deutsche Übersetzungen, die die Faszination und literarische Qualität des Epos erahnen lassen, vor allem die neue Übersetzung von Stefan M. Maul.[19] Das Gilgamesch-Epos ist eine Geschichte vom Erwachsenwerden, vom Verhältnis von Natur und Kultur, von der Freundschaft früherer Feinde, von Schwächen und Ängsten, von der Suche nach Ruhm, von den Gefährdungen menschlichen Lebens, von den Sorgen und den Hoffnungen der Menschen und nicht zuletzt von der Angst vor dem Tod. Es ist deshalb ärgerlich, dass in der christlichen Kurzrezeption des Epos meist nur herablassend auf die Zeilen Bezug genommen wird, dass die Götter bei der großen Flut verängstigt waren. Auf diese Weise kann man den Gott der Juden und Christen leicht als allmächtig von den mesopotamischen Göttern abheben, und man kann ein Epos diskreditieren, das die Verfasser der biblischen Sintflutgeschichte kannten und aus dessen Bilderreichtum sie sich bedienten, um ihre eigene Geschichte von der großen Flut zu erzählen.

Noah, sein Kasten und das babylonische Vorbild

Am Anfang der biblischen Flutgeschichte steht Gottes Reue, die Menschen geschaffen zu haben, denn deren „Bosheit groß war auf Erden“ (1. Mose, 6,5). Gott entschloss sich deshalb, die Menschen von der Erde zu tilgen. Er machte eine Ausnahme: „Aber Noah fand Gnade vor dem Herrn“ (1. Mose 6,8). Noah war ein frommer Mann und ohne Tadel, und deshalb sollte er mit seiner Familie gerettet werden. Auf Anweisung Gottes baute Noah einen „Kasten“, in dem er, seine Familie und einige Mitglieder aller Tierarten, die auf der Erde lebten, vor der Flut bewahrt werden.

Gott gab nach der biblischen Überlieferung Noah genaue Anweisungen, wie der „Kasten“ (lateinisch „arca“, oft übersetzt als „Arche“) auszusehen habe: „Mache dir

[19] Ebenda.

einen Kasten von Tannenholz und mache Kammern darin und verpiche ihn mit Pech innen und außen. Und mache ihn so: Dreihundert Ellen sei die Länge, fünfzig Ellen die Breite und dreißig Ellen die Höhe. Ein Fenster sollst du daran machen obenan, eine Elle groß. Die Tür sollst du mitten in seine Seite setzen. Und er soll drei Stockwerke haben, eines unten, das zweite in der Mitte, das dritte oben" (1. Mose 6,14-16). Oft wird die Arche als winziges Schiffchen dargestellt, aber wenn man davon ausgeht, dass in der biblischen Geschichte in ägyptischen Ellen gemessen wurde, dann handelte es sich um ein Schiff von etwa 135 Meter Länge, 23 Metern Breite und 13 Metern Höhe. Allerdings war Noahs „Kasten" der biblischen Überlieferung nach kein schnittiges Schiff, das die Ozeane durchquerte. Es ist weder von einem Bug noch von einem Ruder noch von einem Segel die Rede. Es war nach der Überlieferung eben ein „Kasten", der auf den Wassermassen dahindümpeln sollte.

Als die Arche fertig war, ging Noah mit seiner Familie an Bord, dazu ein Paar von allen Tierarten – von den „reinen" Tieren sogar jeweils sieben Tiere. Von diesen „reinen" Tieren würden nach der erfolgten Rettung einige geopfert werden, und so mussten zusätzliche Tiere an Bord genommen werden, damit die Art nicht aussterben würde. Kaum waren alle an Bord, so erfahren wir in der Geschichte, begann der Regen, und er dauerte vierzig Tage lang. „Und die Wasser nahmen überhand und wuchsen so sehr auf Erden, dass alle hohen Berge unter dem ganzen Himmel bedeckt wurden" (1. Mose 7,19). Alle Lebewesen auf der Erde ertranken, und nach 150 Tagen waren auch alle Vögel tot, die nicht im „Kasten" Zuflucht gefunden hatten. Danach verliefen sich die Wasser auf der Erde, und die Arche konnte am hohen Gebirge Ararat anlegen. Noah öffnete ein Fenster der Arche und ließ erst einen Raben und dann eine Taube ausfliegen, um festzustellen, ob es wieder trockenes Land gab. Als schließlich eine Taube mit einem Ölblatt im Schnabel zurückkehrte, „merkte Noah, dass die Wasser sich verlaufen hätten auf Erden" (1. Mose 8,11). Noah wartete noch einige Tage und überzeugte sich dann selbst, dass die Flut zu Ende war. Auf göttliche Anweisung verließen daraufhin Noah, seine Familie und alle Tiere die Arche. Noah baute dem Herrn einen Altar und opferte einige Tiere. Und dann folgen zwei Verse, die auch immer wieder in Kindergottesdienst, Konfirmandenunterricht und Predigt zitiert werden: „Und der HERR roch den lieblichen Geruch und sprach in seinem Herzen: Ich will hinfort nicht mehr die Erde verfluchen um der Menschen willen; denn das Dichten und Trachten des menschlichen Herzens ist böse von Jugend auf. Und ich will hinfort nicht mehr schlagen alles, was da lebt, wie ich getan habe. Solange die Erde steht, soll nicht aufhören Saat und Ernte, Frost und Hitze, Sommer und Winter, Tag und Nacht" (1. Mose 8, 21-22).

Zwei ähnliche Flutgeschichten

Die Ähnlichkeiten zwischen Gilgamesch-Epos und biblischer Geschichte sind nicht zu übersehen. So gibt es in beiden Fällen ein schwimmfähiges Gefährt, in dem einige Menschen und eine größere Zahl von Tieren vor der Flut gerettet werden. Die Flutkatastrophe wird in drastischen Worten geschildert, und nach ihrem Ende werden Vögel ausgesandt, um auf diese Weise festzustellen, ob die Überflutung der Erde zu Ende ist. Es wird in beiden Geschichten ein Dankopfer dargebracht. Und in beiden Fällen hat Gott bzw. haben die Götter verkündet, sie würden eine solche verheerende Katastrophe nie mehr wiederholen.

Es gibt eine noch tiefere Verbindung zwischen beiden Mythen. In Verbindung mit den jeweiligen Schöpfungsgeschichten beantworten die Flutgeschichten für die jeweilige Glaubensgemeinschaft die Fragen nach dem Woher der Menschheit und danach, wie Katastrophen auf die Welt gekommen sind und in welcher Beziehung menschliches Handeln zu göttlichem Wirken steht. Zu beachten ist, dass diese beiden Geschichten keineswegs die einzigen sind, in denen Völker von großen Fluten erzählt haben. Da Naturkatastrophen und besonders Flutkatastrophen schon immer zu den Erfahrungen der Menschen in fast allen Regionen unseres Planeten gehört haben und die Furcht vor dem Untergang in den Fluten weit verbreitet war, kann es nicht überraschen, dass weltweit mehr als 250 Mythen über solche großen Fluten und ihre religiösen Ursachen existieren. Ich halte die These, sie hätten alle einen gemeinsamen Ursprung, für wenig überzeugend. Es gab keine direkten oder indirekten kulturellen und religiösen Verbindungen zwischen all den Völkern, in denen solche Mythen erzählt wurden, und auch die Geschichten selbst unterscheiden sich stark.

Hingegen stehen die mesopotamische und die biblische Geschichte eindeutig in einem engen Zusammenhang und weisen nicht zufällig große Ähnlichkeiten auf. Und beide Mythen erzählen nicht nur dramatische Geschichten aus einer fernen Vergangenheit, sondern vermittelten den Zuhörern auch Orientierung für das eigene Leben, weil sie verdeutlichten, wie eine gute Schöpfung in eine katastrophale Krise geriet, und wie die Menschen solche Katastrophen durch ihren Glauben und ihr Verhalten abwenden konnten. Beide Mythen erzählen, wie geradezu paradiesische Verhältnisse gestört und zerstört werden können. Das Ziel, eine solche Welt und ihre gute Ordnung wiederherzustellen, verband den Glauben der Babylonier und der Juden – aber wie dies zu erreichen war, das trennte beide Völker auf fundamentale Weise.

Es bestehen neben den Ähnlichkeiten eben auch gravierende Unterschiede zwischen beiden Mythen. Vor allem haben die Götter und der eine Gott verschiedene Rollen in den Geschichten. Der Gott der Juden ist allmächtig und stets der Herr des Geschehens, während babylonische Götter und Menschen aufeinander angewiesen sind und bleiben. So stürzen sich die Götter auf das geopferte Essen der überlebenden Menschen, während Gott zwar den Duft des Rauches von Noahs geopferten Tieren schätzt, aber sich nicht von den Opfertieren ernährt. Auch die Gründe für die Flutkatastrophe unterscheiden sich: Während die Götter Babyloniens sich nach älteren Überlieferungen dieser Geschichte von dem ständigen lauten Lärm der Menschen gestört fühlten, war der Gott der Juden zornig über das sündige Verhalten der Menschheit. Im Gilgamesch-Epos haben die Götter unterschiedliche Auffassungen darüber, ob die ganze Menschheit total vernichtet oder einzelne Menschen gerettet werden sollen, in der Bibel hat der eine Gott, der das Leben auf der Erde vernichten will, zugleich Mitleid mit Noah und sorgt für seine Rettung und die seiner Familie.

Trotz solcher Unterschiede hat Klaus Koch, früherer Professor für Altes Testament an der Universität Hamburg, betont, dass die Sintflutgeschichte der Bibel ihren Ursprung in mesopotamischen Sintflutmythen hat. Als historische Wurzel dieser Mythen hat er diagnostiziert: „Mesopotamien hat mit seinen beiden großen Strömen Euphrat und Tigris in frühgeschichtlicher Zeit Überschwemmungen erlebt, wie Ausgrabungen nachweisen. Diese Überschwemmungen waren natürlich nur ein regionales Geschehen. Aber die Bewohner erlebten sie als Weltuntergang.“[20] Es entstand eine Geschichte, aus der viel über göttliches Handeln, menschliche Schwäche und das Überleben dieser Erde gelernt werden kann.

Es kann kein Zweifel bestehen, dass die Juden im Exil die Leben spendende Bedeutung des Wassers in der durch raffinierte und ausgedehnte Bewässerungssysteme abhängigen Landwirtschaft der Region an Euphrat und Tigris kennen gelernt haben. Aber sie erlebten eventuell auch verheerende Flutwellen und Überschwemmungen oder hörten zumindest davon. Die jüdischen wie die babylonischen Menschen fragten sich, wie der Schöpfer oder die Götter solche Katastrophen zulassen konnten. Und darauf haben sie Antworten gefunden, die in ihrer jeweiligen Religion verankert waren. Bemerkenswerterweise folgte in beiden Fällen auf die Flut nicht die Rückkehr zu paradiesischen Zuständen, sondern der alltägliche Kampf der Menschen in einer Welt, aus der das Böse nicht verbannt werden kann – und aus der die Menschen zusammen mit Gott/den Göttern einen besseren Raum zum Leben machen können. Und so werden am Ende aus den Katastrophenmythen doch Geschichten der Hoffnung.

---

[20] „Die Sintflut ist eine Sage“, Gespräch mit Klaus Koch, Deutsches Allgemeines Sonntagsblatt, 16.4.1999.

Und noch eine Übereinstimmung

Die Suche nach den Ähnlichkeiten von Gilgamesch-Epos und Noahgeschichte führt uns noch einmal ins Britische Museum, dieses Mal zu Irving Finkel. Er beschäftigt sich als Assyrologe mit der Entzifferung der 130.000 Tontafeln und Tontafelbruchstücken des Museums aus Mesopotamien. Ein Journalist des britischen „Telegraph“ beschrieb im Januar 2014 seine Eindrücke bei einem Besuch des Forschers im Museum so: „Finkel entspricht haargenau dem, wie man sich einen Kurator im Britischen Museum vorstellt, der sich mit antiken Schriften befasst: Er hat die Augen eines Großvaters, einen gewaltigen schneeweißen Bart, eine Mähne weißen Haares, die nur lose zu einem Pferdeschwanz zusammengebunden ist, aber tatsächlich frei ist zu tun, was sie will. Wir treffen uns in seinem Büro in einem der Hinterzimmer des Museums, und dieses Büro entspricht ebenfalls auf treffliche Weise allen Klischees: Es gibt keinen Flecken Oberfläche, die nicht mit Büchern und Papieren bedeckt ist, welche zu bedenklich schwankenden Haufen aufgetürmt sind, hier und da Tontafeln und dazu überquellende Schreibtischschubladen.“[21]

Seine wichtigste Entdeckung machte Irving Finkel 2009. Auf der nur 11,5 mal 6 Zentimeter großen, etwa 3.700 Jahre alten Tafel entdeckte er eine detaillierte Beschreibung für den Bauplan des schwimmfähigen Gefährts im Gilgamesch-Epos. Das kreisrunde Floß bestand aus einer stabilen Holzkonstruktion, die mit einem dicken Seil aus Palmfasern umwickelt wurde. Das Seil war laut Baubeschreibung so lang, dass es heute von London bis Edinburgh gereicht hätte. Um schwimmfähig zu werden, wurde das Floß mit Bitumen abgedichtet. Das Gefährt hatte laut Gilgamesch-Epos eine Grundfläche von etwa 3.600 Quadratmetern und so hohe Bordwände, dass ein oberes Deck eingezogen werden konnte. Geschwommen hat dieses Riesenfloß allerdings nie, schließlich handelt es sich um ein Epos, aber kleine runde Boote dieses Bautyps hat es in Babylonien gegeben, wie wir auch aus einem Bericht von Herodot erfahren haben.

Kopfzerbrechen bereitete dem Wissenschaftler lange Zeit die Entzifferung und Übersetzung einiger Zeilen auf der teilweise unlesbar gewordenen Rückseite der Tontafel. Aber als das Irving Finkel 2014 endlich gelang, war die Sensation groß, denn da war von der göttlichen Anweisung zu lesen, wilde Tiere „jeweils zwei, paarweise“ auf das Gefährt zu holen. Diese weitere Übereinstimmung zwischen Epos und biblischer Geschichte macht endgültig deutlich, dass die Geschichten nicht völlig unabhängig voneinander entstanden sein können. Den Verfassern des biblischen Berichtes muss das etwa ein Jahrtausend ältere Epos bekannt gewesen sein, und sie haben es in

---

[21] Tom Chivers: Irving Finkel: reader of the lost Arc, The Telegraph, 19.1.2014.

adaptierter Form übernommen. Den jüdischen Wissenschaftler Finkel erschüttert das nicht in seinem Glauben, denn er ist überzeugt, dass die Juden „die Bibel erstellten, ein Werk, das geradezu lautstark verkündet, dass es von Menschen geschrieben wurde“.[22]

Nachdem er sich mehr als vier Jahrzehnte lang mit babylonischen Keilschrifttexten und mit biblischen Geschichten beschäftigt hat, ist Irving Finkel überzeugt: „Das Judentum wurde aus seiner Umgebung herausgerissen und in einer gewaltigen, komplexen und verwirrenden Hauptstadt abgeladen, der größten Stadt des Nahen Ostens ... Das Exil forderte die Judäer dazu heraus, ihre Gedanken über ihren einzigen Gott weiterzuentwickeln.“[23] Und er fügt hinzu: „Das Judentum, das wir heute kennen, wurde in Babylon als direkte Konsequenz des Exils geboren. Diese Erfahrung schuf das jüdische Volk und bildete später auch das Muster für Christentum und Islam.“[24]

Hat Irving Finkel für seine Entdeckungen und Interpretationen von Tontafeln mehr Dank vom Britischen Museum erfahren als George Smith vor mehr als hundert Jahren? Noch nicht, denn Irving Finkel blieb weiterhin als „assistant keeper“ tätig, was, so sagt der humorvolle Orientalist, die Leute vermuten lässt, er sei im Zoo beschäftigt.

---

[22] Interview „Meeting Irving Finkel“, The Jager File, 24.9.2010.

[23] Ebenda.

[24] Ebenda.

Die Weltstadt Babylon in der Zeit von König Nebukadnezar II.

Unter König Nebukadnezar II., der von 605 bis 562 v. Chr. regierte, erlebte Babylon einen rasanten Aufstieg zur größten und wichtigsten Stadt zwischen Ägypten und Persien. Schon sein Vater Nabopolassar hatte Assyrien weitgehend erobert und zu einem Teil des babylonischen Reiches gemacht. Nebukadnezar machte sich schon als Kronprinz einen Namen, als unter seiner Führung 605 v. Chr. in der Schlacht von Karkemisch ägyptische und restliche assyrische Truppen geschlagen und zum großen Teil vernichtet wurden. Dadurch wurde die babylonische Herrschaft über Assyrien stabilisiert und Ägypten aus Syrien und Palästina verdrängt. Bald darauf trat Nebukadnezar die Nachfolge seines Vaters an. Er setzte die Expansionspolitik fort und führte regelmäßig einmal im Jahr einen Feldzug durch, sodass das babylonische Reich bei seinem Tode von der ägyptischen Grenze bis nach Persien und von der Südtürkei bis in das Herz des heutigen Saudi-Arabiens reichte.

Bei der Absicherung der Herrschaft im Grenzgebiet zu Ägypten spielte die Kontrolle über Juda eine gewisse Rolle, auch wenn dies nur ein sehr kleiner Teil des babylonischen Einflussbereiches war. Nach dem Sieg über die ägyptischen Truppen brach Nebukadnezar 604 v. Chr. zu einer halbjährigen Militäraktion nach Syrien und Palästina auf. Es gelang ihm unter anderem, Juda tributpflichtig zu machen. Erneute Kämpfe gegen die ägyptischen Truppen in den Jahren 601 und 600 v. Chr. endeten allerdings mit einer empfindlichen babylonischen Niederlage. In dieser Situation unternahm der judäische König Jojakim den Versuch, durch ein Bündnis mit den ägyptischen Pharaonen die babylonische Herrschaft abzuschütteln. Die Einstellung der Tributzahlungen veranlasste Nebukadnezar II. aber, babylonische Truppen nach Juda zu schicken, die im Jahre 597 v. Chr. Jerusalem eroberten. Wahrscheinlich folgte ein Jahrzehnt später eine weitere Strafaktion, nachdem der babylonische Statthalter Gedalja einem Attentat zum Opfer gefallen war. Auch in den folgenden Jahren hat es babylonische Strafaktionen in dem Unruhegebiet Juda gegeben. Der Prophet Jeremia hatte vergeblich davor gewarnt, sich gegen die militärisch übermächtigen Babylonier in der vagen Hoffnung aufzulehnen, ägyptische Truppen würden zur Hilfe kommen, oder Gott werde sein Volk vor einer Eroberung durch die Feinde schützen. Auf die babylonische Besatzungspolitik und die Verschleppung der „oberen Zehntausend" nach Babylon wird noch detaillierter eingegangen werden.

Durch die Heirat einer Tochter des Mederkönigs Astyages versuchte Nebukadnezar, gute Beziehungen zum Nachbarreich aufzubauen. Aber uneingeschränkt war das Vertrauen des babylonischen Herrschers in die freundschaftlichen Beziehungen zu den Medern nicht, und deshalb ließ er eine Mauer zur Abgrenzung von den Nachbarn errichten. Diese „Medische Mauer“ war zwar im Zweifelsfall von feindlichen Truppen zu überwinden, wurde aber offenbar von den Medern als Grenzziehung respektiert. Zur Abschreckung möglicher Feinde diente auch der massive Ausbau der Stadtmauern von Babylon.

Nebukadnezar II. erlangte auch dadurch Anerkennung und Einfluss, dass er Friedensvereinbarungen zwischen verfeindeten Nachbarvölkern vermitteln konnte. Gleichzeitig festigte er durch eine kluge Politik der Wirtschaftsförderung die ökonomische Basis seiner Herrschaft und den Wohlstand in Babylonien und besonders in der Hauptstadt Babylon. Nebukadnezar II. verstand es geschickt, durch den Wiederaufbau von Tempeln in Städten wie Sippar die lokale Bevölkerung – oder doch zumindest größere Bevölkerungsgruppen – seines großen Reiches für sich einzunehmen. Zugleich machte er deutlich, dass er die religiösen und kulturellen Traditionen Babyloniens, die bis zu den Sumerern zurückreichten, achtete, ehrte und neu beleben wollte.

Dass babylonische Truppen während der Herrschaftszeit von Nebukadnezar II. Jerusalem eroberten, Stadt und Tempel verwüsteten sowie mehrere Tausend Menschen an Euphrat und Tigris verschleppten, hat diesem König eine sehr häufige, meist sehr negative Erwähnung in der Bibel eingetragen. Dass er als Gottes Instrument zur Bestrafung des jüdischen Volkes gedient haben soll, ist noch die positivste Rolle, die diesem Herrscher zugebilligt wird. Er wird in der biblischen Überlieferung mehrmals von Gott sogar als „mein Knecht“ bezeichnet (u. a. in Jeremia 25,9), aber das tritt leicht in den Hintergrund gegenüber all den Diffamierungen dieses babylonischen Königs. Und die Bemerkungen zur Rolle Nebukadnezars als „Knecht“ Gottes werfen bei genauer Betrachtung auch nicht unbedingt ein gutes Licht auf den babylonischen König, sondern diese biblischen Passagen lassen sich auch so lesen, dass Gott in all seiner Macht selbst einen der übelsten Despoten dafür einsetzen kann, das umzusetzen, was er beschlossen hat.

Die negative Darstellung von Nebukadnezar II. in biblischen Texten steht im Kontrast zu seiner historischen Bedeutung, die ihn zu einer der wichtigsten Identifikationsfiguren im heutigen Irak machen. Allerdings geriet das Erbe von Nebukadnezar II. bald in politische Krisen und sein Reich ging nach einigen Jahrzehnten unter. Nur zwei Jahre nach dem Tod des mächtigen Königs im Jahre 562 v. Chr. wurde sein Sohn und Nachfolger Amel-Marduk während eines Aufstandes ermordet. Und auch dessen Nachfolger Neriglissar konnte sich nicht lange an der Macht halten.

Archäologen ist Nebukadnezar II. durch zahlreiche Bauten bekannt, vor allem das Ischtar-Tor, die Prozessionsstraße, den Marduk-Tempel, den benachbarten Tempelturm und die königlichen Paläste. Wer heute das Vorderasiatische Museum in Berlin besucht, der bestaunt vor allem rekonstruierte Bauwerke und einzigartig schöne Kunstwerke aus dem Babylon Nebukadnezars. Zahllose Texte auf Keilschrifttafeln sowie Stempel auf Lehmziegeln erinnern an die Bautätigkeit unter diesem König. So ist zum Beispiel überliefert: „Die Heiligtümer von Babylon und Borsippa ließ ich bauen und erhielt sie in Stand. Etemenanki, den Stufenturm von Babylon, E-uriminanki, den Stufenturm von Borsippa ... stellte ich mit Asphalt und Backsteinen wieder her und führte ihn zu Ende."[25]

Eine Großstadt am Euphrat

Wie viele Menschen zur Zeit von Nebukadnezar II. im Stadtgebiet von Babylon gelebt haben, wissen wir bisher nicht. Experten vermuten, dass es zwischen 50.000 und einigen Hunderttausend waren. Die Stadtfläche war mit annähernd 450 Hektar so groß, dass es auch bei einer höheren Bevölkerungszahl nicht eng geworden wäre. Es gab vermutlich größere Freiflächen im Stadtgebiet, denn Babylon war auf Wachstum angelegt, aber dazu sollte es nicht mehr kommen. Die Stadt mit ihren beeindruckend hohen Mauern erreichte unter Nebukadnezar II. den Höhepunkt ihrer Macht und Pracht, und danach ging beides zurück, allerdings nicht so dramatisch, wie in der Bibel prophezeit.

Das Babylon Nebukadnezars II. erstreckte sich auf beiden Seiten des Euphrats, wobei während seiner Herrschaftszeit eine Brücke gebaut wurde, sodass das Übersetzen mit Fähren entfiel. Sie besaß sieben Pfeiler, war 123 Meter lang und 21 Meter breit, also auch nach heutigen Maßstäben ein eindrucksvoller Bau. In der wichtigeren östlichen Stadthälfte befanden sich der Tempel, der Turm, die Königspaläste und andere repräsentative Bauten. Gradlinig angelegte Hauptstraßen führten von den Toren zu den wichtigsten Gebäuden der Stadt. Auch die Nebenstraßen sind offenbar planmäßig angelegt worden und gaben der Stadt eine klare Struktur. Das war kein Zufall, sondern Ausdruck des babylonischen Weltverständnisses. Babylon repräsentierte innerhalb seiner Stadtmauern die geordnete Welt, während in der Wahrnehmung der Babylonier draußen die Feinde lauerten und Unordnung herrschte. Teil der geordneten Welt war natürlich – in zweiter Linie – das gesamte Herrschaftsgebiet der babylonischen Könige, das sich um Babylon gruppierte und auf Babylon ausgerichtet war. Deshalb wurden einzelne Stadtteile von Babylon nach mesopotamischen Städten und Kultzentren benannt. Die Ansiedlung von Menschen anderer Völker innerhalb der Stadt brachte zum Ausdruck, dass auch diese Völker nun Teil einer wohlgeordneten Welt geworden waren. Was den nach Babylon verschleppten Juden als Völkervermi-

---

[25] Zitiert nach. Babylon Wahrheit, a. a. O., S. 139 .

schung und Sprachengewirr erschien, war nach babylonischem Verständnis Ausdruck der Tatsache, dass die Stadt das Zentrum der Welt und den Mittelpunkt eines geordneten Lebensraums bildete.

Eine Welt aus Lehm

Auch wenn manche Babylonier „steinreich" gewesen sein mögen, reich an Steinen waren sie nicht. Im Schwemmland von Mesopotamien waren Steine rar, und wer Steingebäude errichten wollte, musste sie zu hohen Kosten per Schiff aus entfernten Regionen herbeischaffen lassen. Deshalb wurden auch Tempel und Paläste aus Lehm erbaut. Lehm als Baustoff hat einige Vorzüge, aber die Bauten waren – zum Leidwesen heutiger Archäologen in Mesopotamien – meist nicht sehr langlebig.[26] Ohne ständige Pflege drohten Lehmgebäude rasch wieder zu verfallen. Und das war dann auch das Schicksal Tausender Gebäude des antiken Babylons.

Die Haltbarkeit wurde deutlich erhöht, wenn man gebrannte Lehmziegel verbaute. Aber hier kam ein weiterer Engpass im mesopotamischen Schwemmland ins Spiel, der Mangel an Holz. Es gab keine Wälder und nur wenige Bäume, sodass Holz zu den wichtigen und teuren Importartikeln gehörte. Nur für besondere Bauten konnte man sich deshalb den Luxus leisten, Ziegel zu brennen. Zusätzliche Festigkeit und auch Widerstandsfähigkeit gegen Regen ließen sich durch eine Glasur der äußeren Steine (wie beim berühmten Ischtar-Tor) oder durch eine Bitumenschicht (wie beim Turm von Babylon) erzielen.

Der große Vorteil der Lehmziegel von Babylon war, dass sie sich rasch und in fast unbegrenzter Menge herstellen ließen. Lehm gab es überall ausreichend, Wasser lieferte der Euphrat und Strohhäcksel war dank des ständig zunehmenden Anbaus von Getreide auch verfügbar. Holzrahmen sorgten für genormten Ziegel, die unter der Sonne über Babylon rasch trockneten. Gemauert wurde mit Lehmmörtel, und geglättet wurden die Wände mit Lehmputz. Da man festgestellt hatte, dass quadratische Ziegel besonders belastbar waren, entschied man sich meist für diese Form, wobei sich ein Normziegel mit etwa 33 mal 33 Zentimeter Seitenlänge und einer Höhe von 8 Zentimetern durchsetzte. Auch für mehrgeschossige Wohnhäuser ließ sich so eine ausreichende Stabilität erreichen. Schwieriger war dies bei hohen Palästen oder Stadtmauern. Hier war eine Wandstärke von 4 Metern und mehr erforderlich, um den Druck aufzufangen.

---

[26] Zu den babylonischen Lehmbauten vergleiche: Joachim Marzahn: Babylon – Metropole aus Lehm, in: Babylon Wahrheit, a. a. O., S. 139ff.

Die Stadtmauern von Babylon, bestehend aus mehreren Mauerringen, waren ein besonders eindrucksvolles Zeugnis der Lehmbaukunst und wurden sogar zu den sieben Weltwundern gezählt. Die wichtigste Stadtmauer hatten in der Zeit von Nebukadnezar II. eine Länge von 18 Kilometern und eine Höhe von 30 Metern. Die Breite von bis zu 30 Metern wurde dadurch erreicht, dass an beiden Seiten Lehmziegelmauern errichtet und in den Zwischenraum große Mengen Lehm und Schutt geschüttet wurden. Die breiten Mauern ermöglichten es, rasch Truppen an jene Stellen zu verlegen, die von Feinden bedroht waren. Wie alle babylonischen Lehmbauten verfielen auch die Stadtmauern in den letzten Jahrhunderten vor der Zeitenwende. Sie wurden deshalb aus der Liste der Weltwunder gestrichen und verloren schließlich auch jegliche militärische Bedeutung, weil die geschrumpfte Bevölkerung nicht ausreichte, um genügend Soldaten für die Verteidigung aufzubieten. Zu den Blütezeiten von Babylon waren die Mauern aber Furcht einflößend. Es gelang allerdings vor allem assyrischen Truppen im Laufe der Geschichte trotzdem mehrmals, die Stadt zu erstürmen und zu besetzen.

Immer wenn Babylon zerstört worden war, und das geschah einige Male, konnten die Einwohner die stehen gebliebenen Reste der Lehmmauern einebnen und darüber neue Gebäude errichten. Noch brauchbare Ziegel wurden wieder verwendet, und so blieb von der früheren Siedlungsschicht – salopp formuliert – nur ein großer Lehmberg übrig, in dem zur Freude heutiger Archäologen wenigstens einige Skulpturen und Alltagsgegenstände verborgen sind.

Bei aller Vergänglichkeit war besonders das Babylon von Nebukadnezar II. eine beeindruckend große und auch schöne Stadt aus Lehm. Viele Häuser wiesen zur Straße hin gestaltete Mauern mit Rillen, Vorsprüngen und anderen schmückenden Elementen auf – und manche Hauswände wurden sogar mit farbigen Bändern und anderen farbigen Bemalungen versehen. Damit auch spätere Generationen erfahren konnten, wer ein Gebäude errichten ließ, wurden – vor allem bei repräsentativen Bauten – in die Lehmziegel ein Stempel eingedrückt, der zum Beispiel sichtbar machte, dass König Nebukadnezar der Bauherr eines Tempels war.

Die Zimmer von Privathäusern gruppierten sich um einen Innenhof, und diese Wohnanlagen waren bis auf eine Tür, die mithilfe eines Balkens verriegelt werden konnte, durch fensterlose Wände nach außen abgeschlossen. Reiche Familien bewohnten mehr als 20 Räume mit einer Wohnfläche von zusammen über 600 Quadratmetern. Hier gab es auch großzügig ausgestattete Bäder und getrennt davon Toiletten. Die Wohnräume waren mit Möbeln aus Holz, Metall oder Elfenbein ausgestattet. Die Häuser der armen Familien waren hingegen sehr viel kleiner und schlichter ausgestattet. Dort lagen über den Stampflehmfußböden lediglich Matten, und Badezimmer fehlten. Fenster gab es in Wohnhäusern der Stadt nicht, denn noch konnte man keine Fensterscheiben herstellen, und Fensteröffnungen hätten Hitze und Staub ungehindert in die Zimmer gelangen lassen. So kam das Licht ausschließlich durch die Türen zum Innenhof in die Zimmer. Das Alltagsleben der Familie spielte sich vor allem in diesem Innenhof ab. Im Sommer schlief man auf dem Flachdach, wo es angenehmer war als in den oft kleinen und schlecht belüfteten Zimmern. Zweigeschossige Wohnhäuser waren selten. Dass die Stadt durchweg aus drei- und viergeschossigen Gebäuden bestand, entspringt nur der Fantasie von Herodot, der die Stadt nie gesehen hat – und sie dennoch als schönste Stadt unter allen pries.

In dem ansonsten wohl organisierten Babylon gab es keine Müllabfuhr, sodass der Müll auf die Straßen geworfen wurde. Da dieser Müll heute überwiegend in die Biotonne käme und aus natürlichen Materialien bestand, löste er sich bald auf. Allerdings erhöhte der weggeworfene Müll das Straßenniveau im Laufe der Jahrhunderte stetig, sodass die Häuser mit Stufen versehen werden mussten, um auf die nun höher gelegene Straße zu gelangen. Da die meisten Straßen nicht gepflastert waren, wechselten sich dort Staub- und Matschphasen ab.

Wie Nebukadnezar die Gnade verspielte

Die Stadt Babylon, ihr Turm und ihr König Nebukadnezar haben den Schweizer Schriftsteller Friedrich Dürrenmatt von den 1940er Jahren an über Jahrzehnte beschäftigt. Aber sein geplantes großes Drama über die dramatische Geschichte an den Ufern des Euphrats blieb unvollendet, und manche Vorarbeiten soll Dürrenmatt verzweifelt verbrannt haben. Lediglich einen kleineren Teil des Gesamtprojektes konnte der Schriftsteller 1953 abschließen, die Komödie „Ein Engel kommt nach Babylon". Von Erfolg gekrönt war das Theaterstück nicht, und es wird nur selten aufgeführt. 1990 stellte der Schriftsteller zu seinem großen Babylonvorhaben fest: „Allzu leichtfertig ließ ich mich auf ein Unternehmen ein, dessen Ende nicht abzusehen war. Es ging mir wie mit dem Turmbau zu Babel, den ich einmal plante und begann: Ich musste ihn abbrechen, um mich von ihm zu befreien. Was blieb, sind seine Trümmer."[27]

Der Engel, den Friedrich Dürrenmatt in seiner Komödie nach Babylon hinabsteigen lässt, hat den göttlichen Auftrag: den ärmsten Menschen zu finden und ihm das Mädchen Kurrubi, das mit vom Himmel herabkommt, zur Frau zu geben. Der Auftrag erweist sich als schwieriger als erwartet. König Nebukadnezar ist nämlich mit seinem

[27] Zitiert nach: Thomas Staubli: Abschied vom Turmmythos, Suchwege der Exegese, Bibel heute, Heft 142 (2000), S. 44.

Plan weit vorangekommen, einen modernen, wahrhaft sozialen Staat ohne Armut aufzubauen. Allen Bettlern sind Stellen im Staatsdienst angeboten worden, und alle haben das Angebot angenommen – außer einem einzigen: Akki will seine Freiheit behalten und bettelt trotz aller Verbote weiter. König Nebukadnezar will diesem Ärgernis, das dem „makellosen" Staat im Wege steht, persönlich ein Ende bereiten. Er verkleidet sich als Bettler und versucht, den renitenten Akki zum Einlenken zu bewegen. Beide einigen sich auf einen Bettlerwettbewerb, und Akki erweist sich gerade in dem Augenblick als der erfolgreichere Bettler, als der Engel in Babylon landet. Deshalb kommt der Engel zum Ergebnis, dass der als Bettler verkleidete König der ärmste Mensch der Stadt sei und Kurrubi zur Frau bekommen soll. Das Problem für Nebukadnezar: Er will beides, König bleiben und Kurrubi zur Frau nehmen. Er fühlt sich durch die göttlichen Bestimmungen um die schöne Frau betrogen und beschließt, Gottes Autorität infrage zu stellen und einen Turm zu bauen, der bis in den Himmel reicht. Sein Reich regiert er längst despotisch und macht den Henker zum viel beschäftigten Mann. Am Ende des Stücks gibt es wenigstens für Akki und Kurrubi ein Happy End. Sie fliehen vor den Folterknechten des Despoten, um anderswo ihr gemeinsames Glück zu finden. Kurrubi, die die Gnade Gottes symbolisiert, verlässt die Stadt Babylon wieder. Friedrich Dürrenmatt hat die Botschaft des Stücks so zusammengefasst: „Es geht um eine Welt, die am Ende tragisch verunglückt, ins Gigantische rennt, versteinert, durchaus aus eigener Schuld ... Sie verspielte ihre Gnade, die ein Engel brachte."[28]

[28] Zitiert nach: Urs Luger: Das Motiv der Versuchung in den früheren Stücken Friedrich Dürrenmatts, Diplomarbeit, Universität Wien, Wien 2008, S. 51.

Ein Turm für den Stadtgott

Kaum etwas ist von ihm übrig geblieben, nur ein Wassergraben, der die ursprüngliche quadratische Form erkennen lässt, und eine Erhebung aus Lehm. Vor zweieinhalb Jahrtausenden war der imposante Stufenturm über 90 Meter hoch und ebenso lang und breit. Der Kern bestand aus Millionen von getrockneten Lehmziegeln, umgeben von einer Schicht aus gebrannten Ziegeln, die verhindern sollten, dass sich das Bauwerk infolge von Regenschauern langsam auflöste. Zusätzlich wurden die äußeren Ziegel mit Bitumen bestrichen, ein wirksamer Schutz gegen Niederschläge, solange die Konstruktion intakt blieb.

Der Stufentempel Etemenanki von Babylon war einer von etwa zwei Dutzend solcher Tempeltürme oder Zikkurats in Mesopotamien sowie in Elam im Südwesten des heutigen Iran, von denen wir heute noch wissen. Die ersten dieser Türme entstanden schon im 5. Jahrtausend v. Chr. und hatten zwei bis sieben Stufen. Wie der Turm von Babel einmal aufgebaut war und ausgesehen hat, lässt sich am Tempel von Borsippa etwa 15 Kilometer südlich von Babylon noch erkennen, der zwar kleiner war, dafür aber besser erhalten geblieben ist. Weitere Zikkurats, „Göttertürme", standen zum Beispiel in Ur, Assur und Uruk. Eine Inschrift an der Zikkurat von Borsippa von Nebukadnezar II. besagt, dass der Turm „die Himmel erreichen" sollte. Diese Botschaft erinnert an eine Formulierung in der biblischen Turmbaugeschichte, vielleicht ein Indiz dafür, dass sich die Verfasser des biblischen Textes näher mit den Türmen der Babylonier und ihrer Bedeutung beschäftigt hatten.

Nachdem ein Vorgängerbau des Turms von Babylon, der eventuell auf König Nebukadnezar I. zurückgeht, von assyrischen Eroberern zerstört worden war, ließ Nebukadnezar II. ihn neu errichten. Etwa 10.000 Arbeiter waren über Jahre damit beschäftigt, die Ziegel für den Tempelturm Etemenanki herzustellen und zu verbauen. Damit kein Chaos ausbrach, war – ähnlich wie bei den ägyptischen Pyramiden – eine ausgefeilte Arbeitsorganisation und Logistik erforderlich. Viele der Ziegelbrennereien befanden sich in weitem Umkreis der Stadt Babylon verstreut und mussten jeweils rechtzeitig die gerade benötigte Ziegelmenge anliefern. Da war es eine enorm große Entlastung, dass die Anweisungen per Keilschrift weitergegeben werden konnten. Drei bis sechs Jahre soll das Bauvorhaben gedauert haben, aber das ist nur eine grobe Schätzung.

Der Blickwinkel von Babyloniern und Juden auf den gewaltigen Turm war denkbar unterschiedlich. Für die Babylonier waren ihre Tempeltürme die Häuser der Götter, ein Ausdruck tiefen Glaubens an diese Götter, im Falle der Stadt Babylon an den Gott Marduk. Der sumerische Name des Tempels, Etemenanki, bringt zum Ausdruck, dass er das Fundament von Himmel und Erde war. Die Juden hingegen interpretierten den gewaltigen Tempelturm in Babylon als Versuch, Gott gleich zu werden und in den Himmel aufzusteigen.

Der Marduk-Tempel in Babylon war – nach unseren heutigen ästhetischen Maßstäben – wohl eher gewaltig als schön, ein monumentaler, durch den Bitumenanstrich schwarzer Turm. Einzig die oberste, die siebte Ebene glänzte in der Sonne, denn sie war mit blau glasierten Ziegeln verkleidet. Hier oben gab es prächtige Räume, in denen nach babylonischem Glauben der Stadtgott Marduk residierte, und dort nahm er auch Mahlzeiten ein, die die Menschen für ihn bereiteten.

Der benachbarte Marduk-Tempel Esagila war nach babylonischer Glaubensüberzeugung der Mittelpunkt der Welt, und zwar im umfassenden Sinne der ganzen Welt.[29] Denn es gab diesen Tempel nicht nur auf der Erde, sondern es existierten auch identische Tempel im Himmel für die dort wohnenden Götter und ebenso im Erdinneren für die dortigen Götter. Auf einer babylonischen Karte der Welt aus dem 6. Jh. v. Chr. steht der Tempel deshalb auch genau im Zentrum der damals bekannten Welt. Dass nach dem Epos „Enuma elisch" alle Götter den Tempel in Babylon zu ihrer Heimstatt gewählt hatten, veranlasste die Gläubigen, alle Götter in diesem Tempel zu verehren, wobei an der dominierenden Stellung von Marduk kein Zweifel gelassen wurde. Es gab viele Götter auf der Welt, aber sie alle erkannten Marduk als ihren König an. Davon waren die Babylonier überzeugt. Und um dies plastisch sichtbar werden zu lassen, wurden verschiedene Reliquien aus dem urzeitlichen Kampf der Götter, aus dem Marduk siegreich hervorging, auf dem Tempelgelände ausgestellt, darunter die Waffen Marduks. Auf elf großen Bildern waren die Ungeheuer der Göttin Tiamat zu bestaunen, die Marduk besiegt hatte.

Nicht nur der Turm und der Tempel, sondern das gesamte Tempelgelände und besonders der „Sockel der Schicksalsentscheidungen" im Vorhof des Esagila waren unverzichtbar für die Glaubenspraxis der Babylonier. Der Sockel markierte die Stelle, wo am Anfang allen Seins der Urhügel aus dem Meer geragt hatte und wo das Leben begann. Genau hier war der Nabel der Welt, glaubten die Babylonier. Christinnen und Christen werden diesen Glauben selbstverständlich nicht teilen, aber das muss sie nicht hindern, dem Glauben der Babylonier mit Achtung zu begegnen und wahrzunehmen, dass uns hier eine antike „Weltreligion" entgegentritt. Auch andere Religionen, die weniger komplex und differenziert waren und sind als die „großen" Religionen der Welt, sollte man nicht als „primitiv" verachten.

---

[29] Zum Glauben der Babylonier, der Bedeutung Marduks und seines Tempels vgl. u. a.: Stefan M. Maul: Die Religion Babyloniens, in: Babylon Wahrheit, a. a. O., S. 167ff.

Zum religiösen Alltag in Babylon gehörte unverzichtbar auch die persönliche Frömmigkeit der Stadtbewohner. Die Menschen glaubten, dass jeder und jede von ihnen von den Göttern zwei persönliche Schutzgeister zugewiesen bekommen hatte. Der männliche und der weibliche Schutzgeist gewährten aber keine Hilfe, wenn ein Mensch durch sein Fehlverhalten den Zorn der Götter auf sich gezogen hatte. Dann drohten Unglück, Krankheit und Tod. Deshalb wurden die vielen religiösen Reinlichkeits- und Speisegebote penibel eingehalten. War ein Mensch erkrankt, dann galt es, das harmonische Verhältnis zu den Göttern wiederherzustellen. Da kein Mensch unfehlbar war, kam es letztendlich darauf an, im Gebet um die göttliche Gnade zu bitten.

Das Neujahrsfest als religiöser und politischer Höhepunkt des Jahres

Die wichtigste Gelegenheit für die Stadtbevölkerung, am öffentlichen religiösen Leben teilzunehmen, war das alljährliche zwölftägige Neujahrsfest. Bei diesem Fest wurde die Verbindung zwischen der Glaubenswelt der Babylonier und dem politischen und gesellschaftlichen Leben in der Stadt und dem Reich bekräftigt und für alle Gläubigen erfahrbar. Das Fest wurde in der zweiten Märzhälfte gefeiert, wenn Tag und Nacht gleich lang waren. Bei diesem Fest wurde die dominierende Rolle von Marduk in der Götterwelt und unlösbar damit verbunden die hervorgehobene Rolle Babylons und seines Königs auf der Erde ausgiebig gefeiert. Jedes Jahr neu wurde der Schöpfungsakt und der Sieg Marduks über seine Feinde nachgespielt und zelebriert. Zunächst wurden die Bilder aller Götter Babyloniens in Prozessionen in die Stadt Babylon gebracht. Die Götter, symbolisiert durch ihre Bilder, wurden in ihr Zuhause, den Tempel Esagila, getragen und versammelten sich dann auf dem „Sockel der Schicksalsentscheidungen" um den Gott Marduk, dem sie – wie im Schöpfungsepos beschrieben – ihre Macht übergaben und sich ihm unterordneten. Es folgte eine große Prozession zum Neujahrsfesthaus außerhalb der Stadt, bei der alle Götter und der König von Babylonien den Gott Marduk begleiteten, der dort jedes Jahr aufs Neue die Göttin Tiamat und ihre Ungeheuer besiegte.

Nach dem Sieg Marduks kehrte die Prozession feierlich durch das Ischtar-Tor und die Prozessionsstraße zurück zum Tempel Egasila in der Stadtmitte. Auf dem „Sockel der Schicksalsentscheidungen" wurde im Verlauf des Festes Marduk erneut zum König der Götter erkoren. In Babylonien hat sich nie ein strenger Monotheismus herausgebildet. Marduk hatte unangefochten die führende Rolle unter den Göttern, aber neben, genauer gesagt, unter ihm gab es andere Götter, die in einer der babylonischen Städte oder Regionen angebetet wurden. Religionsgeschichtlich kommt darin zum Ausdruck, dass Babylon das politische und vor allem das religiöse Zentrum des babylonischen Reiches bildete, dass es daneben aber selbstbewusste Städte mit langer Geschichte und alten religiösen Traditionen gab. Statt deren Stadtgötter konfrontativ durch Marduk zu ersetzen, zogen die Könige und die führenden religiösen Denker Babylons es vor, diesen Göttern einen Platz im Götterhimmel einzuräumen, aber sicherzustellen, dass Marduk als König der Götter anerkannt wurde. Es gab einige theologische Denker unter den Marduk-Priestern von Babylon, die alle Götter zu einem einzigen Gott verschmelzen wollten. Aber durchgesetzt haben sie sich nicht. Vermutlich spielten machtpolitische Gesichtspunkte bei der Ablehnung solcher theologischer Überlegungen eine Rolle, denn ein „Einschmelzen" der Stadtgötter und all der anderen Götter in Babylonien hätte sicher massiven Widerstand ausgelöst. Im Volksglauben war ohnehin kein Platz für solche theologischen Überlegungen, sondern man verehrte eine Vielzahl von Göttern, an deren Spitze man sich Marduk vorstellte. Es ist also kein Zufall, dass in dem Vielvölkerreich Babylonien kein monotheistischer Glaube entstanden ist, sondern viele Götter angebetetet werden konnten, solange die dominierende Rolle von Marduk und seines irdischen Vertreters, des Königs, nicht infrage gestellt wurde.

Im Rahmen der Neujahrszeremonie musste der König vorübergehend die Insignien seiner Macht ablegen und demütig seine Vergehen des zurückliegenden Jahres sühnen. Dafür schlug ihn der oberste Priester mit solcher Wucht ins Gesicht, dass Tränen flossen. Erst nach dieser Demütigung wurde der König von Marduk und den anderen Göttern in seinem Amt bestätigt und erhielt von den Priestern in Vertretung der Götter erneut die Insignien seiner Macht überreicht. Die Gnade der Götter wurde einem König also nicht auf Lebenszeit gewährt, sondern musste jedes Jahr neu demütig entgegengenommen werden.

Der Tempel als Wirtschaftsunternehmen

Da die Tempel von den Babyloniern als Wohnort der dort verehrten Gottheiten angesehen wurden, galt es nicht nur, in der Tempelanlage Esagila, dem „Haus" des Gottes, und dem benachbarten Turm Etemenanki luxuriös ausgestattete Wohnräume für den Gott Marduk bereitzuhalten, sondern auch täglich zwei reichhaltige Mahlzeiten für ihn zuzubereiten. Für das Wohlergehen der Götter zu sorgen, galt schließlich als eigentlicher Existenzgrund der Menschen und Legitimationsgrundlage der Könige. Der Altorientalist Stefan M. Maul hat dazu geschrieben: „Vor allem in Babylonien prägte die Aufgabe des Königs, die Götter zu versorgen, so sehr das Bild des Königtums, dass babylonische Königsinschriften anders als assyrische so gut wie nie von Krieg und Eroberung sprechen, sondern fast ausschließlich die Sorge des Königs um die Götter schildern."[30] Zur Speisefolge mussten auf jeden Fall Schafe und Stiere, Vögel und Fische gehören. So wurde durch die dargebotenen Tiere deutlich, dass Marduk der Herr über Erde, Himmel und Meer war – und dass sein Haus in Babylon die Verbindung zwischen allen Dimensionen der Welt manifestierte.

Es gab in jedem größeren Tempel Babyloniens einen Hofstaat für den angebeteten Gott und dies natürlich besonders im Marduk-Tempel im Zentrum von Babylon. Dieser Tempel verfügte nicht nur über Küchen- und Hauswirtschaftsräume, sondern auch über ausgedehnte Felder und Viehweiden, um einen großen Teil des Lebensmittelbedarfs selbst decken zu können. Daneben waren die einzelnen Städte des Reiches verpflichtet, regelmäßig Lebensmittel an den Tempel in Babylon zu liefern, die akribisch abgerechnet wurden. Die Weigerung, zur Nahrungsmittelversorgung des Gottes Marduk beizutragen, kam einem Aufstand gegen die babylonischen Autoritäten gleich und wurde entsprechend geahndet. Umgekehrt bildete die Einhaltung der Verpflichtungen gegenüber Marduk die Grundlage für die Stabilität der Beziehung der Menschen zu ihrem Gott und indirekt für das Wohlergehen des gesamten Gemeinwesens.

Nun fragt man sich vielleicht: Was wurde aus all den Nahrungsmitteln, die für die Götter bestimmt waren, die sie aber im materiellen Sinne nicht verspeisten? Hierfür fanden die Babylonier eine originelle Lösung. Die „Reste" der Speisen (faktisch also die gesamten Speisen) wurden nach den Mahlzeiten der Götter dem königlichen Hof, den Priestern und den höheren Tempelbeschäftigten überlassen, sodass deren Ernährung mit dieser „Götterspeise" gesichert wurde.

Der Marduk-Tempel und die weiteren Tempel von Babylon waren in heutiger Terminologie wichtige „Wirtschaftsfaktoren" für die Stadt. Es entstanden hier zahlreiche Arbeitsplätze und der Strom von Nahrungsmitteln für die Versorgung der Götter (und damit indirekt eines Teils der Bevölkerung) erhöhte die Wirtschaftskraft der Stadt. Ähnliches galt übrigens auch für Jerusalem, wo die Abgaben und Opfergaben der Juden aus Juda und Galiläa sowie aus der Diaspora ganz wesentlich zum wirtschaftlichen Wohlergehen der Stadtbevölkerung beitrugen.

Die große Wirtschaftskraft und die Kontrolle über bedeutende landwirtschaftliche Flächen, die zum Teil verpachtet wurden, waren für die obersten Priester des Marduk-Tempels mit einer beachtlichen gesellschaftlichen und politischen Machtposition verbunden. Das zeigte sich nicht zuletzt in den Auseinandersetzungen der Priesterschaft mit dem letzten babylonischen König Nabonid, der die Macht der Priester ein-

---

[30] Stefan M. Maul: Den Gott ernähren, Überlegungen zum regelmäßigen Opfer in altorientalischen Tempeln, in: E. Stavrianopoulou u. a. (Hrsg.): Transformation in Sacrificial Practices, Berlin 2008, S. 78.

schränken wollte und der nicht zuletzt als Folge dieses Konflikts seine Macht verlor, wie noch dargestellt werden wird. Allerdings besaßen die Könige umgekehrt auch einen großen Einfluss auf die Tempel, denn sie besetzten die leitenden Positionen nach Belieben und konnten das Vermögen der Tempel vergrößern oder verkleinern.

Es verfiel der Turm – dann die Stadt

Nach der Eroberung Babylons durch die Perser, soll bereits hier erwähnt werden, verfiel der Turm von Babylon allmählich und verwandelte sich in einen gewaltigen Schutt- und Matschberg. Viele gebrannte Ziegel fanden Abnehmer in der Stadtbevölkerung, und die nun schutzlosen Lehmziegel des Turmkerns verwandelten sich mit jedem Regenschauer mehr in eine Lehmschicht. Aber der Turm sollte eine neue Chance bekommen. Als Alexander der Große die Stadt Babylon erobert hatte, war er sich des Mythos bewusst, der diese große und historisch bedeutende Stadt immer noch umgab. Deshalb beschloss er, sie zur Hauptstadt seines Weltreiches zu machen. Dafür wurde ein gewaltiges Bauprogramm entworfen, das eines Weltherrschers würdig sein sollte. Zu den Vorhaben gehörte der Wiederaufbau des Turms. Zunächst einmal galt es, Schutt und Lehmberg zu entfernen. Aber als 10.000 Soldaten noch mit dieser Aufgabe beschäftigt waren, starb Alexander der Große. Der Streit um sein Erbe und die anschließende Aufteilung seines Reiches in drei Teile brachten die Bauarbeiten zum Erliegen. Als die deutschen Archäologen Ende des 19. Jahrhunderts auf das stießen, was vom Turm übrig war, fanden sie nicht mehr als einen Lehmhügel – und den Mythos vom Turm von Babel.

Der unvollendete Turm – eine biblische Geschichte schreibt Geschichte

Die Großstadt Babylon mit Menschen aus vielen Kulturen und mit vielen Sprachen muss die dorthin verschleppten Juden zugleich verwirrt und beeindruckt haben. Diese Erfahrung bildet den Hintergrund für die berühmte Geschichte vom Turmbau zu Babel. Das siebenstufige religiöse Heiligtum war das höchste Gebäude der Stadt und schien bis in den Himmel zu reichen, ein Wolkenkratzer, hätte man zweieinhalb Jahrtausende später gesagt. Die jüdischen Verfasser biblischer Texte verarbeiteten diese Erfahrung in die Geschichte vom unvollendeten Turmbau zu Babel. Sie gehört zu den bekanntesten biblischen Geschichten und erfreut sich auch in Kindergottesdiensten großer Beliebtheit. Überliefert ist sie im 11. Kapitel des 1. Buches Mose. Sie beginnt mit der großen Gemeinsamkeit der Menschheit: „Es hatte aber alle Welt einerlei Zunge und Sprache“ (1. Mose 11,1). Die Menschen ließen sich gemeinsam im Lande Schinar nieder, erfahren wir. Wo dieses Land genau gelegen haben soll, wissen wir nicht, denn es kommt ohne nähere Ortsbestimmung in der Bibel vor und ist in der

Archäologie unbekannt. Die Menschen beschlossen, Ziegel zu streichen und zu brennen, um daraus eine Stadt und einen Turm zu bauen, „dessen Spitze bis an den Himmel reiche, damit wir uns einen Namen machen; denn wir werden sonst zerstreut in alle Länder" (1. Mose 11,4). Gott schaute sich den in den Himmel wachsenden Turm an und sprach: „Siehe, es ist einerlei Volk und einerlei Sprache unter ihnen allen und dies ist der Anfang ihres Tuns; nun wird ihnen nichts mehr verwehrt werden können von allem, was sie sich vorgenommen haben zu tun. Wohlauf, lasst uns herniederfahren und dort ihre Sprache verwirren, dass keiner des andern Sprache verstehe" (1. Mose 11,6-7). Die Menschen, die einander nun nicht mehr verstehen konnten, verstreuten sich in alle Länder, sodass sie den Turm nicht vollenden konnten. Dass im Hebräischen das Wort „Babel" die Bedeutung „zerstreut" hat, nutzten die Verfasser des biblischen Textes zu einem verbalen Angriff auf die Stadt Babylon. „Daher heißt ihr Name Babel, weil der HERR daselbst verwirrt hat aller Länder Sprache und sie von dort zerstreut hat in alle Länder" (1. Mose 11,9). Wie einmal Abraham aus Mesopotamien aufgebrochen war, so brachen nun die Völker von dort aus auf und verteilten sich über die Welt.

Die um ihre Identitätswahrung kämpfenden Juden im Exil waren nicht bereit, ihren Gott einfach in die Schar der Götter einzureihen, die den babylonischen Stadtgott Marduk zu ihrem König erkoren hatten. Eine alle Götter und ihre Gläubigen einbeziehende Religion musste zu einer Erosion der eigenen religiösen Identität führen. Diejenigen, die an den Ufern von Euphrat und Tigris dem jüdischen Glauben eine neue Gestalt gaben, predigten deshalb einen strengen Monotheismus. Sie grenzten sich nicht nur gegen eine amorphe Masse fremder Götter ab, sondern wehrten sich vor allem dagegen, dass ein fremder Gott an der Spitze eines größeren Kreises von Göttern stehen sollte. Insofern gibt es keine innere Verbindung von dem babylonischen Glauben an einen Gott, der über allen anderen Göttern stand, zu dem einen Gott, den die Juden anbeteten. Es war vielmehr die scharfe Abgrenzung von dem babylonischen Gottesverständnis, die den strikten jüdischen Monotheismus gefördert hat. Einem religiösen Verständnis der Babylonier, die in einem Vielvölkerstaat alle integrieren und dabei die eigene politische und religiöse Dominanz festigen wollten, stand der jüdische Kampf um ein Überleben als kleines, unterdrücktes Volk und damit verbunden als eigenständige religiöse Gemeinschaft gegenüber. Die biblischen Autoren griffen deshalb in der Geschichte jenen Turm an, der wie kein anderes Gebäude den Glauben an den babylonischen Gott Marduk symbolisierte.

Dass zum Entstehen des jüdischen Monotheismus auch Ansätze zu einem Monotheismus in der ägyptischen Religion eine Rolle gespielt haben könnte, sei hier nur kurz erwähnt. Solche komplexen Zusammenhänge wurden von den Anhängern des

„Panbabylonismus“ übersehen, die vor einem Jahrhundert eine direkte Abhängigkeit der jüdisch-christlichen religiösen Texte von babylonischen Vorstellungen postulierten und von denen noch die Rede sein wird.

Ein Schlüsselsatz in der kurzen biblischen Geschichte vom Turmbau sollte nicht überlesen werden: „... damit wir uns einen Namen machen“. Wie viele Türme – auch Bankentürme – sind erbaut worden, seit diese Geschichte das erste Mal erzählt wurde. Auch Nebukadnezar II. war aller Wahrscheinlichkeit nach nicht frei von solchen Gefühlen, als er den gewaltigen Turm mitten in seiner aufstrebenden Hauptstadt erneuern und imposanter denn je gestalten ließ. Aber damit war er nicht allein unter den Herrschern der Welt. Auch Herodes wollte sich einen Namen machen, als er einen neuen Tempel in Jerusalem bauen ließ. Und wie viele Kathedralen in Europa mögen auch deshalb errichtet worden sein, weil sich die weltlichen oder geistlichen Herren der jeweiligen Städte einen Namen machen wollten? Nicht immer können wir gleich von einem Größenwahn sprechen, wenn Menschen – wie Nebukadnezar – sich ein Denkmal in Stein, Beton und Glas schaffen. Aber die biblischen Erzähler können uns sensibel machen für den göttlichen Weg zu Geschwisterlichkeit. Einen schier grenzenlosen Geltungsdrang zu entwickeln und diesen in gewaltigen Bauten und Werken zum Ausdruck zu bringen, erweist sich als Irrweg.

Predigen im Schatten des Turms

Viele heutige Theologinnen und Theologen haben ihre Mühe mit den nicht zu leugnenden Ähnlichkeiten biblischer Geschichten mit religiösen Mythen und Glaubensüberzeugungen der Babylonier. Und dieser Umstand wird im konkreten Fall noch komplizierter. Denn es gibt keine historischen Belege irgendwelcher Art dafür, dass der Turmbau von Babel unvollendet blieb und dass die Ursache dafür eine Sprachverwirrung war.

Nach der Lektüre von mehr als einem Dutzend „Turm“-Predigten zeichnete sich für mich ab, dass es einige typische Zugangsweisen zu diesem biblischen Text gibt. Viele Prediger beschäftigen sich überhaupt nicht mit der Frage, ob es sich um eine Geschichte handelt, die historisch tatsächlich stattgefunden hat, sondern erzählen und interpretieren sie so, als sei dies zweifelsfrei ein spannender „Tatsachenbericht“. Aber manchmal geht das, was in Predigten als „Tatsachen“ dargestellt wird, weit über den biblischen Text selbst hinaus. In einer Predigt las ich, dass die babylonischen Herrscher für ihr Reich ein Verbot erlassen hatten, „die eigenen Sitten und Gebräuche, die eigene Kultur, die eigene Religion und auch die eigene Sprache“ zu pflegen. Dies muss man wohl als sehr kühne Darstellung der Kultur-, Religions- und Sprachenpolitik der Babylonier bezeichnen. Es gibt zum Beispiel keinen einzigen Beleg für die in der Predigt erwähnte Anordnung, „im ganzen babylonischen Reich durfte nur Babylonisch gesprochen werden“, es also den vielen Völkern des riesigen Reiches verboten wurde, ihre eigenen Sprachen zu verwenden. Eine solches Verbot wäre schon deshalb nie erfolgt, weil es schlicht unsinnig gewesen wäre, die Verwendung des Babylonischen von Menschen zu erwarten, die die Sprache gar nicht erlernt hatten und kaum oder überhaupt nicht kannten – und das dürfte außerhalb des Kernlandes von Babylonien der weitaus größte Teil der Bevölkerung gewesen sein. Es drohte manchen Leuten in Babylonien „Verhaftung und Verhör“, aber ganz gewiss nicht dafür, dass sie in ihrem Heimatdorf ihre eigene Sprache verwendeten.

Dramaturgisch haben solche Behauptungen in der Predigt durchaus ihren Platz, weil so eine spannende Version der Turmgeschichte erzählt wird, die aber mit dem realen Turmbau in Babylon noch weniger zu tun hat als die biblische Geschichte. In der erwähnten Predigt wollten sich die Herrscher von Babylon einen „protzigen Palast“ errichten lassen. Weil die Menschen, die den „Palast“ bauen sollten, einander trotz der offiziellen Sprachenpolitik nicht verstanden, „herrschte auf der Baustelle bald ein fürchterliches Chaos – jedenfalls aus der Sicht der Mächtigen“. Für die Menschen, die an dem Bau arbeiteten, herrschte hingegen „ein buntes, fröhliches Durcheinander“. Sagen wir es deutlich: Ein solches „fröhliches Durcheinander“ hat es auf der Baustelle des Turms mit äußerst hoher Wahrscheinlichkeit nie gegeben. Heutige Archäologen sind überzeugt, dass der Turm ein sehr hohes Maß an Planung und Arbeitsorganisation erforderte, und sind beeindruckt, wie die Babylonier dieses Bauvorhaben in wenigen Jahren abschlossen. Aber zurück zu dem „bunten, fröhlichen Durcheinander“ der am Bau beteiligten Menschen in der Predigt. Es wurde „über alle Sprach- und Kulturgrenzen hinweg Solidarität spürbar“, erfahren wir. Und die fantasievolle Geschichte geht weiter: „Die Aufseher verzweifelten oftmals an ihrer Aufgabe, waren oft dran und drauf, ihren Job aufzugeben.“ Wir ahnen das Ende: „So kam es, dass aus dem geplanten Monomentalbau eine Bauruine wurde.“

Von dort aus lässt sich in der Predigt rasch ein Bogen zu heutigem Größenwahn von Menschen schlagen. Hier einige Sätze aus der Predigt: „Liebe Geschwister, was damals in Babylon geschah, ist lange her. Seit dem hat es immer wieder Versuche gegeben, Menschen, Gruppen, ganze Völker unter einen Hut zu zwingen, und immer waren diese Versuche mit Monumentalbauten verbunden. Ich finde es tröstlich und ermutigend, dass all diese Versuche genau so gescheitert sind wie damals in Babylon.“ Ist es zu spitzfindig zu betonen, dass der Abbruch des Turmbaus eben nicht „geschah“ und dass „damals in Babylon“ der Monumentalbau vollendet wurde und nicht gescheitert ist? Der babylonische Bau ist in einer biblischen Glaubensgeschichte gescheitert, viele spätere Monumentalbauten ganz real in der Geschichte der Menschheit. Das macht, denke ich, einen erheblichen Unterschied. Natürlich lässt sich die Babylongeschichte immer neu erzählen, sei es in Predigten, sei es im Theater oder in belletristischen Werken. Aber ein seriöser Romanautor wird nicht den Eindruck erwecken, etwas fantasievoll Erdachtes sei historisch tatsächlich geschehen – und ein Prediger, der mit viel Fantasie seine eigene Turmgeschichte erzählt, sollte es auch nicht tun.

In einer anderen Predigt fand ich einen frontalen Angriff auf die Rückfrage, ob das in der Bibel Beschriebene sich so zugetragen hat. Es gäbe auf dieser Erde Dinge, die nicht zu beweisen seien, und die sollte man dann einfach stehen lassen: „Hinter dem Wahn, alles beweisen zu wollen und zu können, egal mit welcher Absicht (Dinge zu be- oder widerlegen) steckt doch letztlich auch nichts anderes als die Vorstellung, dass wir alles können, für uns Menschen alles machbar ist." Eine solche Position hat allerdings Konsequenzen. „Rosinenpickerei" wäre dann nämlich absolut unredlich, also die selektive Betonung, etwas in der Bibel Dargestelltes habe sich archäologisch nachgewiesen tatsächlich genau so zugetragen, während man in all den Fällen, wo dies nicht gelingt, von einem Wahn spricht, alles beweisen zu wollen. Die Biblische Archäologie würde aus einer solchen Perspektive jede Grundlage verlieren, jedenfalls dann, wenn man sie als ernsthafte Wissenschaft versteht, die sich mit den archäologischen Erkenntnissen über den Kontext und die geschichtliche Einordnung biblischer Geschichten und Berichte befasst – und nicht nur jene Aspekte herauspickt, die eigene Glaubensüberzeugungen bestätigen.

Problematisch ist es auch, wenn in Predigten der biblische Text vom Turmbau nicht in seiner Gänze ernst genommen wird. Am Anfang des Bibelabschnittes lesen wir, dass zu der Zeit, von der berichtet wird, alle Menschen einerlei Sprache hatten. Das schließt aus, dass es sich historisch um die Zeit von Nebukadnezar I. oder Nebukadnezar II. gehandelt haben kann, denn zu dieser Zeit gab es zweifelsohne eine Vielzahl von Sprachen nebeneinander. Dennoch wird in nicht wenigen Predigten der Eindruck erweckt, es sei in dem biblischen Text vom Turm in Babylon von einem dieser Könige die Rede.

Nimmt man trotzdem für einen Augenblick an, in der Bibel sei vom Turm die Rede, den Nebukadnezar II. errichten ließ, so wäre der Fortgang der Geschichte nicht erklärlich. Auch aus dem Buch „Und die Bibel hat doch recht" von Werner Keller ist zu entnehmen, dass der Turm fertig gestellt wurde,[31] was dem biblischen Bericht vom unvollendeten Bauwerk eindeutig widerspricht. Um dennoch einen Beweis für die historische Zuverlässigkeit der Bibel zu liefern, zitiert Werner Keller die Beschreibung der Ziegel und ihrer Verarbeitung in 1. Mose 11,3 mit archäologischen Funden vom

---

[31] Vgl. Werner Keller: Und die Bibel hat doch recht, a. a. O., S. 325.

Turm und betont: „Sogar die von der Bibel für den Turmbau zu Babel angegebene Mauertechnik entspricht den Forschungsergebnissen.“[32] Für die historische Korrektheit und Exaktheit der biblischen Geschichte ist allerdings die Tatsache, dass der Turm fertig gestellt wurde, offenkundig relevanter als die korrekte Wiedergabe babylonischer Mauertechniken.

Wenn wir uns bereits aufgrund der ersten Verse des biblischen Textes von dem Gedanken verabschieden, bei dem Turm könnte es sich um ein Bauwerk von Nebukadnezar I. oder Nebukadnezar II. handeln, sei hier wenigstens noch kurz die These erwähnt, bei dem Turm könnte es sich um einen Tempel des assyrischen Königs Sargon II. aus dem 8. Jh. v. Chr. handeln, der in seiner neuen Residenzstadt Dur Scharrukion entstehen sollte. Er blieb tatsächlich unvollendet, aber nicht aufgrund einer Sprachverwirrung, sondern weil der Nachfolger von Sargon II. die Arbeiten an der Stadt einstellen ließ. Außerdem stand der Turm eben nicht – wie in der biblischen Geschichte dargestellt – in Babylon. Wir können uns deshalb einem Prediger anschließen, der schlicht feststellt: „Den Turm zu Babel unseres Kapitels hat man nicht ausfindig machen können.“ Er wird sich auch in Zukunft nicht finden lassen, sei hier prognostiziert.

Da ist es dem biblischen Text viel angemessener, ihn – wie der frühere EKD-Präses Manfred Kock – als Legende wahr und ernst zu nehmen. Er schreibt über die Geschichte: „Die erschließt sich nur, wenn wir nach der Glaubens- und Gotteserfahrung fragen, die die alte Legende geprägt hat.“[33] In seiner Predigt verwendet er auch den Begriff der Sage, um die biblische Geschichte vom Turmbau zu charakterisieren. Wenn wir die biblische Geschichte so verstehen, können wir eine plausible Verbindung zu dem realen Turm herstellen, der Babylon zur Zeit von Nebukadnezar II. überragte, und den die Verschleppten sahen, als sie sich der Stadt näherten. Er war ein imposantes Symbol der Macht der Babylonier, und so bot es sich an, ihn in eine Legende einzubeziehen und in Verbindung mit einer Auflehnung gegen Gott zu bringen. Die Verfasser der biblischen Legende vom Turmbau wollten nicht die historisch exakte Geschichte des realen Turms in Babylon erzählen, sondern ihm einen unrühmlichen Platz in einer ihrer Geschichten geben und als unvollendet erscheinen lassen.

Wie wir gesehen haben, war der reale Turm von Babylon ein Ausdruck des Glaubens an den Gott Marduk, der die Stadt schützen und vor Unheil bewahren sollte. Wir können ihn als Ausdruck der tiefen Religiosität eines Volkes achten, auch wenn wir

---

[32] Ebenda.

[33] Manfred Kock: Predigt zu 1. Mose 11,1-9, 23.05.2004, Die Predigtdatenbank, www.predigten.de

nur zu gut verstehen können, dass er für die verschleppten Juden ein Symbol für die Herrschaft der verhassten Babylonier war. Im Schatten dieses Turms zu predigen, kann bedeuten, Legende und Wirklichkeit in die Predigt einzubeziehen – und so auf einer soliden Grundlage die Botschaft des biblischen Textes wahrzunehmen und zu vermitteln.

Ein Lob der Vielfalt der Völker

Schwer verständlich an der biblischen Geschichte vom Turmbau muss erscheinen, dass die Vielfalt der Sprachen und Völker zumindest auf den ersten Blick als Ergebnis von menschlichem Größenwahn und göttlicher Bestrafung erscheint. Folgt nach der Vertreibung aus dem Paradies und der großen Flut nun mit der Sprachverwirrung die dritte Bestrafung der Menschheit durch Gott? Ich verdanke einem Aufsatz des Alttestamentlers Jürgen Ebach[34] die Einsicht, dass eine genaue Beschäftigung mit dem hebräischen Text ein anderes Ergebnis zeitigt: Die Einheit der Menschen, von der am Anfang des Bibelabschnitts die Rede ist, ist im hebräischen Originaltext kein Urzustand, sondern eine hergestellte Einheit. Das wird dadurch bestätigt, dass im vorangehenden Kapitel 1. Mose 10 die „Völkertafel" dargestellt wird, also bereits eine Vielfalt bestand. Diese Differenzierung wird durch die Menschen wieder rückgängig gemacht, die die Stadt und den Turm bauen. Jürgen Ebach schreibt deshalb: „Die Babelerzählung endet damit, dass Gott die – modern ausgedrückt – Multikulturalität, d. h. den Zustand von Gen 10 wiederherstellt."[35] Hier kommt auch Nimrod in den Blick, der zwar nicht nach dem biblischen Bericht, aber doch nach einer frühen jüdischen Überlieferung der Initiator des Turmbaus gewesen sein soll. Nimrod wird in der sogenannten „Völkertafel" als Urenkel Noahs und als gewaltiger Jäger eingeführt. Er wird vorgestellt als Herrscher von „Babel, Erech, Akkad und Kalne im Lande Schinar" (1. Mose 10,10). Als Herrscher von Babylon bildet er in einer Legende die Brücke zur Geschichte von dem gewaltigen Turm, der die Menschen in Konflikt mit Gott brachte. Dieser hohe Turm sollte, so diese jüdische Überlieferung, die Menschen vor einer zukünftigen von Gott ausgehenden Flut schützen, während zugleich Nimrods Herrschaft und Ruhm gefestigt werden sollten.

Bis in die Neuzeit wurde Nimrod in Europa als historische Person angesehen und hatte deshalb ebenso in Bruegels Gemälde vom Turm einen Platz wie in Dantes

---

[34] Vgl. Jürgen Ebach: „Wir sind das Volk", Die Erzählung vom „Turmbau zu Babel", in: Giancarlo Collet (Hrsg.): Weltdorf Babel, Globalisierung als theologische Herausforderung, Münster 2001, S. 20ff.

[35] Ebenda, S. 27.

„Göttlicher Komödie“ und Luthers Polemik gegen das Papsttum. Heute herrscht in der christlichen Theologie weitgehend Übereinstimmung, dass Nimrod zu den Sagengestalten in der biblischen Überlieferung gehört.

Dass am Ende der biblischen Geschichte die Vielfalt der Menschheit wiederhergestellt wird, ist keine Strafe, sondern ein Anlass zu Dankbarkeit, können wir von Jürgen Ebach lernen. Die Geschichte stellt diese Vielfalt als Gottes Wunsch und Willen dar, und so können wir sie auch heute leben. Das Pfingstwunder war eine Feier dieser Vielfalt, denn die Menschen unterschiedlichster Völker hörten die Botschaft der Apostel nicht in einer einheitlichen Sprache, sondern jede und jeder in der eigenen Sprache.

Heute ist die Vielfalt der Sprachen auf der Welt gefährdet. Es gibt mehr als 6.000 heute noch verwendete Sprachen, aber beinahe jede Woche verschwindet nach UNESCO-Feststellungen eine von ihnen für immer von der Erde. Etwa 2.500 Sprachen sind gefährdet, weil sie von weniger als 10.000 Menschen gesprochen werden. Akute Gefährdungen entstehen dadurch, dass kleine Völker vertrieben oder so massiv entwurzelt werden, dass sie ihre Kultur und Sprache nicht bewahren können. Mit jeder Sprache verschwindet ein Teil des großen kulturellen Reichtums auf unserem Planeten. Wenn Gott in der Geschichte der Zerstreuung der Menschheit dafür gesorgt hat, dass eine „Einheitssprache“ verhindert wurde, so stehen wir heute vor der Aufgabe, den gefährdeten Reichtum an Sprachen zu bewahren.

Wenn die Geschichte von der Sprachverwirrung zur Begründung von Rassismus wird

In der Diskussion über die „Sprachverwirrung“ am Ende des Turmbaus wird hierzulande kaum wahrgenommen, dass diese biblische Geschichte auch zur Begründung von Rassismus und besonders der Apartheid in Südafrika gedient hat. Die südafrikanischen Theologieprofessoren G.D. Cloete und D.J. Smit haben dies 1994 kurz vor den ersten freien Wahlen in einem Aufsatz so beschrieben: „Die Apartheid ist ein Versuch gewesen, das öffentliche Leben *nach Babel* zu organisieren. Apartheidtheologen nutzten Genesis 11 mehr als jede andere Perikope der Heiligen Schrift, um die Apartheid zu verteidigen. Warum war das so? Sie sahen die Bestrafung in Babel als Segen an. Die Menschen wurden nach ihren verschiedenen Sprachen aufgeteilt, was bedeutete, dass sie einander nicht mehr verstanden, sodass sie nicht zusammenarbeiten und zusammenleben konnten. Sie wurden über die ganze Welt zerstreut und lebten getrennt voneinander – entsprechend ihrer jeweiligen Sprache und Kultur. Für die Menschen, die die Ideologie der Apartheid übernahmen, war dies wunderbar. Die

Trennung wurde als Segen Gottes verstanden und als die Art und Weise, wie Gott seine Schöpfungsarbeit abgeschlossen hat."[36]

Die beiden Theologen plädieren für ein neues Rechtssystem in Südafrika nach dem Ende der Apartheid: „Um eine neue Gesellschaft aufzubauen, eine humane, glückliche, gerechte und friedliche Gesellschaft, müssen wir uns als Menschen verändern, um in der Lage zu sein, *nach Babel* zu leben. Wir müssen zu Menschen werden, die lernen, mit Fremden zu leben, die bereit sind, andere zu akzeptieren, die in der Lage sind, Menschen zu verstehen, die eine andere Sprache sprechen (reale natürliche Sprachen wie Afrikaans und Zulu, aber auch ideologische Sprachen, seien sie sozialistisch, kapitalistisch, nationalistisch oder liberal). Wir haben die Aufgabe, mit ihnen zusammenzuleben und zusammenzuarbeiten."[37]

Über Südafrika hinaus stellt sich die Frage, wie wir nach Babel oder genauer gesagt nach der biblischen Geschichte von der „Sprachverwirrung" mit der sprachlichen, ethnischen und kulturellen Vielfalt auf der Welt umgehen. Hier zeigt sich noch einmal, wie verheißungsvoll die Erkenntnis ist, dass es in der Geschichte vom Turm um die Wiederherstellung von Vielfalt durch Gott geht und nicht um eine göttliche Strafe der Trennung in Sprachgruppen und Völker. Die „Sprachverwirrung" wird dann zu einer Geschichte der Hoffnung auf ein Miteinanderleben von unterschiedlichsten Menschen statt der Trennung im Stil der Apartheid. Auf diesem Hintergrund erscheint es als problematisch, wenn von der antiken Großstadt Babylon in der Zeit von König Nebukadnezar II. in Predigten negativ von der Vermischung von Völkern gesprochen wird. Dass Menschen unterschiedlicher Völker und Kulturen in dieser Stadt zusammenlebten, hat nicht zum Untergang der Stadt geführt, sondern das Leben in dieser Stadt bereichert, was ganz gewiss Konflikte nicht ausgeschlossen hat. Eine ideale multikulturelle Stadt war Babylon mit Sicherheit nicht, aber trotzdem wurde zumindest in Ansätzen vorgelebt, dass Menschen aus unterschiedlichen Kulturen in einem Gemeinwesen friedlich und gedeihlich zusammenleben können. Wenn wir Frankfurt, Berlin und Hamburg heute als Städte mit einer „Völkervermischung" bezeichnen sollten, würden wir uns wohl berechtigterweise den Vorwurf einhandeln, fremdenfeindliche Ressentiments zu schüren. Deshalb sollten wir die kulturelle und ethnische Vielfalt des antiken Babylons nicht auf diese Weise diffamieren.

---

[36] G.D. Cloete und D.J. Smit: "Its Name was Called Babel ...", in: Journal of Theology for Southern Africa, März 1994, S. 83.
[37] Ebenda.

Die Stadt der Sünde und ihr Stufentempel

Der erste bedeutende christliche Theologe, der sich mit der Deutung der Geschichte Babylons und seines Turms beschäftigte, war vermutlich Augustinus, der in seinem Buch „Der Gottesstaat" das Bild einer verderbten Stadt zeichnete, der er die Vision einer Stadt Gottes gegenüberstellte.

Die Stadt der Sünde, Babylon, stand für Augustinus in der Tradition von Kain, während die Stadt Gottes in Abel ihren ersten Repräsentanten fand. Hintergrund von Augustinus umfangreichem Werk über den Gottesstaat war sein Versuch, den Schock großer Teile der Christenheit über die Eroberung Roms durch die heidnischen Westgoten im Jahre 410 theologisch zu verarbeiten. Die Kirche stand dem römischen Herrschaftssystem seit Kaiser Konstantin nahe, war also von der Katastrophe mit betroffen. Aber Augustinus entfaltete die theologische Position, dass das Christentum auf eine an den göttlichen Geboten ausgerichtete Stadt hofft und sich nicht am realen Rom oder Babylon ausrichtet. Das sollte nach Auffassung des antiken Theologen zwar nicht dazu führen, sich von der irdischen Stadt abzuwenden. Aber bei allem Bemühen um Verbesserungen und die Bewahrung des stets gefährdeten Friedens in dieser sündigen Stadt blieb aus der Perspektive von Augustinus das wichtigste Ziel, auf das himmlische Jerusalem hin zu glauben und zu leben.

Durch ein solches Leben, war Augustinus überzeugt, ließe sich schon mitten in dieser Welt etwas von der ewigen Stadt Gottes sichtbar machen. Das irdische Babylon hingegen würde von Gott bestraft werden und untergehen. Mathijs Lamberigts, Theologieprofessor an der Katholischen Universität Leuven in Belgien, schreibt in einem Aufsatz über „Jerusalem und Babylon" zu den Überlegungen von Augustinus: „Die irdische Stadt ist die Stadt der Prüfung, die Stadt des Bösen. Der irdischen Stadt geht es also um nichts anderes als sich selbst, um menschliche Herrschsucht, um Macht, die Menschen unterwirft. Die Stadt der Menschen ist die Stadt des Mordens, der Unordnung, kurzum die Stadt Kains."[38] Aus der Perspektive von Augustinus war die Eroberung Roms durch die Westgoten kein Grund zu einer tief gehenden religiösen Erschütterung. Das irdische Rom war für Augustinus keine „ewige Stadt".

In seinen Ausführungen über die irdische und über die himmlische Stadt zeigt Augustinus kein Interesse am historischen Babylon, von dem er auch kaum etwas wusste, sondern er zeichnete auf der Grundlage der negativen biblischen Darstellungen dieser Stadt ein negatives Bild von Babylon. Die so beschriebene Stadt war für

---

[38] Mathijs Lambertigts: Jerusalem und Babylon, Die Lehre des Augustinus von den zwei Städten in ihrem Kontext, in: Concilium, 4/2011, S. 541.

Augustinus das Gegenbild zur Stadt Gottes, auf die die Christenheit sich zubewegte. Das negative Bild vom realen Babylon in der Christenheit wurde durch Augustinus Bücher und Predigten natürlich trotzdem gefestigt.

Martin Luther: Das Papsttum als „babylonisches Reich"

Wie nachhaltig das auf die Bibel zurückgehende negative Bild von Babylon in Europa wirkte, zeigt sich zum Beispiel an einer Streitschrift von Martin Luther aus dem Jahre 1520. Sie entstand in einer Zeit der Eskalation des Konflikts Luthers mit der Führung der katholischen Kirche, in deren Verlauf er das päpstliche Rom mit kräftigen Worten attackierte. Er gab der Streitschrift den Titel „Von der babylonischen Gefangenschaft der Kirche" und verglich den Vatikan mit dem Sündenpfuhl Babylon. Es ging, anders als man bei dem Titel vermuten könnte, Luther in dieser Schrift aber nicht in erster Linie um eine Abrechnung mit den Missständen in der Kirche oder eine grundlegende Reform von Papsttum und römischer Kurie, auch wenn sie pointiert vorkommen. So verkündete Martin Luther, er hätte zwar schon früher den göttlichen Ursprung des Papsttums geleugnet, aber doch zugegeben, dass es aus dem menschlichen Recht stammen würde: „Als ich aber die überaus subtilen Subtilitäten dieser vornehmen Stutzer sah und hörte, mit denen sie ihren Abgott künstlich aufrichten ... weiß ich jetzt und bin gewiss, dass das Papsttum das babylonische Reich und die Herrschaft Nimrods, des gewaltigen Jägers ist."[39]

Den theologischen Kern der Schrift bildet die kritische Auseinandersetzung mit der katholischen Lehre von den sieben Sakramenten und Luthers Beschränkung der Zahl der Sakramente auf drei: Taufe, Buße und Abendmahl. Dieses Verständnis der Sakramente trug ganz wesentlich zum Bruch zwischen Katholiken und Lutheranern bei. Die Kritik Luthers an kirchlichen Missständen kam in Rom schon nicht gut an, aber der Konflikt musste mit dem Angriff auf die Sakramentenlehre eskalieren. Luther wurde kurz darauf vom Vatikan exkommuniziert.

Menschlicher Größenwahn in Babylon und anderswo

Es war menschlicher Größenwahn. Darin waren sich christliche Künstler und Schriftsteller viele Jahrhunderte lang einig, wenn sie die biblische Geschichte vom Turmbau zum Thema ihrer Werke machten. Zwar kann man den beeindruckenden Turm auch als Ausdruck der architektonischen Leistungen einer der ersten Stadtkulturen der Welt verstehen und vor allem als Ausdruck tiefen Glaubens seiner Bewohner an den

---

[39] Martin Luther: Von der babylonischen Gefangenschaft der Kirche, in. Luther-Werke, Band 2, S. 172.

Gott Marduk, der ihrer Stadt Schutz und Wohlstand gewährte. Aber das war nicht die Perspektive der Verfasser der biblischen Geschichte und auch nicht diejenige späterer christlicher Künstler und Schriftsteller. Es ist auffällig, dass die Pyramiden der Pharaonen höchst selten derart negativ als Größenwahn betrachtet und dargestellt worden sind wie der Turm in Babel, obwohl zum Beispiel die Cheopspyramide ursprünglich etwa 50 Meter höher war als der babylonische Turm. Auch der Petersdom in Rom fällt durch seine beeindruckenden Dimensionen auf und ist mehr als 130 Meter hoch. Gigantische religiöse Bauwerke waren also durchaus kein Alleinstellungsmerkmal der Babylonier.

Nachdenklich kann auch machen, dass religiöse Stätten anderer Glaubensgemeinschaften wie zum Beispiel der Tempel von Borobudur auf Java nicht annähernd so heftig als „heidnische" Bauwerke herabgewürdigt werden wie der Turm in Babel. Der schon zitierte Werner Keller schreibt in seinem Buch „Und die Bibel hat doch recht" über den Turm, er „stand im Dienste eines dunklen Kultes".[40] Der Verfasser bedient sich eines durchschaubaren Tricks, um die Religion der Babylonier zur Zeit des jüdischen Exils zu diskreditieren. Er zitiert den antiken Historiker Herodot, der beschreibt, dass sich jede Frau angeblich einmal im Leben in einem Tempel einem fremden Mann hingeben musste.[41] In der Altorientalistik besteht Einigkeit, dass diese Darstellung von Herodot absolut nichts mit den tatsächlichen religiösen Traditionen in Babylon zu tun hat. Der Wiener Professor Michael Jursa, einer der führenden Altorientalisten der Gegenwart, schreibt über diese und ähnliche Behauptungen des griechischen Historikers, sie „dürften entweder schlicht und einfach erfunden oder im besten Fall von Herodots Informanten (er selbst war nie in Babylon) grob missverstanden worden sein".[42] Die Altorientalistin Eva Cancik-Kirschbaum bekräftigt, dass die Tempelprostitution „ein Phantasieprodukt der späteren griechischen Geschichtsschreiber" war.[43] Es wäre viel für die Redlichkeit der Argumentation gewonnen, wenn solche unhaltbaren Behauptungen hinfort in Predigten und kirchlichen Vorträgen über Babylon vermieden würden.

Der Turm von Pieter Bruegel

Das bekannteste Gemälde vom unvollendeten Turm von Babel hat Pieter Bruegel der Ältere gemalt. Bruegel wurde zwischen 1525 und 1530 geboren und ließ sich als jun-

---

[40] Werner Keller: Und die Bibel hat doch recht, a. a. O., S. 326.
[41] Ebenda, S. 324.
[42] Michael Jursa: Babylon, München 2004, S. 11.
[43] Zitiert nach: Michael Zick: Die Frauen von Babylon, Bild der Wissenschaft online, 1. 5. 1998.

ger Maler in Antwerpen nieder. Die Hafenstadt war damals ein Zentrum der boomenden globalen Wirtschaft. Der Reichtum von Antwerpen zog auch viele Maler an, die unter den Kaufleuten zahlungskräftige Auftraggeber suchten und fanden. Vermutlich veranlassten eine Handelskrise und die damit einhergehende Auftragsflaute für Künstler 1552 den jungen Pieter Bruegel, für zwei Jahre nach Italien zu ziehen. Bei der Rückkehr nach Antwerpen fühlte er sich angesichts der zahlreichen Menschen aus vielen Kulturen und mit vielen Sprachen in der wieder boomenden Handelsmetropole an das biblische Babylon erinnert. Mehrmals machte er danach den Turm von Babel zum Motiv von Gemälden.

Heute immer wieder reproduziert wird das Gemälde mit dem Titel „Großer Turmbau zu Babel“ aus dem Jahre 1563, das sich im Kunsthistorischen Museum in Wien befindet. Unübersehbar hat der Künstler das Geschehen der biblischen Geschichte in seine flämische Heimat versetzt. Erkennbar ist, wie seine Erinnerung an das Kolosseum in Rom den Maler beeinflusst hat, als er die Säulen und Arkaden seines Turms malte. Mit der für ihn typischen großen Liebe zum Detail stellte Pieter Bruegel die verschiedenen Bauhandwerke mit den Werkzeugen und Hilfsmitteln dar, wie sie zu seiner Zeit in Antwerpen verwendet wurden, zum Beispiel Tretkräne.

Der Turm auf dem Gemälde ist nicht nur unvollendet, sondern es deutet sich bereits an, dass er nie vollendet werden wird. Er befindet sich trotz eines Felsens als Fundament in einer Schieflage, innerer Ziegel- und äußerer Kalksteinbau bilden keine architektonische Einheit und die einzelnen Bauarbeiten scheinen schlecht koordiniert zu sein. Große Teile der Stadt werden vom Turm „in den Schatten gestellt“, also beschattet.

Im Vordergrund des Bildes lässt sich König Nimrod, erkennbar als orientalischer Herrscher, den Baufortschritt erklären. Dass die Steinmetze vor dem König einen Kotau machen, spiegelt wider, dass für Pieter Bruegel und viele seiner Zeitgenossen der orientalische Despot, vor dem sich alle auf den Boden werfen, einen festen Platz in der Vorstellungswelt vom „Morgenland“ hatte. Dass sich hier kein niederländischer Herrscher die Baufortschritte erläutern lässt, scheint zunächst aus der Bildkomposition mit den vielen flandrischen Motiven heraus zu fallen, aber es passt hinein in ein Weltbild, in dem Despoten häufig die Gestalt von Herrschern ferner Länder hatten.

Was Pieter Bruegel nicht ahnen konnte, war, dass sein Gemälde mehr als vier Jahrhunderte später einen Platz in den Verschwörungstheorien einer europäisch-amerikanischen christlichen Gruppe bekommen sollte. Die Gruppe „European-American Evangelistic Crusades“, die ein „fundamentales Christentum“ propagiert, meint Ähnlichkeiten zwischen Bruegels Turm und dem 1999 fertig gestellten Gebäude des Europäischen Parlaments in Straßburg erkannt zu haben. Und – für die Vorstellungen dieser Gruppe – folgerichtig wird in einem ihrer Internettexte ein Bogen zwischen beiden Gebäuden gespannt: „Die Überlieferung sagt uns, dass der Turmbau zu Babel nie vollendet wurde. Insofern führt das EU-Parlament im Grunde das unvollendete Werk von Nimrod, dem berüchtigten Tyrannen, fort, der den Turm baute, um Gott die Stirn zu bieten."[44] Es folgen Angriffe auf die Europäische Union als „Superstaat", und in dem Text heißt es schließlich: „Das Europa-Parlament ist das erste Gebäude, das einen Superstaat repräsentiert und durch seine intensive Symbolik den Hass auf Religion, Pläne für eine Neue Weltordnung und die subtile Befürwortung von Tyrannei offenbart." Babylon und sein Turm scheinen auch für noch so verschrobene (und trotzdem vielleicht nicht ungefährliche) Verschwörungstheorien Anknüpfungspunkte zu bieten.

„Metropolis" – ein Leben zwischen Turm und Unterwelt

Durch den berühmten Film „Metropolis" von Fritz Lang erlangte der babylonische Turm als „Turm der Macht" für immer einen Platz in der Filmgeschichte. In dem 1925 und 1926 in Berlin gedrehten Stummfilm ist die Großstadt Metropolis in eine luxuriöse Oberstadt und eine triste unterirdische Arbeiterstadt aufgeteilt. Während oben die Wohlhabenden ihr Leben genießen, schuften unten die Armen an gewaltigen Maschinen und fristen ein trostloses Leben. Regiert und überwacht wird die gesamte Stadt vom „Neuen Turm von Babel" aus. Der Sohn des despotischen Herrschers verliebt sich bei einer kurzen Begegnung in die junge Frau Maria aus der Arbeiterstadt und steigt in ihre Welt hinab, um sie zu finden. Damit nimmt eine komplexe Mischung von Liebes- und Widerstandsgeschichten ihren Anfang. Maria tritt als Prophetin eines friedlichen Widerstandes gegen die herrschenden Verhältnisse auf. Aber eine „falsche Maria", ein Maschinenmensch aus dem Labor eines Erfinders in der Oberstadt, stachelt die Arbeiterinnen und Arbeiter zu einem sinnlosen Aufstand und zur Zerstörung der Maschinen auf. Auch die gewaltigen Pumpen, die das Grundwasser aus der unterirdischen Stadt abpumpen, werden zerschlagen, was zur Überflutung des Lebensraums der Armen führt. Im dramatischen Schlussteil des Films flüchten die Armen in die Oberstadt, wo es zu Auseinandersetzungen kommt, an deren Höhepunkt Maria sich auf die Spitze des Turms rettet und eine große Glocke läutet. Ihre Initiative ermöglicht schließlich zu Füßen des Turmes eine große Versöhnung.

Am Ende des Films steht diese Botschaft groß auf der Leinwand: „Mittler zwischen Hirn und Händen muss das Herz sein." Gerade diese einfach klingende Botschaft der

[44] Siehe die Internetseite http://eaec-de.org/Europaparlament.html

Brüderlichkeit aller schätzte der Regisseur Fritz Lang am Drehbuch der Autorin Thea von Harbou nicht, weil die soziale Frage nach seiner Auffassung nicht durch die Einigung einiger Akteure aus Ober- und Unterstadt gelöst werden konnte. Deshalb hatte er lange Zeit ein ambivalentes Verhältnis zu seinem bedeutendsten Film. Dass die Drehbuchautorin später der NSDAP beitrat, bestärkte jene, die in „Metropolis" einen faschistischen Film sahen, während andere – so die Zensoren des faschistischen Italien – ihn für ein kommunistisches Machwerk hielten.

In den Film „Metropolis" wurden zahlreiche religiöse Motive aufgenommen, darunter die Marienverehrung in den Katakomben unterhalb der Unterstadt sowie die gotische Kathedrale und die paradiesischen Gärten in der Oberstadt. In einer Schlüsselszene erzählt Maria den andächtig lauschenden Arbeitern die Legende vom Turmbau von Babel als Gleichnis für ihre eigene Situation, verbunden mit der Ankündigung einer friedlichen Veränderung der Verhältnisse. Der Turm, der zu dieser Szene im Hintergrund eingeblendet wird, erinnert an Bruegels Gemälde. Die „falsche Maria" trägt Züge der „Hure Babylon" und stürzt die Menschen ins Unglück. Unter ihrem Einfluss steuert die Stadt Metropolis auf eine Apokalypse zu, bevor sie von der wahren Maria und dem Sohn des Herrschers (dem von Maria angekündigten „Mittler" oder „Erlöser") gerettet wird.

„Metropolis" ist mit mehr als 25.000 Komparsen, der aufwendigen Ausstattung, den in mühsamster Kleinarbeit hergestellten Trickszenen, einem für damalige Verhältnisse gewaltigen Budget und einem fast despotisch herrschenden Regisseur als eines der monumentalsten Stummfilme in die Kulturgeschichte eingegangen. Es war ein mit dem Turmbau in Babel vergleichbares gewaltiges Filmprojekt. „Metropolis" gilt heute als eines der bedeutendsten Werke expressionistischer Filmkunst und bleibt als beeindruckende Geschichte von menschlichen Allmachtsvorstellungen in Erinnerung, welche immer wieder unter der Last sozialer Gegensätze und Konflikte einzustürzen drohen.

Ein Gedicht vom Turm als Kritik am Stalinismus

Zu den spannendsten literarischen Arbeiten zum Tum-von-Babylon-Thema gehört ein Gedicht von Johannes Robert Becher, dem Verfasser des Textes der DDR-Nationalhymne („Auferstanden aus Ruinen"). Er war ein bekannter Schriftsteller des zweiten deutschen Staates. Das Gedicht spiegelt wider, dass auch ihm in den 1950er Jahren angesichts des stalinistischen Terrors und der Unterdrückung im eigenen Land offenkundig Zweifel an diesem Weg zum Sozialismus kamen. Verdeckt, aber doch erkennbar, hat er seine Kritik und Zweifel in dem Gedicht „Turm von Babel" zum Ausdruck gebracht. Der vorletzte Vers lautet:

Gerüchte aber schwirren,
Die Wahrheit wird verschwiegen.
Die Herzen sich verwirren –
So hoch sind wir gestiegen!

Unverkennbar wird hier die Stimmung der Bevölkerung angesichts von Denunziation und verzerrter Medienberichterstattung thematisiert, ebenso die Kluft zwischen der Verunsicherung vieler Menschen auf der einen und die Fortschrittspropaganda auf der anderen Seite. Im Exil in Moskau hatte Johannes R. Becher in den 1930er und Anfang der 1940er Jahren wie viele politische prominente Flüchtlinge aus Deutschland im berüchtigten Hotel „Lux" gelebt, wo die Geheimpolizei frühmorgens an Türen klopfte und die Bewohner daraufhin für immer verschwanden. Auch in diesem Hotel „schwirrten Gerüchte", und es konnte überlebenswichtig sein, die Wahrheit zu verschweigen. Diejenigen, die Walter Ulbricht widersprachen, standen offenbar besonders rasch auf den Todeslisten.

Johannes R. Becher überlebte das „Lux"-Hotel und baute an dem Turm mit, dessen Einsturz er bald darauf vorhersagte. Nach seinen Vorstellungen hätte in der DDR ein demokratischer Sozialismus aufgebaut werden sollen, wo auch die „Rechte der Andersdenkenden" gewahrt bleiben sollten. Mit großer Energie strebte er gleichzeitig an, die kulturelle Einheit Deutschlands zu wahren und gründete den „Kulturbund zur demokratischen Erneuerung Deutschlands". Mit beiden Zielsetzungen scheiterte der Schriftsteller und Kulturpolitiker. Die Führung der DDR unter Walter Ulbricht orientierte sich am autoritären, oft brutalen Führungsstil von Josef Stalin, und das selbst noch, als dieser gestorben war.

Johannes R. Becher hoffte auf eine aktive Rolle der Schriftsteller bei einer demokratischen Erneuerung Deutschlands, und es gelang ihm, Literaten aus Ost und West vom 4. bis 8. Oktober 1947 zu einem „Parlament des Geistes" im Deutschen Theater in Ostberlin zu versammeln, darunter zum Beispiel auch den aus dem Exil zurückgekehrten Alfred Döblin. Ost- und westdeutsche Schriftsteller waren sichtlich bemüht, Brücken zu bauen und bestehende Brücken über die ideologischen Grenzen hinweg zu bewahren. Sie vermieden deshalb zunächst verbale Konfrontationen. Nicht so einige Gäste aus den USA und der Sowjetunion. Der amerikanische Journalist Melvin J. Lasky nutzte sein Referat, um die sowjetische Kulturpolitik und Zensur heftig zu attackieren, was russische Schriftsteller mit massiven Gegenangriffen beantworteten. Johannes R. Becher war trotzdem bemüht, bei dem Treffen die Gemeinsamkeit der deutschen Schriftsteller zu verteidigen. Der „Spiegel" attestierte ihm in einem Bericht über das Treffen: „Mit einem weisen, friedlichen Referat versuchte Kulturbundpräsident Johannes R. Becher, die Risse des Kongresses zu kitten."[45] Im Nachhinein mag man diagnostizieren, dass Bechers Bemühungen von vornherein zum Scheitern verurteilt waren, aber immerhin hat er versucht, den Weg der Intellektuellen in die ideologischen Schützengräben zu verhindern.

Die DDR-Führung ging nach den Erfahrungen des Schriftstellerkongresses 1947 um so entschlossener daran, den eigenen Turm zu errichten, der immer mehr zu einem Wehrturm wurde. Johannes R. Becher verteidigte unverdrossen weiterhin die Einheit der deutschen Kultur und wirkte doch gleichzeitig aktiv an der Festigung einer mit harter Hand regierten DDR mit. Er stieg 1954 zum Kulturminister auf, obwohl seine Auffassungen führenden Genossen zu liberal und zu gesamtdeutsch waren. Regimekritiker warfen ihm hingegen Opportunismus, ja „Fundamentalopportunismus" vor, weil er immer wieder Propaganda für das Regime und dessen Chef Walter Ulbricht und selbst für Josef Stalin machte.

In seinen politischen Ämtern blieb dem Schriftsteller nicht verborgen, wie groß schon im ersten Jahrzehnt der DDR-Geschichte die Kluft zwischen Wahrheit und Propaganda geworden war. Im letzten Vers des Babel-Gedichtes schrieb er deshalb:

Das Wort wird zur Vokabel,
Um sinnlos zu verhallen.
Es ist der Turm von Babel
Im Sturz zu nichts verfallen.

Angesichts sinn- und wirkungsloser Parolen der Partei ahnte der Dichter, dass das System – wie der biblische Turm von Babel – einstürzen könnte. Johannes R. Bechers ging bis zu seinem Tod am 11. Oktober 1958 auf immer größere Distanz zur SED-Führung, ohne aus der Partei auszutreten. Politisch war er längst entmachtet und nur noch pro forma Kulturminister. Der Lebensweg Bechers war voller Widersprüche, Kehrtwendungen und Neuanfängen. Auch psychische Probleme und mehrere Versuche, sich selbst das Leben zu nehmen, müssen erwähnt werden. Der Becher-Kenner Carsten Gansel schreibt im Vorwort eines Buches mit Texten des Dichters: „Becher war ein jubelnd Hoffender, aber auch ein an sich zweifelnder, suchender, verunsicherter, depressiver und verletzlicher Mensch."[46]

Sein Babelgedicht wurde vom Regime als „Menetekel" erkannt und weitgehend totgeschwiegen, und seine Nationalhymne seit Anfang der 1970er Jahren nicht mehr gesungen, weil die Worte „Deutschland, einig Vaterland" nicht zur Abgrenzungspolitik der SED passten. Die Hymne wurde von nun an nur noch instrumental aufge-

[45] Parlament des Geistes, Der Spiegel, 11.10.1947.

[46] Carsten Gansel: Metamorphosen eines Dichters: Johannes R. Becher, Berlin 2000, S. 21.

führt – obwohl Johannes R. Becher für den Text zunächst mit dem Nationalpreis der DDR ausgezeichnet worden war. 1989 wurde der Slogan „Deutschland, einig Vaterland" wieder populär bei denen, die den Turm zum Einsturz brachten.

Und „Der Turm" von Uwe Tellkamp, seine Abrechnung mit dem DDR-Unrechtsregime, hat dieser Roman auch einen Bezug zu dem berühmten Turm aus der Herrschaftszeit von König Nebukadnezar? Dazu der Autor: „... wie in der Geschichte vom Turm zu Babel geht es in dem Roman immer wieder um das Miteinanderreden. Immer wieder kommen Telefone vor, die mal funktionieren und mal nicht, immer wieder werden Briefe geschrieben, immer wieder kommt es zu Unterhaltungen, reden Leute miteinander oder aneinander vorbei. Zum Schluss geht das alles in einer Art Mahlstrom unter. Die Sprache wird zum Steinbruch, zum zusammenbrechenden Turm."[47]

Angesichts der vielen zeitgenössischen Texte zum berühmten Turm hat der bekannte Kulturredakteur Hanjo Kesting in einem Referat festgestellt: „So universal und bedeutungsmächtig und trotz vielfältigem Gebrauch unzerstörbar wie der Turm von Babel ragen die biblischen Geschichten und Bilder bis in unsere Gegenwart."[48]

---

[47] Gespräch mit Uwe Tellkamp, in: Zeitschrift „Sinn und Form", 4/2009, S. 507.

[48] Hanjo Kesting: Referat zum Schwerpunktthema „Bibel im kulturellen Gedächtnis" der EKD-Synode in Trier vom 2.-7. November 2003, Manuskript, S. 7.

Wirtschaftliche Grundlagen von politischer Macht und bescheidenem Wohlstand

Der wichtigste Wirtschaftszweig in Babylonien blieb über die Jahrtausende die Landwirtschaft,[49] die schon deshalb eine zentrale Bedeutung besaß, weil die Menschen mit der Aufgabe betraut waren, die Götter mit Nahrung zu versorgen. Die Landwirtschaft war angesichts gut nutzbarer Böden des Schwemmlandes und ausreichendem Wasser von Euphrat und Tigris sehr ertragreich. Es bedurfte aber aufwendiger wasserbaulicher Investitionen in Deiche und Kanäle, damit das kostbare Nass auf die Felder gelangte und gleichzeitig sowohl Dürren als auch Flutkatastrophen so weit wie möglich vermieden wurden. Ackerbau war in Babylonien nur mit einer Bewässerung durch Flusswasser möglich, weil die Niederschläge gering waren und unzuverlässig eintraten. Die Aussaat mithilfe von Saatpflügen erfolgte von September bis November, geerntet werden konnte im Frühsommer. Wie auch heute noch war mit der Bewässerung der Felder die Gefahr einer Versalzung verbunden. Durch gezielte zeitweilige Flutung der Felder schwemmte man Salz aus dem Boden und ermöglichte so eine weitere landwirtschaftliche Nutzung. Die Bauern stellten sich auf die trotzdem nicht zu vermeidende Versalzung ein und bauten vor allem Gerste an, weil dieses Getreide eine hohe Salzresistenz besitzt. Daneben wurde eine größere Zahl von Getreide-, Gemüse- und Obstarten angebaut. Große Bedeutung erlangten Dattelgärten, weil die Dattelpalmen nicht nur sehr salz- und hitzeresistent, sondern auch in Anbau, Pflege und Ernte arbeitsintensiv waren, sodass dieser Teil der Landwirtschaft viele neue Arbeitsplätze schuf. Zur Vielfalt der Ernährung der Bevölkerung trugen auch Fischfang und Jagd bei.

Der größte Teil der landwirtschaftlichen Flächen befand sich im Eigentum des Königs und der Tempel. Sie hielten auch große Viehherden auf Flächen, die für den Ackerbau ungeeignet waren. Schafe und Ziegen waren nicht nur Fleischlieferanten, sondern auch ihre Wolle war begehrt und wurde zum Teil exportiert. Bauernfamilien, die über kein eigenes Land verfügten, pachteten es und waren dafür zu Arbeitsleistungen und zur Lieferung von Naturalien an König oder Tempel verpflichtet.

Die wachsenden Überschüsse der Landwirtschaft erlaubten es einer großen Zahl von Menschen, nichtlandwirtschaftliche Tätigkeiten auszuüben, ohne dass die Ernährungssicherheit gefährdet war. In Babylon entwickelte sich seit dem 3. Jahrtausend v. Chr. eine ständig wachsende Handwerkerschicht, die die unterschiedlichsten Beru-

[49] Vgl. hierzu: Joachim Marzahn: Die Arbeitswelt – Wirtschaft und Verwaltung, Handel und Profit, in: Babylon Wahrheit, a. a. O., S. 233ff.

fe ausübte. Dazu gehörten zum Beispiel die Metallverarbeitung, das Töpferhandwerk, die Textilherstellung, der Möbelbau und die Steinbearbeitung. Neuerungen an Webstühlen und die Nutzung drehbarer Töpferscheiben ermöglichten eine starke Ausweitung der handwerklichen Produktion. Weit über das eigene Land hinaus geschätzt waren die babylonischen Bierbrauer, die etwa 20 verschiedene Biersorten herstellten und exportierten. Wichtig waren angesichts der regen Bautätigkeit in Babylon auch die Baugewerke. Insgesamt wurden mehr als 60 Berufe in Babylon ausgeübt.

Von der Mitte des 2. Jahrtausends v. Chr. an gelang es, Glas herzustellen, nach einiger Zeit sogar durchsichtiges Glas. Dies eröffnete u. a. neue Möglichkeiten der Schmuckherstellung. Die Glasherstellung verbreitete sich von Mesopotamien aus im ganzen Mittelmeerraum. Berühmt war auch die Keramikproduktion in Babylon, die durch zahlreiche archäologische Funde belegt ist. Viele Handwerkserzeugnisse wurden exportiert, um dafür unter anderem Rohmetalle und Holz importieren zu können. Die Außenhandelsbeziehungen Babyloniens reichten bis nach Indien und Ägypten. Sogar mit der heute zu Indonesien gehörenden Inselgruppe der Molukken wurden über Zwischenhändler Geschäftsbeziehungen aufgebaut.

Von Silberstücken und Geldverleihern

Bis ins 6. Jh. v. Chr. gab es in Babylonien kein Münzgeld, aber selbstverständlich brauchte man ein Zahlungsmittel, weil sonst nur ein direkter Tauschhandel einzelner Waren möglich gewesen wäre. Der Geldverkehr wurde lange Zeit mit Silberstücken von einer standardisierten Größe und Legierung getätigt. Bei Bedarf wurden die Silberstücke in Teile gebrochen, um einen kleineren Betrag zu zahlen. Die Silberstücke erfüllten also die Funktion späterer Münzen, auch wenn sie weniger praktisch im alltäglichen Wirtschaftsleben zu nutzen waren und es bei größeren Zahlungen erforderlich wurde, die Silberstücke und Bruchteile von Silberstücken zu wiegen.

Ein wichtiges Instrument zur Abwicklung von Geldgeschäften waren Schuldscheine oder genauer gesagt Schuldtontafeln, auf denen die Verpflichtung zur Rückzahlung eines Betrages in Keilschrift festgehalten und von beiden Vertragspartnern durch ihre Rollsiegel bestätigt wurde. Meistens erhielt der Gläubiger als Pfand ein Haus oder einen anderen Vermögenswert des Schuldners. Kam dieser seiner Zahlungsverpflichtung nicht nach, ging das Pfand zur dauerhaften Nutzung an den Gläubiger über. Wie heute auch, konnten Schuldscheine oder Wechsel an Dritte veräußert werden. Es gab einzelne Geschäftsleute, die sich auf die Vergabe von Krediten spezialisierten, die also als Geldverleiher tätig waren. Sie setzten dafür in der Regel eigenes Geld ein – und dies zu Zinssätzen, wie sie auch unter Geschäftspartnern üblich waren. Man kann nur eingeschränkt von Vorformen eines Bankwesens sprechen.

Münzen als Zahlungsmittel wurden in Babylon im 6. Jh. v. Chr. durch die persischen Könige eingeführt, aber zunächst noch nicht allgemein verwendet. Alexander der Große hatte nach seiner Eroberung von Babylon 331 v. Chr. große Pläne mit der Stadt, und so ließ er dort eine Münzstätte errichten, um das einheitliche Münzgeld für sein ganzes Reich prägen zu lassen. Auch nach dem Tod des Herrschers und dem raschen Zerfall seines Weltreiches blieb Babylon ein zentraler Ort für die Prägung von Münzen. Dies änderte sich 300 v. Chr., als König Seleukos ganz in der Nähe von Babylon die neue Hauptstadt Seleukia bauen ließ und auch die Münzstätte dorthin verlegte. Der Niedergang von Babylon als Finanz- und Wirtschaftsmetropole war nun nicht mehr aufzuhalten.

Der Alltag mit harter Arbeit und fröhlichen Festen

Die babylonische Gesellschaft war patriarchal geordnet, wobei die Vielehe nicht weit verbreitet war. Allenfalls einige reiche Männer konnten zusätzlich Nebenfrauen heiraten. Kinder hatten bis zum Alter von sechs Jahren noch keine großen Pflichten. Dann begann der Ernst des Lebens mit dem Erlernen eines Handwerks oder – in selteneren Fällen – mit dem Schulunterricht bzw. dem Unterricht bei einem Keilschriftgelehrten. Der Schulbesuch von Mädchen war selten.

Die soziale und materielle Kluft zwischen Arm und Reich war groß und ein sozialer Aufstieg schwierig, aber nicht unmöglich. Ganz unten in der sozialen Hierarchie standen Sklavinnen und Sklaven. Sie waren, wie noch dargestellt wird, nicht völlig rechtlos, aber in aller Regel der Willkür ihrer Besitzer ausgeliefert. Häufig muss ein Vertrauensverhältnis bestanden haben, denn es ist überliefert, dass Sklaven relativ eigenständig für ihre Eigentümer ein Handwerk oder einen anderen Beruf ausübten.

Die selbstständigen Handwerker bildeten die größte Gruppe innerhalb der Mittelschicht. Das Handwerk wurde gewöhnlich im eigenen Haus ausgeübt, wobei Frauen nur eine beschränkte Zahl von Aufgaben übernehmen konnten, vor allem das Spinnen und Weben. Männer übten die größere Zahl handwerklicher Berufe aus und dies häufig mit heute noch bewunderter Kunstfertigkeit. Goldschmiede, Töpfer oder Steinmetze konnten ein hohes Ansehen und einen beträchtlichen Wohlstand erlangen. Auch der Handel warf hohe Gewinne ab, war aber mit großen Risiken verbunden, denn es war möglich, alles durch ein einziges fehlgeschlagenes Geschäft zu verlieren. Wer eine leitende Aufgabe in Verwaltung, am Tempel oder am Königshof übernahm, konnte seiner Familie ein Leben im Wohlstand bieten. Das galt auch für viele Ärzte und Beschwörer. Manche dieser Familien besaßen Häuser mit einem Dutzend oder mehr Zimmern, in einigen Fällen waren sie sogar mehrgeschossig.[50]

Es wurde hart gearbeitet in Babylon, meist von frühmorgens bis abends, unterbrochen von einer Pause in der heißesten Zeit des Tages. Den Tagesabschluss bildete eine gemeinsame Mahlzeit der Familie, dann wurde die Haustür verriegelt, das Öllämpchen gelöscht und man ging schlafen, überzeugt, dass die Götter dies nun auch tun würden.

Gerste, das wichtigste Getreide der Babylonier, wurde zu Brot, Grütze, Mehl sowie Bier verarbeitet. Auch Weizen und Dinkel waren im Angebot. In Babylon wurden über 300 Fladenbrotsorten gebacken. Auch eine große Zahl von Gemüsesorten und Gewürzen sorgte für eine abwechslungsreiche Ernährung. Linsen, Erbsen und Kichererbsen hatten einen festen Platz in den babylonischen Küchen, ebenso Datteln. Kuh- und Schafsmilch waren sehr beliebt, auch die Herstellung von Käse und einer Art Sahne war schon bekannt. Karpfen und andere Fische wurden gebraten oder gekocht. Fleisch kam bei den meisten Familien nur selten in den Topf, weil es teuer war. Getrunken wurden vor allem Wasser und Bier, aber auch Fruchtsaft und Milchgetränke. Diejenigen, für die die Trauben nicht zu hoch hingen, tranken Wein. Viele Familien aßen aus nicht dekoriertem Keramikgeschirr. Die Reichen leisteten sich glasiertes Geschirr oder Glasgeschirr.

Angesichts der harten Arbeit bot der Kauf von Gemüse, Datteln oder Gewürzen auf einem der Märkte Babylons eine Abwechslung vom Alltag. Sehr willkommen waren Feste und Festessen mit Musik, Gesang und Tanz. Es gab über das Jahr verteilt zahlreiche religiöse Feste, von denen das Neujahrsfest zu Ehren des Stadtgottes Marduk das bedeutendste war. Bei vielen Festen wurden Tiere geopfert.

In Babylon war die Wickelmode bestimmend. Männer und Frauen wickelten sich Stoffbahnen um den Körper und befestigten sie mit Gürteln, Fibeln und Nadeln. Die Stoffe wurden aus Flachs oder Wolle hergestellt. Man ging barfuß durchs Leben, und nur auf wenigen Bildern ist eine Fußbekleidung zu erkennen. Wertvollen Schmuck konnten sich nur die wirklich Reichen leisten, die Armen hingegen allenfalls einen dünnen Kupferreif. Reiche Frauen trugen gern goldene Ohrringe, Ketten, Ringe, Armreife, Stirnbänder und Fibeln, die mit Perlen verziert waren. Sie pflegten ihre Haut und ihre Haare mit Salben und Ölen.

Ein Leben in Babylon konnte 60 Jahre oder etwas länger dauern. Allerdings war die Kindersterblichkeit hoch, und viele Frauen starben bei der Geburt eines ihrer Kinder. Viele Babylonierinnen und Babylonier haben das Leben offenbar als unsicher und die

---

[50] Zum Alltagsleben in Babylon vgl. u. a. Astrid Nunn: Der Alltag in Babylon, in: Babylon Wahrheit, a. a. O., S. 277ff.

eigene Zukunft als ungewiss empfunden. Stärker noch als heutige Menschen sahen sie sich unerklärlichen gesundheitlichen, familiären oder wirtschaftlichen Katastrophen ausgesetzt und suchten in der Religion nach Erklärung, Trost, Abhilfe oder Milderung. Durch religiöse Tonplaketten und kleine Tonfiguren waren die Menschen bestrebt, sich vor Unbill zu schützen. Es war äußerst wichtig, sich mit Göttern und Geistern gut zu stellen. Über den Glauben der einfachen Leute schreibt die Altorientalistin Astrid Nunn: „Die Götter waren allmächtig, ihre Entscheidungen unergründlich; die Weltordnung war fest gefügt. Gottesgehorsam war selbstverständlich und betraf alle Aspekte des Lebens. Vieles, was einem im Leben widerfuhr, war undurchsichtig, unerklärbar und nicht voraussehbar."[51] Da war es geboten, einen Talisman oder ein Amulett zu tragen. Für Verstorbene wurde, wenn irgend möglich, eine ordnungsgemäße Bestattung ausgerichtet, weil dies nach babylonischem Glauben die Voraussetzung dafür war, in der Unterwelt weiterzuleben. Grabbeigaben wie Schmuck und Keramik und das Wachhalten der Erinnerung an die Verstorbenen in der Familie waren wichtig für ein angenehmes Weiterleben.

Ein Platz auch für die Fremden

Babylon ist nicht durch die Vielfalt von Menschen aus unterschiedlichen Kulturen untergegangen, sondern wäre ohne sie wahrscheinlich nie zu einer führenden kulturellen und ökonomischen Metropole geworden. Diese Erkenntnis lässt sich aus neueren wissenschaftlichen Arbeiten ablesen, die zahllose Keilschrifttexte und archäologische Grabungsergebnisse ausgewertet haben. Dominique Charpin hat 2011 in einem Buchaufsatz[52] erläutert, dass ein Hauptgrund für den Aufstieg der Stadt in altbabylonischer Zeit die Zuwanderung von Menschen aus südmesopotamischen Städten war, die im 18. Jh. v. Chr. aus unterschiedlichen, zum Teil noch nicht geklärten Gründen ihre Heimat verlassen hatten und im aufstrebenden Babylon ihre Kenntnisse und Fertigkeiten auf handwerklichem Gebiet oder als Schreiber einsetzen konnten. Besonders die Migration zahlreicher Menschen aus der lange Zeit weit bedeutenderen Nachbarstadt Esnunna förderte die wirtschaftliche und wissenschaftliche Vormachtstellung Babylons in der Region. Babylon profitierte also vom „brain drain" aus anderen Regionen Mesopotamiens. Die Stadt habe das Erbe des Reiches der Sumerer vor

[51] Ebenda, S. 291.

[52] Dominique Charpin: Babylon in der altbabylonischen Zeit: eine Hauptstadt von vielen ... die als einzige übrig blieb, in: Babylon, Wissenskultur in Orient und Okzident, Berlin 2011, S. 77ff.

allem angetreten, so Dominique Charpin, „als die Einwohner des Südens nach Babylon und in die umgebenden Städte immigrierten".[53]

Wie erwähnt folgte der ersten Blütezeit der Stadt eine Zeit des Niedergangs und der Stagnation. Mit dem erneuten Aufstieg in der so genannten „neubabylonischen" Zeit im 7. und 6. Jahrhundert waren wiederum bedeutende Migrationsströme verbunden. Die hat Kabalan Moukarzel untersucht und die Ergebnisse 2014 in einem Buchaufsatz[54] publiziert. Es gab damals sehr unterschiedliche Formen der Zuwanderung von „Ausländern" aus entfernten Teilen des babylonischen Reiches und jenseits davon. Eine wichtige Gruppe bildeten Kriegsgefangene und Menschen, die aus ihrer eroberten Heimat nach Babylonien verschleppt wurden. Die Umsiedlung ganzer Bevölkerungsgruppen wurde bereits in großem Stil innerhalb des assyrischen Reiches praktiziert, und einzelne dieser umgesiedelten Gruppen fanden auch in Babylonien eine neue Heimat, das ja längere Zeit zum assyrischen Reich gehörte. Nach ihrem militärischen und politischen Aufstieg setzten die babylonischen Könige diese Politik von Umsiedlungen in begrenzterem und selektivem Umfang fort. Das lässt sich daran ablesen, dass die Assyrer große Teile der Bevölkerung des israelitischen Nordreiches umgesiedelt hatten, während die Babylonier nach der Eroberung von Jerusalem vor allem Angehörige der Elite, potenzielle Unruhestifter und für eigene Bauvorhaben benötigte Handwerker nach Babylonien holten. Ähnlich verfuhren sie in anderen eroberten Gebieten.

Ein großer Teil dieser verschleppten Menschen wurde in eigenen Ortschaften angesiedelt, wo sie sich zu einem gewissen Grad selbst verwalten und vor allem ihre eigene Sprache, Kultur und Religion bewahren konnten. Kabalan Moukarzel hebt hervor: „Die begrenzte Selbstverwaltung der *hadru*-Gemeinschaften (Gemeinschaften von Zugewanderten, d. Verf.) spielte eine wichtige kulturelle Rolle für die ‚Ausländer', die in diesen Gebieten wohnten. Sie half den Angehörigen dieser Gemeinschaften einerseits, die Fortschritte der babylonischen Kultur zu übernehmen, und andererseits, ihr kulturelles und ethnisches Selbstbewusstsein zu bewahren."[55] Die jüdischen Gemeinschaften in Babylonien haben diese Möglichkeiten zweifelsohne genutzt und davon auch nach der Rückkehr aus dem Exil profitiert.

Manche Kriegsgefangene und Verschleppte wurden in den Städten und in erster Linie in Babylon angesiedelt. Vor allem die Vorstädte wurden zum neuen Zuhause von Migrantengruppen. Dazu gehörten zum Beispiel phönizische Händler sowie

[53] Ebenda, S. 89.

[54] Kabalan Moukarzel: Some Observations about „Foreigners" in Babylonia during VI Century BCE, in: Melammu, The Ancient World in the Age of Globalization, Berlin 2014, S. 129ff.

[55] Ebenda, S. 140f.

Handwerker aus verschiedenen Teilen des Reiches, die oft nur für einige Jahre in der Fremde arbeiteten. Es gab auch größere arabische Gruppen, die das ländliche Leben aufgaben und in die Städte mit ihren sehr viel größeren ökonomischen und kulturellen Möglichkeiten zogen. Viele Mitglieder dieser Migrantengruppen siedelten sich dort in Vorstädten an, wo bereits eine größere Zahl von eingewanderten Familien aus der eigenen Heimat lebte. Zu erwähnen sind auch die Soldaten aus anderen Ländern, die im Dienst der Babylonier kämpften. So wird zum Beispiel von einer Armee-Einheit von Edomitern berichtet.

Die Zugewanderten hatten durchaus Möglichkeiten zum sozialen Aufstieg, wenn sie sich integrierten und zum Beispiel die langjährige Ausbildung zum Schreiber babylonischer Keilschrifttexte auf sich nahmen. Aus den Namenslisten von Angehörigen der Verwaltung lässt sich ablesen, dass auch Zuwanderer hier Karrieremöglichkeiten hatten. Kabalan Moukarzel ist zum Ergebnis gekommen, dass „die Babylonier ein gut entwickeltes System der Integration" von Menschen aus anderen Teilen des Reiches besaßen,[56] die man etwas vereinfacht als Ausländer in Babylonien selbst bezeichnen kann.

Babylon war also tatsächlich eine vielsprachige und multikulturelle Stadt. Aber anders als in der biblischen Geschichte vom Turmbau lebten die Menschen nach allem, was wir wissen, relativ harmonisch zusammen. Ein Indiz dafür ist, dass einheimische Eltern ihren Kindern häufiger ägyptische oder persische Namen gaben, also Namen aus dem Kulturkreis von Zuwanderern. Umgekehrt gaben Zuwandererfamilien ihren Kindern häufig babylonische Namen.

---

[56] Ebenda, S. 140.

Recht und Gerechtigkeit in Babylonien

Zu den wichtigen Aufgaben der Könige in Mesopotamien gehörte es schon lange vor der Entstehung des babylonischen Reiches, für Recht und Gerechtigkeit zu sorgen. Das ist bereits auf sumerischen Keilschrifttafeln nachzulesen, die um das Jahr 2000 v. Chr. Gesetze und Gesetzessammlungen festhielten. Berühmt ist der „Codex Hammurapi", der auf einer babylonischen Stele erhalten geblieben ist, die sich heute im Louvre in Paris befindet. Diese und weitere Gesetzessammlungen lassen erkennen, dass es damals detaillierte juristische Regelungen für eine Vielzahl von straf- und zivilrechtlichen Fragen gab.

Die Gesetzesbestimmungen im „Codex Hammurapi" sind jeweils nach dem Ursache-Konsequenz-Schema aufgebaut. Wer eines Vergehens überführt wurde, dem drohten Konsequenzen genau festgelegter Art. Es existierte in Babylon also bereits ein modern wirkendes Rechtsverständnis. Bei einer großen Zahl von Vergehen drohte in Mesopotamien die Todesstrafe, zum Beispiel auch bei Insolvenz. Auch die Verstümmelung des Täters gehörte zu den Strafandrohungen. Bei minderschweren Vergehen beschränkte man sich auf Geldstrafen.

Im Strafrecht wurde die Bestrafung in ein Verhältnis zum Vergehen gestellt. Das biblische Prinzip „Auge um Auge, Zahn um Zahn" finden wir im Codex von König Hammurapi in dieser Formulierung: „Wenn ein Vornehmer ein Auge eines Angehörigen einer Vornehmenklasse geblendet hat, soll man ein Auge von ihm blenden."[57] Das gleiche Prinzip galt für einen ausgeschlagenen Zahn. Was geschah, wenn das Opfer nicht der „Vornehmenklasse" angehörte? Auch das war in dem Codex bis ins Detail geregelt. Wer einem Kleinbürger ein Auge geblendet hatte, musste einen beträchtlichen Silberbetrag zahlen, und auch wenn das Opfer ein Sklave war, kam der Täter nicht ungestraft davon. Man kann nicht übersehen, dass diese Abstufungen Ausdruck einer Klassenjustiz waren, aber die gab es auch Jahrtausende später noch. Das jüdische Rechtsprinzip „Auge um Auge, Zahn um Zahn" kannte solche Einschränkungen je nach sozialer Zugehörigkeit allerdings nicht.

Eine wachsende soziale Kluft zerstört eine Gesellschaft

Wahrscheinlich waren sich babylonische Könige bewusst, dass zu krasse soziale Unterschiede massive gesellschaftliche Spannungen und eine schwindende Loyalität derer auslösten, die sich stark benachteiligt sahen. Der Zusammenhalt des Gemein-

---

[57] Zitiert nach: Michael Streck: Ein Monument früher Rechtsgeschichte, in: Damals 7/2008, S. 24.

wesens war also gefährdet, wenn die Situation der Armen sich immer weiter verschlechterte. Dem Abbau von zu krassen sozialen Unterschieden und der Herstellung von Gerechtigkeit diente eine Politik, die die Situation der Armen erträglicher machen sollte. So war es üblich, dass Könige aus Anlass des Beginns ihrer Herrschaft und von Zeit zu Zeit auch aus anderen Anlässen eine Befreiung der Bürger von Steuerrückständen, Schulden und Schuldsklaverei verkündeten. Auch im Alten Testament wird von solchen Maßnahmen zur Beseitigung von Überschuldung und Schuldknechtschaft berichtet, und es dürfte viele Christinnen und Christen überraschen, dass diese Form der Entlastung der Armen von ihren Schulden auch in Babylon üblich war. Ein Unterschied bestand allerdings: Der Schuldenerlass nach göttlichem Gebot in der Bibel sollte alle sieben Jahre stattfinden, war also kein Gnadenakt eines Königs. Einschränkend muss aber erwähnt werden, dass erhebliche Zweifel daran bestehen, dass im alten Israel tatsächlich so regelmäßig ein solcher Schuldenerlass praktiziert wurde.

Spätestens seit der Zeit von König Hammurapi gab es in Babylonien ein differenziertes Gerichtswesen, zu dem lokale Gerichte mit Richterkollegien und königliche Gerichte gehörten. Daneben existierte eine Tempelgerichtsbarkeit. Prozesse verliefen bereits recht ähnlich wie heute, es wurden also Zeugen gehört, Urkunden und andere Beweismittel bewertet, Eide abgelegt etc. Auch Gottesurteile hatten in den Prozessen (wie bei uns im Mittelalter) ihren Platz in der Rechtssprechung. Folter hat, wenn überhaupt, nur eine geringe Rolle bei der Wahrheitsfindung gespielt. Nachgewiesene Falschaussagen wurden drakonisch bestraft. In einem Mordprozess drohte dem falsch aussagenden Zeugen die Todesstrafe. Auch Richter, die das Recht beugten, wurden schwer bestraft. Von Hammurapi ist überliefert, dass er Gesetze verkünden ließ und Gerichte einsetzte, „damit der Starke dem Schwachen kein Unrecht tue“.[58]

Frauen hatten viele Rechte – waren aber trotzdem benachteiligt

In Babylonien besaßen Frauen eine weitgehende Rechts- und Geschäftsfähigkeit, sodass sie auch selbstständig im Wirtschaftsleben auftreten und vor Gericht als Klägerinnen erscheinen konnten, auch gegen den eigenen Mann. Benachteiligungen entstanden durch das patriarchal geprägte Eherecht. Ehen wurden dadurch vorbereitet, dass der zukünftige Ehemann einen Ehevertrag mit den Eltern der Braut schloss. Darin wurden Rechte und Pflichten festgelegt, und es wurde auch geregelt, welcher Brautpreis zu zahlen war. Zur materiellen Absicherung der Ehefrau musste der Ehemann für den Fall seines Todes eine urkundlich abgesicherte Schenkung an seine Frau

[58] Zitiert nach: Michael Jursa: Die Babylonier, a. a. O., S. 65.

vornehmen. Die Mitgift der Frau stand im Falle ihres Todes ihren Kindern zu, sodass diese eine gewisse materielle Absicherung besaßen. Verstarb der Ehemann, bekam die Frau die Mitgift.[59]

Ehescheidungen gingen in der Regel vom Mann aus, während die Frau nur dann eine Scheidung beantragen konnte, wenn sie ihrem Gatten ein ehewidriges Verhalten nachwies. Auch dann konnte sie vor Gericht faktisch eine Scheidung oft nur durchsetzen, wenn sie auf die Mitgift verzichtete und zusätzlich noch ein Scheidegeld an ihren Mann zahlte. Auch das Erbrecht benachteiligte Frauen und Töchter stark, sodass sie in sehr vielen Fällen vom Erbe ausgeschlossen waren. Immerhin war geregelt, dass Witwen von ihren Kindern nicht schikaniert und aus dem Haus vertrieben werden durften. Andernfalls drohte den Kindern eine Bestrafung. Insgesamt betrachtet besaßen Frauen in Babylonien eine bessere rechtliche Stellung als in vielen anderen Gesellschaften der Region.

Es gab bereits Mindestlöhne

Versklavung entstand in Babylonien durch Kriegsgefangenschaft, als Folge von Überschuldung und als Ergebnis von Gerichtsprozessen. Der Besitzer hatte die vollständige rechtliche Verfügung über die Sklaven. Diese konnten also zum Beispiel verkauft oder verpfändet werden. Die Sklaven besaßen aber eine eingeschränkte Rechtsfähigkeit. So konnten sie Ehen mit frei geborenen Menschen eingehen und durften auch Vermögenswerte besitzen, sie konnten Verträge abschließen und sogar eigene Sklaven erwerben. Dabei ist aber zu berücksichtigen, dass nur eine kleine Minderheit der Sklaven tatsächlich solche Rechte nutzen konnte und die meisten Sklaven mittellos und der Willkür ihrer Herren ausgesetzt waren.[60]

Babylonien besaß ein umfangreiches Wirtschaftsrecht, sodass zum Beispiel Fragen in Zusammenhang mit Darlehen, Bürgschaften, Pfändern und Pacht bis ins Detail geregelt waren. Wirtschaftsvergehen konnten drakonisch bestraft werden, Manipulationen an Gewichten sogar mit dem Tode durch Ertränken. Bemerkenswert ist, was der Altorientalist Hans Neumann in einem Aufsatz über das Recht in Babylonien schreibt: „Für die zu zahlenden Löhne waren gesetzliche Mindesttarife festgelegt."[61]

Recht im alten Orient

Es gab Ähnlichkeiten zwischen dem babylonischen und dem jüdischen Recht, aber das muss nicht bedeuten, dass jemand abgeschrieben hat. Es gab in den altorientali-

[59] Vgl. Hans Neumann: Das Recht in Babylonien, in: Babylon Wahrheit, a. a. O., S. 215ff.
[60] Vgl. zur rechtlichen Situation der Sklaven: Ebenda, S. 214f.
[61] Ebenda, S. 222.

schen Gesellschaften große Ähnlichkeiten im Verständnis von Recht und Gerechtigkeit, und das spiegelte sich auch in den Gesetzen und anderen rechtlichen Regelungen wider. Michael Jursa schreibt in seinem Standardwerk „Die Babylonier" hierzu: „Der gesamte alte Orient hatte an grundsätzlich derselben Gewohnheitsrechtstradition Anteil, die in jeweils durch lokale bzw. zeitgebundene Umstände beeinflussten unterschiedlichen, aber immer strukturell ähnlichen Ausprägungen zum Ausdruck kam."[62]

Die jüdische Gesellschaft war genauso wie die babylonische von diesen Traditionen geprägt, und deshalb wäre es falsch, sie einander gegenüberzustellen. Es gibt Unterschiede zwischen den „typischen" altorientalischen Rechtsbestimmungen und den jüdischen Rechtsordnungen – nur, solche Spezifika gab es auch für jede andere der altorientalischen Gesellschaften. Es ist legitim, dass Christen (und mehr noch Juden) ein besonderes Interesse an der jüdischen Geschichte und deren gesellschaftlichen Verhältnissen haben, aber es führt in die Irre, diese Gesellschaft ständig allen anderen Gesellschaften der Region gegenüberzustellen und zu ignorieren, dass sie Teil einer altorientalischen Welt war.

Insgesamt betrachtet schufen der „Codex Hammurapi" und ähnliche Sammlungen von Gesetzen und Bestimmungen einen erheblich Grad von Rechtssicherheit in Babylon. Mit Professor Michael Streck, Altorientalist an der Universität Leipzig, lässt sich sagen: „So dürfen wir davon ausgehen, dass der Codex Hammurapi und die anderen babylonischen und sumerischen Gesetze tatsächlich großartige Beispiele für das Recht im Alten Orient sind."[63]

---

[62] Michael Jursa: Die Babylonier, a. a. O., S. 65.

[63] Michael Streck: Ein Monument früher Rechtsgeschichte, in: Damals 7/2008, S. 25.

Keile, die die Welt veränderten

Mehr als zwei Jahrtausende lang büffelten babylonische Schüler und Schülerinnen die Zeichen der Keilschrift. Mit normierten Griffeln ritzten sie die keilförmigen Zeichen von links nach rechts in feuchte Tontafeln. Anders als heutige Schriften war die Keilschrift also dreidimensional. Die beschriebenen Tafeln konnten anschließend in der Sonne getrocknet werden. Wichtige Tafeln, zu denen die Schülerarbeiten natürlich nicht gehörten, wurden in Öfen gebrannt und so wesentlich haltbarer gemacht. Aber auch die sonnengetrockneten Tontafeln erwiesen sich als so haltbar, dass sie heute noch entziffert werden können. Die meisten Tontafeln waren so klein, dass sie in einer Handfläche Platz hatten. Es gab aber auch Tafeln von nur einigen Zentimetern oder aber einigen Dezimetern Größe.

Entwickelt wurde die Schrift in Mesopotamien vermutlich noch vor den ägyptischen Hieroglyphen. Die ältesten uns bekannten Keilschrifttafeln entstanden in der Zeit um 3.200 v. Chr. in der Stadt Uruk im heutigen Südirak, die damals zum Sumerer-Reich gehörte. Die Keilschrift verbreitete sich rasch im ganzen heutigen Mittleren Osten und wurde bald zum vorherrschenden Medium, um Informationen schriftlich festzuhalten und weiterzugeben. Das ermöglichte einen ökonomischen und kulturellen Sprung in der Geschichte der Menschheit. Vorher musste alles Wissen mündlich von Generation zu Generation weitergegeben werden, wobei viel verloren ging. Auch Nachrichten an Herrscher oder Kaufleute in anderen Städten mussten memoriert werden. Deshalb hatte man in Mesopotamien angesichts immer komplexerer wirtschaftlicher und politischer Vorgänge nach einem Weg gesucht, Informationen zu speichern und weiterzugeben. Ein wichtiger Zwischenschritt auf dem Weg zur Keilschrift waren Rollsiegel. Kaufleute und Herrscher besaßen individuelle Siegel mit einfachen Abbildungen, Linien etc. Ein Siegelabdruck, der in Ton gedrückt war, bestätigte, dass eine Ware oder ein anderer Gegenstand der betreffenden Person gehörte. Ein weiterer Schritt zur Keilschrift waren „Zählmarken", die Auskunft über die Anzahl von Gütern gaben. Bald ging man dazu über, die jeweiligen Güter durch einfache Zeichnungen ebenfalls in den Ton einzuritzen. Allmählich entstand so ein größerer Kanon von Zeichen, die Tiere, Pflanzen etc. in vereinfachter Form darstellten. Was dann folgte, hat die Altorientalistin Eva Cancik-Kirschbaum so beschrieben: „Innerhalb weniger Jahrzehnte, vielleicht nicht einmal eines Jahrhunderts ... wird der Bestand an Symbolzeichen systematisiert. Es kann sich dabei nicht um einen unkontrollierten Prozess gehandelt haben, denn die auf diese Weise übermittelten Informationen mussten ja verständlich bleiben. Unklar ist, wie man sich die Verständigung über ein gemeinsam zu nutzendes Zeichensystem zu denken hat, z. B. die Festlegung ihrer Form und Bedeutung."[64]

Man einigte sich zunächst auf einen Bestand von etwa 1.200 Zeichen, die zur Grundlage der mesopotamischen Schriftkultur wurden. Später reduzierte man die Zahl der Zeichen auf 600. Bald war es auch möglich, mit den Zeichen abstrakte Begriffe und Gedanken zum Ausdruck zu bringen. Wörter konnten zunächst lediglich mit einem Zeichen dargestellt werden, daraus entwickelten sich aber später auch Zeichen, die einer Silbe entsprachen. Es wurde nun auch möglich, unterschiedliche gesprochene Sprachen in Keilschriftzeichen wiederzugeben. Die Keilschrifttafeln erlaubten es, das ganze Wissen eines Volkes auf Tontafeln festzuhalten, sodass die folgenden Generationen die gesammelten Erkenntnisse systematisch kennen lernen und darauf aufbauen konnten. Zunächst bildeten das Sumerische und das Akkadische die Sprachen, in der Keilschrifttexte verfasst wurden. Einzelne Völker wie die Hethiter entwickelten ihre eigene Keilschriftkultur. In Babylon verfasste man die Keilschrifttexte häufig auf Sumerisch und Akkadisch und das zu einer Zeit, als die Völker ausgestorben waren, die diese Sprachen im Alltag verwendet hatten. Das war kein Zufall, wie noch gezeigt werden wird, und hing aufs Engste mit dem babylonischen Wissenschaftsverständnis zusammen.

In Babylon und anderen mesopotamischen Städten entstanden große staatliche und private Sammlungen von Tontafeln, die von medizinischen Erkenntnissen über mathematische Berechnungen bis zu religiösen Texten alles enthielten, was die Menschen wussten und glaubten. Aber auch im Alltag von Kaufleuten, Wissenschaftlern und politischen Herrschern waren die Keile bald unverzichtbar. Quittungen und Schuldscheine wurden ebenso auf Tontafeln festgehalten wie astronomische Beobachtungen oder diplomatische Depeschen an den Herrscher des Nachbarstaates. Und dass die gut ausgebaute babylonische Bürokratie ohne die Keile möglich gewesen wäre, muss bezweifelt werden. Selbst Witze und Kochrezepte sind uns auf den Tafeln überliefert worden. Wichtige Dokumente wurden auf der Rückseite mit dem Rollsiegel des Kaufmanns oder Königs versehen, um die Echtheit zu beglaubigen.

Üben, üben, üben ...

Die Keilschrift zu beherrschen, war keine einfache Aufgabe. Bis zu einem Jahrzehnt lang mussten die Schüler intensiv lernen, um sich als Schreiber zu qualifizieren. Schulen waren ebenso selten wie hoch angesehen. In den meisten Fällen versammelten sich einige Schüler jeden Morgen im Innenhof eines Privathauses, um von einem er-

[64] Eva Cancik-Kirschbaum: Die Keilschrift, in: Babylon Wahrheit, a. a. O., S. 343.

fahrenen Schreiber unterrichtet zu werden. Nur einige Promille aller Jungen und ein noch weit geringerer Anteil der Mädchen hatte die Chance, die Keilschrift zu erlernen und sich als Schreiber ein gutes Einkommen zu sichern. Auch Kinder aus den unteren sozialen Schichten und auch ausländische Kinder hatten grundsätzlich die Chance, eine Schreiberausbildung zu absolvieren.

Die Anforderungen an die Schüler waren hoch. Es galt nicht nur, die Keilschrift zu erlernen, sondern auch das Sumerische und das Akkadische mussten beherrscht werden. Das Schreiben selbst wurde systematisch geübt. Zunächst wurden von den Schülern nur einfache Begriffe mit Schilfrohrgriffeln in die Tontafeln eingeritzt, danach wurden die Zeichen und der Sprachunterricht schrittweise schwieriger. Da war es günstig, dass man den weichen Ton glätten und so Fehler korrigieren konnte. Viele Tausend erhalten gebliebene Tontafeln, die von Schülern beschrieben wurden, zeugen noch heute davon, wie oft Keilzeichen eingeritzt werden mussten, bevor man sie beherrschte.

Um eine höhere berufliche Position erlangen zu können, waren neben den Sprachen und der Schrift auch eine breite Allgemeinbildung und die Spezialisierung auf ein Gebiet wie Buchhaltung, Heilkunde oder Religion vorteilhaft. Aber die meiste Zeit verbrachten die Schüler damit, fleißig Keilschrifttafeln abzuschreiben. Bei zu vielen Fehlern gab es Schläge, aber meist werden die Schüler still dagesessen und Keile in die Tafeln geritzt haben. Wer Karriere als Schreiber gemacht hatte, war im Tempel oder am Königshof tätig, mit weniger Talent und Fleiß reichte es nur dazu, für einen Kaufmann die Rechnungen und Mahnungen in die Tontafeln zu ritzen. Bedenkt man, dass viele Einwohner Babylons nur 40 oder 50 Jahren alt wurden, bedeutete eine zehnjährige Ausbildung eine sehr große Zeitinvestition. Dafür qualifizierte diese Ausbildung nicht nur zum Beruf des Schreibers, sondern auch für höhere Positionen in der Verwaltung, am Tempel und in der Wirtschaft. Auch finanziell war das Erlernen der Keilschrift offenbar lohnend, lesen wir doch schon in einem etwa 4.000 Jahre alten sumerischen Text: „Die Kunst des Schreibens ist ein gutes Los, das auch Reichtum und Überfluss bringt.“[65]

Ein Zeichen für Sünde und Strafe

Heutige Wissenschaftler, die die Keilschrift fließend lesen und interpretieren wollen, benötigen für den Lernprozess ebenfalls etwa zehn Jahre. Von dieser raren Spezies

---

[65] Zitiert nach: Stefan J. Maul: Das Band zwischen allen Dingen – Wissenskultur und Weltbild im Alten Orient, in: H. Gebhardt/H. Kiesel (Hrsg): Weltbilder, Heidelberger Jahrbücher 47, Heidelberg 2003, S, 97.

von Wissenschaftlerinnen und Wissenschaftlern gibt es weltweit nur etwa 2.000. Sie verbringen einen erheblichen Teil ihres Lebens damit, viele Hundert Keilschrifttafeln zu übersetzen und zu deuten. Über 90.000 dieser Tafeln befinden sich heute in Sammlungen der westlichen Welt, und insgesamt sollen mehr als eine halbe Million Tafeln noch nicht entziffert worden sein. Diese Arbeit ist zeitaufwendig, sodass zum Beispiel ein Expertenteam um Professor Jursa an der Universität Wien fünf Jahre benötigte, um 7.000 Tafeln zu übersetzen und wissenschaftlich auszuwerten. Weltweit sind erst etwas mehr als 22.000 Keilschrifttafeln entziffert worden.

Die Übersetzungsarbeit erfordert ein tiefes Verständnis der Kultur, Religion und Weltsicht der Babylonier. Dafür gibt der Altorientalist Stefan M. Maul ein Beispiel: „So bezeichneten sie beispielsweise ‚Sünde', ‚moralische Schuld', ‚Geldschuld' und ‚Strafe' mit ein und demselben Wort, das außerdem noch die Konnotation von ‚Krankheit' hat. Die Übersetzung, die oft unreflektiert unsere eigenen Vorstellungen auf die fremde Kultur überträgt, kann nur einen ersten Einstieg in tieferes Verständnis liefern. Verstanden haben wir erst, wenn wir das weltbildbedingte Konzept begreifen, durch das die für uns sehr unterschiedlichen Begriffe in einem einzigen verschmelzen."[66]

Viele übersetzte Texte erweisen sich als Kaufverträge oder als Schreibübungen von Schülern, aber mit Geduld und Glück können die Forscher auch spannende Tafeln entziffern, deren Keile uns einen Einblick in das Alltagsleben und die politischen Verhältnisse in Mesopotamien eröffnen. Weil so viele Tafeln das Wirtschaftsleben in Gestalt von Rechnungen, Quittungen, Schuldscheinen etc. widerspiegeln, wissen wir heute sehr viel über agrarische und handwerkliche Produktion und Handelsbeziehungen in Babylon. So lässt sich nachverfolgen, wie ungemünztes Silber allmählich eine zentrale Rolle als Zahlungsmittel gewann, weil sich angesichts immer komplexerer Wirtschaftsbeziehungen der traditionelle Tauschhandel als unpraktikabel erwiesen hatte. Keilschriftexperten wie Irving Finkel vom Britischen Museum in London bedauern nach der Übersetzung vieler Hundert Tontafeln aber, dass in den Texten so wenig Privates zu finden ist. „Man findet keine persönlichen Texte, keine spontanen Liebesgedichte."[67]

Die Keilschrift ermöglichte einen Evolutionssprung in der Menschheitsgeschichte, aber sie blieb schwer zu erlernen und zu interpretieren. Den Phöniziern, einem Kauf-

---

[66] Stefan M. Maul: Wiedererstehende Welten, Aufgaben und Möglichkeiten moderner Altorientalistik, in: Mitteilungen der Deutschen Orient-Gesellschaft zu Berlin, 130, Berlin 1998, S. 273.

[67] Zitiert nach: Tom Chivers: Irving Finkel: reader of the lost Ark, The Telegraph, London, 19.1.2014.

Kaufmanns- und Seefahrervolk im Gebiet des heutigen Libanon, gelang es im ersten Jahrtausend vor Christus, eine Schrift zu entwickeln, die sich leichter schreiben und lesen ließ: das Alphabet. Die neu entstandenen Lautschriften kamen mit zwei bis drei Dutzend Buchstaben aus, und so überrascht es nicht, dass Kaufleute und politische Herrscher zwischen Mittelmeer und Euphrat rasch überzeugt werden konnten, dass sich mit den Buchstaben besser arbeiten ließ als mit den Keilen. Auch die Juden schrieben ihre heiligen Bücher mit Buchstaben. Auch das Aramäische, das seit dem 1. Jahrtausend v. Chr. in der ganzen Region verstanden und gesprochen wurde, schrieb man mit Buchstaben. Die babylonische Keilschrift blieb aber noch im ersten Jh. n. Chr. in Mesopotamien in Gebrauch. Die griechischen Eroberer Mesopotamiens sorgten dafür, dass ein beträchtlicher Teil von dem Wissen, das auf den Keilschrifttafeln festgehalten worden war, in eine alphabetische Schrift übertragen wurde. Das eröffnete ihnen vor allem den Zugang zum mathematischen und astronomischen Wissen der Babylonier, eine wichtige Grundlage der griechischen Wissenschaft.

Die Bibel und die Keilschrifttexte

Es ist in der heutigen Theologie und Kirche kaum noch etwas von der Erschütterung zu spüren, die in der zweiten Hälfte des 19. Jahrhunderts die Entzifferung von Keilschrifttexten auslöste. Da ist es gut, mit dem Heidelberger Altorientologen Professor Stefan M. Maul an diese Zeit zu erinnern: „Als man babylonische, assyrische und auch sumerische Texte lesen und verstehen konnte, wurde der schockierten, christlich geprägten Öffentlichkeit vor Augen geführt, dass die Gesellschaft des Zweistromlandes bereits zwei Jahrtausende, bevor das Judentum die Bühne der Weltgeschichte betrat, in höchster Blüte stand. Und nicht nur das, die Mesopotamier – so zeigten die Keilschrifttexte – glaubten bereits, lange bevor die Genesis verfasst wurde, dass die Menschheit in der Urzeit auf göttlichen Beschluss durch eine Sintflut vernichtet worden war und dass nur *einer* in einer Arche sich hätte retten können, der biblische Noah, den man in Babylonien Utnapischtim oder aber Ziusudra nannte."[68] Es konnte nicht mehr geleugnet werden, dass Menschen einer ungleich älteren Kultur als das Judentum in frommer Weise an das göttliche Wirken geglaubt hatten. Die christlich-westliche Welt, so Professor Maul, „sah erschüttert ihr seit Jahrhunderten nicht angezweifeltes Postulat auf Einzigartigkeit und kulturelle Überlegenheit in Frage gestellt".[69]

---

[68] Stefan Maul: Wiedererstehende Welten, Aufgaben und Möglichkeiten moderner Altorientalistik, in: Mitteilungen der Deutschen Orient-Gesellschaft zu Berlin, 130, Berlin 1988, S. 267f.

[69] Ebenda, S. 268.

Dank der Entzifferung der Keilschriften öffnete sich die Tür in eine fremde Welt, in der vieles gedacht, erforscht und geglaubt wurde, was unser Leben und unseren Glauben bis heute beeinflusst. In einer vielleicht verständlichen Reaktion haben viele Theologen des 19. und 20. Jahrhunderts versucht, die Ähnlichkeiten zwischen babylonischen und jüdisch-christlichen religiösen Texten so weit wie irgend möglich zu relativieren und gleichzeitig die Religion der Babylonier so heftig wie möglich zu diskreditieren. Aber je mehr wir aus den Keilschrifttafeln über die babylonische Religion erfahren, desto deutlicher wird, dass sie weder primitiv noch irrational war, es sei denn, man betrachtet jeden religiösen Glauben als irrational. Die Religionswissenschaft hat in den letzten Jahrzehnten vielen Theologen und Gläubigen eine größere Zurückhaltung bei der Be- und Verurteilung anderer Religionen nahe gebracht. Das ist besonders wichtig im Blick auf die Glaubensvorstellungen von Menschen, mit denen wir heute Tür an Tür leben. Aber diese Zurückhaltung ist auch wichtig, wenn wir von einem krassen Schwarz-Weiß-Denken über die religiösen Verhältnisse in biblischen Zeiten abkommen wollen. So betrachtet eröffnet die Entzifferung der babylonischen Keilschrifttexte eine große Chance, zu einem Glauben zu gelangen, der nicht von der Abwertung und Diffamierung Andersgläubiger bestimmt ist.

Ebenso wichtig ist, dass die Keilschrifttexte und die archäologischen Funde deutlich machen, dass zwischen dem historischen Babylon und dem Babylon, wie es die Verfasser biblischer Texte überliefert haben, gravierende Unterschiede bestehen. Sie lassen sich zumindest zum Teil daraus erklären, dass die biblischen Autoren nicht nur auf traumatisierende Weise an den Euphrat verschleppt worden waren, sondern auch eine Antwort darauf finden mussten, dort einer Kultur zu begegnen, die auf vielen Gebieten der eigenen deutlich überlegen war. Ein Beispiel dafür war die beeindruckende Architektur in Babylon. Die Keilschrifttexte legen nicht den Schluss nahe, dass alles, was in der Bibel in Zusammenhang mit Babylon aufgeschrieben wurde, falsch ist. So gab es, um nur ein kleines Beispiel zu nennen, den König Nebukadnezar tatsächlich und seine Truppen haben die Stadt Jerusalem erobert. Es ist wichtig und gut, solche Übereinstimmungen zu erkennen, aber darüber darf man die Unterschiede zwischen Bibel und wissenschaftlichen Erkenntnissen nicht ignorieren oder kleinreden. Dafür ein Beispiel aus den letzten Jahren.

2007 fanden österreichische Keilschiftexperten auf einer Tontafel den Namen eines babylonischen Beamten, „Nabu-sharrussu-ukin", ein Name, der aus dem Alten Testament bekannt ist. Ob der auf der Tafel genannte hohe Beamte zur Regierungszeit von Nebukadnezar II. identisch ist mit dem babylonischen Heerführer, der im 39. Kapitel des Buches Jeremia erwähnt wird, weil er die Stadt Jerusalem 587 v. Chr. belagerte, wissen wir nicht. Möglich ist es, aber auch das würde lediglich beweisen, dass der Verfasser des Jeremia-Buches den Namen eines babylonischen Feldherrn kannte, der Jerusalem eroberte. Die Namen von erfolgreichen Feldherren waren in der Antike keine militärischen Geheimnisse, sondern diese erfolgreichen Krieger wurden landauf, landab gepriesen – jedenfalls von den Siegern, sodass die Namen auch den Besiegten bekannt waren. Von daher ist ein Satz in der österreichischen Zeitung „Der Standard“ vom 21. August 2007 maßlos übertrieben: „Ein ungewöhnlich eindeutiger unabhängiger Beweis für die historische Verlässlichkeit eines alttestamentlichen Berichts.“ Es kann durchaus sein, dass der Jeremia-Bericht über die Eroberung von Jerusalem historisch zutreffend ist. Aber dass eventuell der Name des babylonischen Feldherrn korrekt wiedergegeben wird, ist allenfalls ein erster Hinweis auf die historische Korrektheit des Berichtes. Der Fund der österreichischen Keilschriftexperten um Professor Jursa bleibt auch dann bedeutsam, wenn man ihn nicht mit der Behauptung belastet, hier sei ein wichtiger Beweis erbracht, dass die biblischen Berichte historisch verlässlich sind.

Ein Professor sorgt für Unruhe – der Babel-Bibel-Streit

Der 13. Januar 1902 sollte die theologische Debatte im kaiserlichen Deutschland verändern. Aber das ahnten Kaiser Wilhelm II., sein Gefolge und die Mitglieder der Deutschen Orient-Gesellschaft noch nicht, als sie sich zu einem Lichtbildervortrag in der Berliner Singakademie versammelten. Der Assyrologe Friedrich Delitzsch sprach über Erkenntnisse aus den archäologischen Grabungen in Mesopotamien und der Entzifferung von babylonischen Keilschrifttexten. Was der angesehene Professor über Babel und Bibel referierte, war der Fachwelt zwar nicht neu, aber er formulierte es so pointiert, dass sein Vortrag nicht nur bei Kaiser und Hofstab höchste Aufmerksamkeit hervorrief, sondern auch bei den anwesenden Journalisten. Professor Delitzsch zeigte sich überzeugt, „dass obenan die Ergebnisse der babylonisch-assyrischen Ausgrabungen berufen sind, eine neue Epoche wie im Verständnis, so in der Beurteilung des Alten Testamentes herbeizuführen, und dass für alle Zukunft eng verbunden bleiben *Babel und Bibel*.“[70]

Der Keilschriftexperte stellte dar, dass viele Erzählungen des Alten Testaments große Ähnlichkeiten mit älteren Legenden und religiösen Texten von Babyloniern und Assyrern aufwiesen. Dies gelte zum Beispiel für die Schöpfungsgeschichten und die Geschichte von der Sintflut. Auch zwischen den Gesetzen und Normen der Babylonier und den Geboten in der Bibel diagnostizierte Friedrich Delitzsch deutliche Übereinstimmungen. Selbst die Vorstellung von der Existenz von Engeln als Boten Gottes hät-

[70] Friedrich Delitzsch: Babel und Bibel, Ein Vortrag, Leipzig 1902, S. 4.

te einen babylonischen Ursprung. Nach der Darstellung weiterer Ähnlichkeiten kam der Vortragende zum Ergebnis: „Und so ist es mir vielleicht gelungen zu zeigen, dass auch unserm religiösen Denken durch das Medium der Bibel noch gar manches Babylonische anhaftet.“[71] Er beeilte sich hinzufügen, dass durch diese Erkenntnisse „die wahre Religiosität, wie sie uns die Propheten und Dichter des Alten Testaments und in erhabenstem Sinne Jesus gelehrt, so wenig berührt, dass sie vielmehr nur um so wahrer und verinnerlichter aus diesem Reinigungsprozess hervorgeht“.[72]

Aber der Versuch, die zu erwartende Kritik von Theologen abzumildern, wurde schon mit den nächsten Sätzen des Vortrags wieder zunichte gemacht, in denen der Assyrologe die Wurzeln des Monotheismus in frühbabylonischen Zeiten zu erkennen glaubte. Der Heidelberger Altorientalist Stefan M. Maul ist zum Ergebnis gekommen, dass Friedrich Delitzsch „mit sichtlichem Vergnügen“ die Theologenschaft verunsicherte, „die um die Autorität der Heiligen Schrift, um das Ansehen der Kirche und das Seelenheil ihrer Gläubigen bangte“.[73]

Der Vortrag von Professor Delitzsch löste in den jüdischen und christlichen Religionsgemeinschaften heftige Reaktionen aus, allein schon deshalb, weil damals die Überzeugung noch weiter als heute verbreitet war, dass die biblischen Texte den Verfassern Wort für Wort von Gott diktiert worden waren. Damit ließ sich nicht in Einklang bringen, dass die biblischen Geschichten von der Schöpfung oder der Sintflut beträchtliche Ähnlichkeiten mit älteren babylonischen Geschichten aufwiesen. Ein Gott, der in seiner Heiligen Schrift etwas von den Mythen anderer orientalischer Völker übernahm, erschien undenkbar. Der Berliner Theologieprofessor Rüdiger Liwak schrieb 1998 in einem Zeitschriftenaufsatz über den Stellenwert der Debatte: „Delitzschs Anschauungen waren explosiv: Seine These, nach der Texte des Alten Testaments von Babylonien herzuleiten sind, erschütterte die Glaubwürdigkeit von Theologie und Kirche. Nach der kirchlichen Entfremdung der Arbeiterschaft drohte nun auch der Abschied des Bürgertums aus der Kirche.“[74]

Viele jüdische und christliche Theologen entschlossen sich zum Gegenangriff und attackierten Professor Delitzsch in zahlreichen Artikeln und Broschüren heftig – der Babel-Bibel-Streit (auch Bibel-Babel-Streit genannt) schlug in Fachwelt und Medien hohe Wellen. „Will man uns alles rauben?“, fragte ein besorgter Pfarrer in einer konservativen Zeitung. Der Streit brachte Kaiser Wilhelm II. in Verlegenheit. Denn in sei-

---

[71] Ebenda, S. 44.

[72] Ebenda.

[73] Stefan M. Maul: Babylon – das Fadenkreuz von Raum und Zeit, in: R. Galle/J. Klingen-Protti (Hrsg.): Städte der Literatur, Heidelberg 2005, S. 1.

[74] Rüdiger Liwak: Bibel und Babel, in: Berliner Theologische Zeitschrift, 2/1998, S. 210.

ner ersten Euphorie über die spannenden Ausführungen von Professor Delitzsch hatte er veranlasst, dass der Vortragstext im amtlichen „Deutschen Reichsanzeiger" erschien. Außerdem hatte der an Geschichte und archäologischer Erforschung des Orients überaus interessierte Kaiser den Wissenschaftler eingeladen, die Rede ein weiteres Mal im Königlichen Schloss zu Berlin zu halten. Wenig später sah er sich genötigt, offiziell zu erklären, er missbillige die Angriffe des Professors auf die alttestamentliche Offenbarung. Ein Karikaturist zeigte Delitzsch und seine Gegner als antike Krieger, die mit Tontafeln bewaffnet waren. Dazu dichtete er: „Und Keilschrift heißt es alldieweilen, weil sie mit ihren Schriften keilen."[75]

Ende des 19. und Anfang des 20. Jahrhunderts gab es noch ein ähnliches „Schlachtfeld", die Debatte um den „Panbabylonismus". Einige deutsche Keilschriftforscher vertraten die These, dass die babylonische (und assyrische) Astrologie und Religion der Ursprung aller Religionen und Kulturen waren, namentlich auch der israelitischen Religion und Kultur. Der Begriff „Panbabylonismus" geht auf den Altorientalisten Hugo Winckler zurück, der auch zu den prominentesten Verfechtern dieser Theorie gehörte. An Euphrat und Tigris läge zwar nicht die Wiege der Menschheit, aber der Ursprung all dessen, was sich danach in den vielen Religionen und Kulturen entfaltet hat. Dies gelte auch für die jüdische Religion.

Diese Auffassungen wurden nicht in ihrer Gänze von Friedrich Delitzsch geteilt, aber viele Kritiker setzten sich mit Vehemenz gleich mit beiden Argumentationslinien auseinander, die die Originalität und Einzigartigkeit der biblischen Offenbarung infrage stellten. Richtig am „Panbabylonismus" war zweifellos, dass er das Augenmerk darauf lenkte, dass verschiedene biblische Geschichten und Aussagen an „heidnische" Texte anknüpften. Aber aus heutiger Sicht sind mindestens drei Schwächen der Argumentation zu diagnostizieren. Der „Panbabylonismus" vernachlässigte die Unterschiede zwischen den Religionen. Ebenso hatte er die Gemeinsamkeiten der orientalischen kulturellen und religiösen Vorstellungen nicht im Blick, ohne dass man voneinander abgeschrieben hat. Die jüdischen Geschichten, die in die Bibel aufgenommen wurden, hatten zumindest zu einem wesentlichen Teil ihre Wurzeln in Geschichten, die an den Lagerfeuern in der ganzen Region und eben auch in Palästina erzählt wurden. Aus heutiger Sicht ist drittens festzustellen, dass der „Panbabylonismus" einen stark verengten Weltblick auf Europa und den Mittleren Osten hatte. All die Religionen, die außerhalb dieses Raums entstanden, und das waren zweifellos die meisten, besaßen in dieser Argumentation allenfalls eine Randstellung.

---

[75] Zitiert nach: Christian Feldmann: Ausbruch des Bibel-Babel-Streits, Bayerischer Rundfunk, Das Kalenderblatt, 13. 1. 1992.

Professor Delitzsch war angesichts der heftigen Angriffe gekränkt und reagierte darauf, indem er seine Thesen noch verschärfte und nun forderte, den alttestamentlichen Gottesglauben kritisch zu hinterfragen. Angesichts der daraufhin noch massiveren Kritik an seiner Person und seinen Thesen verstieg er sich sogar zur Forderung, das Alte Testament aus der christlichen Bibel zu entfernen. Es habe für den christlichen Glauben keine größere Bedeutung als babylonische Texte. Als Friedrich Delitzsch dann auch noch eine arische Herkunft Jesu vermutete, hatte er sich bedenklich antijüdischen Positionen in der deutschen Gesellschaft angenähert. Zwar verwahrte er sich gegen den Vorwurf, er propagiere einen Antisemitismus, aber dass er den Antijudaismus förderte, ist nicht ernsthaft zu bestreiten. Es kann nicht überraschen, dass nach dem Machtantritt der Nationalsozialisten regimetreue „Deutsche Christen" die Thesen des Berliner Assyrologen (und auch des „Panbabylonismus") in ihre eigene Argumentation einbezogen.

Das hat Professor Delitzsch nicht mehr erlebt, denn er war 1922 gestorben. Er hatte seinem Ruf als führender Assyrologe dadurch selbst schwer geschadet, dass er sich durch die Kritik zu immer gewagteren religionsgeschichtlichen und theologischen Thesen verleiten ließ. Aber nicht nur er nahm Schaden durch den „Babel-Bibel-Streit", sondern auch der sachlich notwendige Diskurs darüber, was es für den jüdischen und christlichen Glauben bedeutet, dass manche biblische Geschichte durch mesopotamische Mythen und religiöse Texte beeinflusst worden ist. Gar zu rasch gingen viele Theologen dazu über, sich und andere damit zu beruhigen, dass die Geschichten in der Bibel ja nicht identisch mit den heidnischen Geschichten seien. Sie stellen bis heute die Unterschiede so ausführlich dar und diskreditieren die mesopotamischen „Originale" so sehr, dass die Brisanz der Ähnlichkeiten ganz aus dem Blickfeld verschwindet.

Der im 19. Jahrhundert entstandenen „Historischen Religionswissenschaft", die die geschichtliche Entwicklung von Religionen und ihrer Beziehungen untersucht, hat die Debatte um „Panbabylonismus" und die Thesen von Professor Delitzsch nicht gut getan. Gar zu einfach konnten viele seiner provokanten Aussagen widerlegt werden, ohne dass die Notwendigkeit bestand, sich mit dem Wahrheitsanspruch der eigenen Religion in einer Welt der vielen Religionen auseinanderzusetzen und die vielfältigen historischen Verbindungen zwischen verschiedenen dieser Religionen ernst zu nehmen. Der Verzicht auf einen exklusiven eigenen Wahrheitsanspruch fällt heute eher noch schwerer, wo viele Gläubige unterschiedlicher Religionen mit großer Entschlossenheit ausschließlich ihre Religion und sogar nur ihr Verständnis des Kerns dieser Religion als wahr betrachten, mit großer Vehemenz verteidigen und in manchen Fällen auch mit Gewalt gegen Andersgläubige vorgehen. Und doch ist ein Miteinander

der Religionsgemeinschaften und Kulturen nur zu verwirklichen, wenn die Bereitschaft wächst, den Glauben der Anderen ernst zu nehmen und deren und den eigenen Wahrheitsanspruch nebeneinander stehen zu lassen.

Karl Mays vergessenes Drama „Babel und Bibel"

Der Versuch ist gescheitert. Gerne wäre Karl May nicht allein für seine Winnetou-Geschichten, sondern vor allem als Verfasser bedeutender Dramen in die Kulturgeschichte eingegangen. Dass er dafür ausgerechnet den Babel-Bibel-Streit zum Ausgangspunkt machte, war ein Fehler. Zwei Jahre lang, von 1904 bis 1906, arbeitete er unermüdlich an dem Stück, so lange, wie an keinem anderen seiner Werke. In „Babel und Bibel, Arabische Fantasia in zwei Akten" verknüpfte der Schriftsteller religiöse Fragen mit abenteuerlichen Geschichten an einem arabischen Herrscherhof. In der ersten Szene bildet der zerstörte Turm von Babylon die Kulisse, und eine der Hauptpersonen des Stücks, ein etwas verknöcherter Gelehrter, trägt den Namen Babel. Dieser Babel vertritt im Drama die Wissenschaft, die nach Karl Mays Auffassung durch Kunst und Religion geläutert werden muss. Der Schriftsteller setzte sich in seinem Drama deshalb vehement für eine Versöhnung von Wissenschaft und Religion ein.

Der Babel-Bibel-Streit selbst wird in dem Stück explizit nicht thematisiert, aber Karl May, der einen Vortrag von Professor Delitzsch gehört und seine Schriften intensiv studiert hatte, nahm im Verlauf des Dramas häufiger Bezug auf dessen Darstellung der Religionsfragen und Babylons, ohne sie sich zueigen zu machen. Der Schriftsteller vertrat in vielen Punkten andere Positionen als der Assyrologe. So sah er Märchen und Mythen sehr viel positiver und wertete das Alte Testament nicht ab. Karl May war ein gläubiger Christ, der seine religiösen Überzeugungen in viele Geschichten und Gedichte einfließen ließ. Unvergessen die letzten Worte eines edlen Indianers: „Winnetou ist ein Christ. Lebe wohl!" Und auch in seinen arabischen Geschichten machte Karl May das Christentum und sein Verhältnis zum Islam zum Thema. Hermann Wohlgschaft, der sich intensiv mit der Beziehung der Werke von Delitzsch und May beschäftigt hat, betont: „Mays Anliegen war nicht die Abgrenzung des Christentums von anderen Religionen; sein Anliegen war, im Gegenteil, die Versöhnung des Christentums (und des Abendlands) mit dem Morgenland."[76]

---

[76] Hermann Wohlgschaft: Der Einfluß des Assyrologen Friedrich Delitzsch auf Karl Mays ‚Babel und Bibel' und sein Spätwerk überhaupt, Mitteilungen der Karl-May-Gesellschaft Nr. 89, September 1991, S. 9.

Als das Drama endlich veröffentlicht werden konnte, erwartete Karl May einen großen Erfolg. Am 26. September 1906 schrieb er in einem Brief an Prinzessin Marie Therese von Bayern: „Mit dem soeben in Druck erschienenen arabischen Fantasia ‚Babel und Bibel' beginne ich eine Reihe von Dramen, welche zeigen sollen, in welcher Weise die Kunst zwischen Religion und Wissenschaft zu vermitteln hat. Ich will in diesen Dramen die heilige Macht des Glaubens, die Unwiderstehlichkeit des wahren Gottvertrauens, die Forderungen der edlen Menschlichkeit und die Möglichkeit eines vernunftmäßigen Völkerfriedens zur lebendigen Gestaltung bringen." Das Drama wurde von Kritikern ausgesprochen negativ bewertet, und Karl May verfasste daraufhin keine weiteren Theaterstücke. Ein Jahrhundert lang wurde das Drama „Babel und Bibel" auf keiner Bühne aufgeführt. Die Uraufführung fand erst im Juni 2005 statt, und dann war es keine professionelle Bühne, die sich des Dramas annahm, sondern das Schülertheater der Realschule in Hachenburg.

Die Welt der Zahlen und Sterne – das Wissenschaftszentrum Babylon

Viele Jahrhunderte lang war Babylon das unbestrittene Wissenschaftszentrum in der Weltregion zwischen dem heutigen Iran und Ägypten. Eine wichtige Grundlage dafür bildete, dass man alle verfügbaren menschlichen Erkenntnisse und Einsichten auf Keilschrifttafeln niederschrieb und in zahlreichen Bibliotheken der Könige, der Tempel und auch von Privatpersonen sammelte und bewahrte. Es gab in den Bibliotheken umfangreiche Tafelsammlungen, die die Namen von Gewässern, Städten, Sternen etc. auflisteten. Ebenso wurden religiöse Überzeugungen, Mythen, Epen, Lieder und Zaubersprüche aufgeschrieben. Dadurch, dass die Keilschrifttafeln immer wieder kopiert und weitergegeben wurden, verbreiteten sich das Wissen und die Erkenntnisse der babylonischen Gelehrten in der gesamten Region des heutigen Mittleren Ostens.

Pionierarbeit leisteten die Babylonier auf mathematischem Gebiet. Selbst die indische Mathematik wurde von Babylon beeinflusst. Aber die babylonischen Mathematiker leiteten aus ihren Erkenntnissen anders als später ihre griechischen „Erben" keine Gesetze ab. Die Folge ist, dass der „Satz des Pythagoras" ($a^2 + b^2 = c^2$) hierzulande einen festen Platz im Mathematikunterricht hat und als Beispiel für die Klugheit der alten Griechen gilt. Kaum jemand weiß noch, dass schon die babylonischen Schulkinder die zugrunde liegende Lösung dieses mathematischen Problems büffeln mussten. Gerechnet wurde in Babylon nicht wie heute mit dem Dezimalsystem, sondern mit dem Sexagesimalsystem. Die Zahlen 6 und 60 bildeten die Grundlage aller babylonischen Mathematik. Selbst mit 30-stelligen Zahlen wurde damals schon jongliert.

Der dankbare Blick zurück

Die Babylonier unterschieden nicht zwischen „reiner" Wissenschaft und religiösem Glauben. Das wäre ihnen auch unsinnig erschienen, waren sie doch überzeugt, dass alles Wissen auf der Welt den Menschen am Anfang der Geschichte von den Göttern offenbart worden war, besonders von Enki, dem Gott der Weisheit und Gelehrsamkeit. Die Menschen hatten das gesamte Wissen also bereits einmal besessen, nur war es ihnen im Laufe der Zeit zum Teil wieder verloren gegangen. Bei der Suche nach Erkenntnis blickte man daher nicht primär nach vorn, sondern eher zurück in die Geschichte. Es konnte bei diesem Weltverständnis keine wissenschaftlichen „Entdecker", sondern nur „Wiederentdecker" geben. Der Altorientalist Stefan M. Maul erläutert: „Sämtliche kulturellen Errungenschaften, auch die neuesten der Gegenwart, seien es die Fertigkeiten und Techniken der Baukunst, die Kunst der Schreiber, Goldschmiede und Schreiner sowie alle weiteren Technologien, galten ihnen als Offenbarungen der Götter, die diese den Menschen zum Anbeginn der Zeiten geschenkt hatten ... Das Wirken der Gelehrten bestand in diesem Selbstverständnis darin, jeweils in ihrer Zeit das offenbarte Wissen zu durchdringen, zu bewahren und zum Wohle der Welt anzuwenden."[77] Die göttlichen Offenbarungen waren während der großen Flut zum Teil verloren gegangen, aber am ehesten noch in frühen sumerischen und akkadischen Texten zu finden. Dieses Wissen war nicht „veraltet", sondern die alten Keilschrifttafeln führten, so waren die babylonischen Gelehrten überzeugt, zum ursprünglichen Wissen und zu den Quellen der Weisheit zurück.

Weder ein Pythagoras noch ein Prometheus hätten in dieser Gesellschaft reüssieren können. Die babylonische Wissenskultur unterschied sich grundlegend von der griechischen und unserer heutigen Wissenschaft. Wir dürfen den babylonischen Gelehrten kein mangelndes Abstraktionsvermögen unterstellen, weil sie zum Beispiel keine mathematischen oder naturwissenschaftlichen Gesetze formuliert haben wie die Griechen, sondern sie waren bestrebt, das „Geheimnis der großen Götter" zu bewahren. Dazu noch einmal Stefan M. Maul: „Wir sollten darüber nachdenken, ob den Gelehrten Mesopotamiens das Formulieren von Lehrsätzen nicht als ein letztlich schädliches Banalisieren des eigentlich Unaussprechlichen erschienen ist."[78]

Sterne weisen den Weg

Menschen, die heute Horoskopen vertrauen, halten damit eine Tradition der Babylonier am Leben. Schon in einer frühen Phase der Entstehung der mesopotamischen Religionen identifizierten die Menschen bestimmte Götter mit jenen Himmelskörpern, die mit bloßem Auge zu erkennen waren. Dazu zählten vor allem Sonne, Mond, Venus, Merkur, Mars und Jupiter. Auch die Sternbilder wie Waage und Skorpion sind von Babylon zuerst benannt worden und über Griechenland zu uns gelangt. Die Babylonier glaubten fest daran, dass die Götter durch die Konstellation der Sterne mit uns kommunizieren. Dieser Glaube an die Botschaften der Sterne ist bis hin zur modernen Astrologie lebendig geblieben. Auch berühmte Astronomen wie Johannes Keppler und Tycho Brahe betätigten sich als Astrologen. Und einer der „Väter" der Refor-

---

[77] Stefan M. Maul: Das Band zwischen allen Dingen – Wissenskultur und Weltbild im Alten Orient, in: H. Gebhardt/H. Kiesel (Hrsg): Weltbilder, Heidelberger Jahrbücher 47, Heidelberg 2003, S, 100.

[78] Ebenda, S. 103.

mation, der Theologe Philipp Melanchthon, war überzeugt von der Macht der Sterne und übersetzte sogar ein astrologisches Werk ins Deutsche.

Da die Babylonier an einen direkten Zusammenhang von Sternkonstellationen und dem Geschehen auf der Erde glaubten, beschäftigten sie sich intensiv mit dem Lauf der Planeten und notierten Jahrhunderte lang akribisch alle Sternbewegungen und -konstellationen auf zahllosen Keilschrifttafeln. So wurde es ihnen möglich, periodisch auftretende astronomische Konstellationen zu erkennen und vorherzusagen. Für die babylonische Astronomie war es unverzichtbar, den Tag und das Jahr in Zeiteinheiten zu unterteilen. Ihre Aufteilung des Tages in 24 Stunden von je 60 Minuten und je 60 Sekunden hat sich heute weltweit durchgesetzt. Diese Aufteilung erinnert immer noch daran, dass die Zahl 60 im Zentrum der babylonischen Mathematik stand. Gemessen wurden die Stunden mit Sonnen- und Wasseruhren.[79]

Die Festlegung von Zeit- und Kalenderregelungen hatte auch große Bedeutung für die Wirtschaft und Verwaltung des babylonischen Reiches. Ein solches Reich wäre kaum zu verwalten gewesen, ohne planen zu können, zu welcher Stunde eine Versammlung stattfinden sollte oder an welchem Tag bestimmte Güter beim Tempel abzuliefern waren. Die Fähigkeit, Zeit zu messen und Termine zu planen, hatte auch für das religiöse Leben eine große Bedeutung. Es war nun möglich, exakt festzulegen und einzuhalten, wann welche Kulthandlung ausgeführt werden sollte. Die Tempel waren die Zentren der Sternenbeobachtung und Zeiterfassung, und möglicherweise hat sich ein astronomischer Beobachtungspunkt auf dem berühmten Turm von Babylon befunden.

Als schwer lösbares Problem erwies sich zunächst, wie die Differenz zwischen Mond- und Sonnenjahr in den Kalendern berücksichtigt werden konnte. Beide Himmelskörper besaßen besondere Bedeutung in der babylonischen Religion und damit auch für die Festlegung des Zeitpunktes religiöser Zeremonien. Die babylonischen Gelehrten entschieden sich dafür, alle 19 Jahre einen Schaltmonat einzufügen, eine Kalenderregelung, die von den Juden in der Zeit ihres Exils in Babylon übernommen wurde.

Besonders wichtig war für die Astronomen die Vorhersage von Sonnenfinsternissen. Dies waren Zeiten großer Verunsicherung und potenzieller Gefahren, auf die man vorbereitet sein musste. Auch diese Berechnungen gelangen den babylonischen Astronomen zuverlässig. Von Königen wurden die Sternkundigen immer wieder hinzugezogen, wenn es galt, wichtige politische Entscheidungen zu treffen. Die Könige

[79] Vgl. zu diesem Abschnitt des Buches: Mathieu Ossendrijver: Astronomie und Astrologie in Babylonien, in: Babylon Wahrheit, a. a. O., S. 373ff.

wollten erfahren, ob die Götter, erkennbar an den Sternen, den Erfolg eines Vorhabens ermöglichen würden.

Die intensiven Beobachtungen und ausführlichen astronomischen Tagebücher wurden in Babylonien bis ins 1. Jh. n. Chr. fortgeführt. Sie endeten erst, als die Keilschrift nicht länger verwendet wurde. Zu diesem Zeitpunkt hatten die griechischen Astronomen längst ihre babylonischen Kollegen „überrundet", aber es ist nachweisbar, dass sie auf vielen Erkenntnissen aus Babylon aufgebaut haben. Erkennbar ist dies zum Beispiel daran, dass die Griechen die Einteilung des Kreises in 360 Grad übernahmen. Die Beobachtungen und Beschreibungen der babylonischen Astronomen bildeten die Grundlage dafür, dass griechische Gelehrte grundlegende Gesetze der Astronomie formulieren konnten. Auch die griechische Astrologie profitierte von babylonischen Beobachtungen und Texten, besonders sichtbar durch die Übernahme der zwölf Tierkreiszeichen.

Sonne, Mond und Sterne ... lange Zeit unverzichtbar für den Glauben

Die Israeliten teilten zunächst den Glauben ihrer Nachbarvölker an den göttlichen Charakter von Sonne, Mond und anderen Gestirnen. Neuere theologische und historische Forschungen zeigen, wie wenig es gerechtfertigt wäre, den jüdischen Glauben und die Verehrung von Göttern, die mit Gestirnen in Verbindung gebracht wurden, diametral gegenüberzustellen. Silvia Schroer, Professorin für Altes Testament und Biblische Umwelt an der Universität Bern, kommt zum Ergebnis: „Tatsächlich gerieten die religiösen Vorstellungen zwischen dem 9. und 7. Jh. vC nach Ausweis ikonographischer Zeugnisse aus Palästina/Israel nacheinander in den Sog gewaltiger Solarisierungs-, Astralisierungs- und Lunarisierungswellen des ganzen Alten Orients. Dass der JHWH-Kult in Jerusalem anhaltend stark von vorderasiatischen wie von ägyptischen Sonnentheologien geprägt wurde, ist inzwischen *communis opinio* ... Einen starken Aufschwung erlebten die Kulte der nächtlichen Gestirne durch den assyrisch-aramäischen Kulturdruck auf Palästina/Israel im 8./7. Jh. vC."[80]

Silvia Schroer diagnostiziert, dass der jüdische Monotheismus eine „enorme Flexibilität und Integrationskraft" gegenüber der Verehrung der Gestirne bewiesen hat. Zu beachten ist dabei: „Die Gestirne am Tag- und Nachthimmel stellten die Praxis einer exklusiven JHWH-Verehrung allerdings bis weit in die nachexilische Zeit auch auf eine permanente, harte und letztlich nicht zu gewinnende Probe. Denn die Gestirne waren jederzeit allen sichtbar und ihre Verehrung war nicht an Kultbilder oder Kultge-

[80] Silvia Schroer: Die Nachtgestirne in den biblischen Texten, in: Welt und Umwelt der Bibel, 4/2014, S. 11.

bäude gebunden."[81] Noch für die Spätantike, erfahren wir von Dr. Reimund Leicht von der Hebräischen Universität in Jerusalem, weisen archäologische Belege und andere Quellen darauf hin, „wie populär astrologische Literatur und Motive waren. Astrologisches Denken verschmolz mit traditionellen Vorstellungen des Judentums, sodass es zu einem zentralen Teil des Judentums werden konnte".[82]

Ich halte es für durchaus möglich, dass die scharfe Abgrenzung von der Verehrung der babylonischen Götter auch dem Ziel diente, die jüdische Bevölkerung von dem Glauben an höhere Wesen abzubringen, die mit Himmelskörpern identifiziert wurden. In jedem Fall gebot ein strenger Monotheismus es, dem jüdischen Gott und nicht etwa dem babylonischen Gott Marduk zum Lenker des Sternenlaufes zu erklären. Der Glaube daran, dass der eigene Gott diese Macht besitzt, hat das Vertrauen in diesen Gott und sein Wirken gefestigt. Hierzu noch einmal Silvia Schroer: „Der Blick zu den Sternen konnte in Zeiten geschichsbedingter Enttäuschungen und sozialer Krisen, wie im Exil oder nach der Rückkehr aus dem Exil, eine kosmische Beständigkeit und Dauer vermitteln, die das Vertrauen in den Gott, der diese Ordnungen geschaffen hatte, stärkte und erneuerte."[83]

Die babylonische Medizin war „ganzheitlich"

Die babylonische Medizin erreichte ein hohes Niveau, unterschied sich aber grundlegend von unserer heutigen naturwissenschaftlich ausgerichteten Medizin. Die babylonischen Heilkundigen besaßen große Erfahrungen bei der Diagnose von Krankheiten und untersuchten dafür zum Beispiel auch Stuhl und Urin. Intensiv beschäftigte man sich mit den Ursachen für die Verbreitung ansteckender Krankheiten. Zur Therapie nutzten die babylonischen Ärzte eine große Zahl von Heilpflanzen. Für einfache chirurgische Eingriffe standen feinste Instrumente zur Verfügung. Sie wurden aber nur relativ selten eingesetzt, weil die anatomischen Kenntnisse sehr begrenzt waren und die Risiken von Operationen als hoch eingeschätzt wurden. Unlösbar verknüpft mit den nach unserem Verständnis ärztlichen Tätigkeiten waren magische Rituale, die das gestörte Verhältnis des Erkrankten zu einer Gottheit wiederherstellen sollten.

Sowohl in der Diagnostik als auch in der Therapie kam den babylonischen Ärzten die umfangreiche und systematische Erfassung von Beobachtungen und Erfahrungen zugute. Alle Aspekte der Diagnose, der Behandlung mit mehreren Hundert Heilpflan-

---

[81] Ebenda.

[82] Reimund Leicht: Wie kommt der Zodiak in die Synagogen?, in: Welt und Umwelt der Bibel, 4/2014, S. 39.

[83] Silvia Schroer: Die Nachtgestirne in den biblischen Texten, a. a. O., S. 12.

zen und der Versöhnung mit den Göttern waren auf einer großen Zahl von Keilschrifttafeln nachzulesen. Einzelbeobachtungen konnten auf Zufällen beruhen, aber wenn zum Beispiel eine größere Anzahl von Patienten nach der Behandlung mit einer bestimmten Heilpflanze gesund geworden waren, erschien es plausibel, anzunehmen, dass diese Heilpflanze bei der betreffenden Krankheit tatsächlich eine heilende Wirkung ausübte. Das war eine Methode zur Erlangung von medizinischen Erkenntnissen, die der damaligen Zeit durchaus angemessen erschien. Auch andere Völker gingen so vor, aber die Babylonier waren dank der Keilschrift und ihrer „Sammelleidenschaft" in der Lage, erstmals die Wirkung von Salben und Pulvern zu dokumentieren und umfangreiche Übersichten anzulegen, was bei einzelnen Krankheiten verwendet werden sollte. Das war – würde man heute wohl sagen – ein Quantensprung in der Medizin.

Die Diagnostik und die Behandlungen würde man heutzutage vielleicht „ganzheitlich" nennen, weil die Heilkundigen sich auch mit den Sorgen und Nöten des Erkrankten ausführlich beschäftigten und den Zusammenhang von körperlicher Erkrankung, seelischem Leid, gestörten sozialen Beziehungen und gestörten Beziehungen zu den Göttern als Folge eigenen Fehlverhaltens zu ergründen suchten. Auch den Einfluss der Dämonen galt es zu erkennen. Die Patienten vertrauten Heilkundigen, die sich mit Heilpflanzen ebenso auskannten wie mit der Wiederherstellung guter Beziehungen zu den Göttern. Oft besuchte ein Heilkundiger, den wir nach heutigen Maßstäben vielleicht als Arzt bezeichnen würden, zusammen mit einem Experten für die Störungen zwischenmenschlicher und religiöser Beziehungen einen Kranken. Eine strikte Arbeitsteilung gab es in der babylonischen Medizin aber nicht. Die Wirkungen von Heilkräutern und von göttlichem Beistand ließen sich für Babylonier nicht trennen. Die Altorientalistin Professorin Eva Cancik-Kirschbaum warnt: „Allzu leicht tut man Maßnahmen wie Gebete und umfangreiche Heilungsrituale am Bett des Kranken als naiv-primitive Magie ab. In der Tat mag die Wirksamkeit dieser Maßnahmen im Kontext konventionell-naturwissenschaftlicher Methodik nicht überzeugen. Andererseits lässt sich kaum leugnen, dass sie als akzeptierte Bestandteile eines Weltbildes ihre eigene Dynamik (positiv wie negativ) entwickeln und somit durchaus Genesungsprozesse stimulieren konnten."[84]

Christinnen und Christen, die auf die Wirkungen ihrer Gebete beim Heilungsprozess von Mitmenschen vertrauen, sollten zögern, das Beten für Kranke in anderen Religionen als „naiv-primitive Magie" zu verurteilen. In jedem Fall ist manches an der babylonischen Medizin durchaus vorbildlich, lesen wir doch in einem Beitrag des

[84] Eva Cancik-Kirschbaum: Auf der Suche nach Erkenntnis, in: Damals, 7/2008, S. 39.

Assyrologen Nils P. Heeßel: „Für den babylonischen Heilkundigen stand niemals die Krankheit, sondern immer der erkrankte Mensch im Mittelpunkt der Behandlung."[85]

Erwähnenswert ist noch, dass die Höhe der Honorare des Arztes sozial gestaffelt war. Die Armen mussten also sehr viel weniger zahlen als die Wohlhabenden und Reichen – eine „Kopfpauschale" gab es in der antiken Stadt nicht. Bei ärztlichen Kunstfehlern war die Entschädigung dann allerdings auch je nach sozialem und ökonomischem Status unterschiedlich hoch. Drastische Strafen – wie das Abhacken einer Hand des Arztes – wurden verhängt, wenn der Patient bei einem Behandlungsfehler starb. Aber der bereits zitierte Assyrologe Nils P. Heeßel hat Hinweise darauf gefunden, dass diese drakonische Strafe nicht angewendet wurde.

Die babylonische Wissenschaft im Spiegel der Bibel

Den Juden im Exil waren die astronomischen Berechnungen und andere wissenschaftliche Leistungen der Babylonier bekannt, und sie haben einiges davon übernommen. Das hat einen Schreiber des Jesaja-Buches nicht daran gehindert, herablassend über die „Jungfrau von Babylon" zu schreiben: „Du hast dich müde gemacht mit der Menge deiner Pläne. Es sollen hertreten und dir helfen die Meister des Himmelslaufs und die Sterngucker, die an jedem Neumond kundtun, was über dich kommen werde! Siehe, sie sind wie Stoppeln, die das Feuer verbrennt, sie können ihr Leben nicht erretten vor der Flamme Gewalt. Denn es wird nicht eine Glut sein, an der man sich wärmen, oder ein Feuer, um das man sitzen könnte" (Jesaja 47,13-14). Diese Sätze können als Vertrauen in die überlegenen Kräfte des eigenen Gottes gegenüber den astronomischen Bemühungen der Babylonier gedeutet werden. Ob auch Missgunst gegenüber dem überlegenen „Wissenschaftsbetrieb" eines anderen Volkes eine Rolle spielte, muss offen bleiben.

Im Neuen Testament finden wir noch eine Spur der babylonischen Gelehrsamkeit. In der Geburtsgeschichte Jesu im Matthäusevangelium werden drei Magier oder Weise aus dem Morgenland erwähnt, die einem Stern folgen und über den Umweg des Königspalastes in Jerusalem zum Stall in Bethlehem gelangen. Kamen sie aus Babylon? Wir wissen es nicht, und da diese Geburtsgeschichte eine Legende ist, werden wir es auch nie erfahren.

---

[85] Nils P. Heeßler: Babylonische Wissenschaft – Medizin und Magie, in: Babylon Wahrheit, a. a. O., S. 420.

Israel und Juda – Zwischen den Großmächten zerrieben

Nun ist es an der Zeit, uns systematischer mit den jüdisch-babylonischen Beziehungen zu beschäftigen. Dabei müssen wir mit dem Berliner Theologieprofessor Peter Welten zunächst einmal feststellen: „Israel liegt am äußersten Rand des Einflussbereichs Babyloniens, seiner Politik, Geschichte, Kultur und Religion. Im Blick auf die lange, bedeutende Geschichte des Weltreichs sind die Berührungspunkte marginal. Für Israel freilich ist das Verhältnis zentral und beinahe traumatisch zu nennen."[86]

Nachdem das Nordreich 722 v. Chr. von assyrischen Truppen überrannt worden war und das Südreich Juda diesem Schicksal nur knapp entging, versuchte dieses Südreich, seine Selbstständigkeit dadurch zu wahren, dass man auf die Unterstützung durch Ägypten gegen Assyrer und Babylonier setzte. Palästina lag an der Grenze des Einflussbereiches von assyrischem und anschließend babylonischem Reich auf der einen und dem Reich der Ägypter auf der anderen Seite. Zwischen ihnen kam es immer wieder zu Kriegen, und deshalb hatten beide Seiten ein Interesse daran, Juda an sich zu binden. Deshalb sandte der babylonische König Merodoch-Baladan eine diplomatische Gesandtschaft nach Jerusalem, erfahren wir im 39. Kapitel des Jesaja-Buches. Die Gäste wurden sehr freundlich von König Hiskia (Herrschaftszeit von 725 v. Chr. bis 698 v. Chr.) empfangen, der als Beweis seiner Freundschaft den Fremden sogar seine Schatzkammer und seine Waffenlager zeigte. Es wird vermutet, dass dieser Delegationsbesuch dem Ziel gedient haben könnte, eine gegen die Assyrer gerichtete Koalition zu schmieden. König Marduk-apla-iddina II., so sein babylonischer Name, hat nachweislich eine solche Koalition bilden wollen, und da war ihm Juda am Südrand des assyrischen Einflussbereiches sicher ein willkommener Bündnispartner.

Der Prophet Jesaja warnte König Hiskia davor, leichtgläubig zu sein und die wahren Absichten der Großmacht Babylonien zu verkennen. Der Prophet kündigte seinem König an, dass sein Land von den Babyloniern erobert werden würde: „Höre das Wort des HERRN Zebaoth: Siehe, es kommt die Zeit, dass alles, was in deinem Hause ist und was deine Väter gesammelt haben bis auf diesen Tag, nach Babel gebracht werden wird, sodass nichts zurückbleibt, spricht der HERR" (Jesaja 39,5-6). Der Prophet hatte offenbar anders als sein König durchschaut, dass das kleine Juda nur verlieren konnte, wenn es versuchte, im Machtkampf der Großmächte der damaligen Zeit als relativ unbedeutender Akteur mitzumischen.

Einen ähnlichen Versuch, von den Konflikten der Großmächte zu profitieren, unternahm später auch König Jojakim. Er setzte auf die ägyptische „Karte", was sich

---

[86] Peter Welten: Babylonien und Berlin, in: Berliner Theologische Zeitschrift, 2/98, S. 236.

schon daraus erklären ließ, dass er seine Königswürde mit ägyptischer Unterstützung erlangt hatte. Er war faktisch zum Vasallen der Pharaonen geworden. König Jojakim musste allerdings erleben, dass das Königreich Juda im Konfliktfall nicht auf die Ägypter zählen konnte, sondern allein dastand. Dies war noch mehr der Fall, als die Schlacht von Karkemisch 605 v. Chr. mit einer verheerenden Niederlage für die Ägypter endete und Babylonien zur unbestrittenen Hegemonialmacht der gesamten Region aufstieg. Ein Ergebnis war, dass Juda nun zum babylonischen Vasallen wurde.

Jojakim lernte nichts dazu, sondern stellte nach drei Jahren die Tributzahlungen an Babylon ein, weil er hoffte, die Ägypter würden ihn gegen die Babylonier unterstützen. Aber diese Hoffnung erfüllte sich nicht. Die Mächtigen in Babylon waren beunruhigt und verärgert darüber, dass an der Südgrenze ihres Reiches, also an der Grenze zu dem feindlichen Ägypten, eine offene Rebellion inszeniert wurde. Das wollten sie nicht tatenlos hinnehmen. Sie ließen sich zwar mehrere Jahre Zeit, aber 598 v. Chr. erschienen babylonische Truppen zu einer Strafaktion in Juda und belagerten Jerusalem. König Jojakim starb in dieser Zeit, und sein Sohn und Nachfolger Jojachin tat nach drei Monaten das, was angesichts der babylonischen Übermacht und der ausbleibenden Hilfe aus Ägypten unvermeidlich geworden war: Er kapitulierte und öffnete die Tore von Jerusalem für die feindlichen Truppen. Die plünderten die Stadt, den Königspalast und den Tempel. Auch nahmen sie den König, die Oberschicht und zahlreiche Handwerker gefangen und verschleppten sie ins babylonische Exil. Wie viele Menschen 597 v. Chr. den Zug nach Babylon antreten mussten, ist nicht bekannt. In verschiedenen biblischen Texten werden zwischen 3.023 und 10.000 genannt.

Die Eroberung Jerusalems und ihre Konsequenzen werden in der Bibel immer wieder thematisiert, so in 2. Könige 24,2: „Da ließ der HERR über ihn Scharen von Kriegsleuten kommen aus Chaldäa, aus Aram, aus Moab und aus Ammon und sandte sie gegen Juda, dass sie ihn vernichteten nach dem Wort des HERRN, das er geredet hatte durch seine Knechte, die Propheten.“ Einige Verse später werden die Folgen der Eroberung dargestellt. Nicht nur plünderten die Truppen Nebukadnezars den Tempel, sondern es wurden auch große Teile der Oberschicht nach Babylon verschleppt: „Und er führte weg das ganze Jerusalem, alle Obersten, alle Kriegsleute, zehntausend Gefangene und alle Zimmerleute und alle Schmiede und ließ nichts übrig als geringes Volk des Landes“ (2. Könige 24,14). Dieser Vers ist der Ursprung des heutzutage noch geläufigen Ausdrucks „obere Zehntausend“.

Da es in den Folgejahren mehrfach zu neuen Aufständen gegen die babylonische Herrschaft kam (wahrscheinlich vor allem 587 v. Chr.), ordnete der babylonische König weitere Deportationen an. Es galt, Juda fest unter babylonische Kontrolle zu bringen, um den eigenen Einfluss in dieser Grenzregion des Reiches abzusichern. Die Deportationen all derer, die tatsächlich oder potenziell gegen die babylonischen Herrscher eingestellt waren, entsprang diesem machtpolitischen Kalkül.

Jeremia sah das Unheil kommen

„HERR, du hast mich überredet und ich habe mich überreden lassen. Du bist mir zu stark gewesen und hast gewonnen; aber ich bin darüber zum Spott geworden täglich, und jedermann verlacht mich" (Jeremia 20,7). Nein, es war keine einfache und dankbare Aufgabe, Prophet in Juda zu sein, musste Jeremia erleben. Während der Herrschaft von König Zedekia geriet der Prophet mitten hinein in politische Auseinandersetzungen. Zedekia war vom babylonischen König Nebukadnezar nach der Eroberung Jerusalems 597 v. Chr. als Herrscher über Juda eingesetzt worden. Dieser König plante wenige Jahre nach seiner Inthronisierung einen Aufstand gegen die Babylonier. Dabei spielte die Erwartung eine wichtige Rolle, Gott würde schon für einen Sieg seines Volkes sorgen. Der Prophet Jeremia warnte vor diesem leichtfertigen Schritt gegen eine militärisch weit überlegene Großmacht. Jeremia berichtet so über seine Bemühungen: „Und ich redete alle diese Worte zu Zedekia, dem König von Juda, und sprach: Beugt euren Nacken unter das Joch des Königs von Babel und seid ihm und seinem Volk untertan, so sollt ihr am Leben bleiben. Warum wollt ihr sterben, du und dein Volk, durch Schwert, Hunger und Pest, wie der HERR geredet hat über das Volk, das dem König von Babel nicht untertan sein will?" (Jeremia 27,12-13). Der Prophet ging sogar mit einem hölzernen Joch auf den Schultern durch Jerusalem, um seine Botschaft anschaulich werden zu lassen, aber auch das half nichts.

Der König hörte nicht auf die Warnungen des Propheten vor dem drohenden Unheil, das Gott seinem Volk bei einem solch unbedachten Verhalten zukommen lassen würde. Es gab keine Garantie Gottes, sein Volk auch vor den Folgen leichtsinnigen Verhaltens zu schützen, war Jeremia überzeugt. Die Herrschenden hörten zwar nicht auf seine Prophezeiungen, aber – sicher ist sicher – der König gab Jeremia trotzdem den Auftrag, bei Gott für das Volk zu beten.

König Zedekia wagte also den Aufstand gegen die weit überlegenen Babylonier. Daraufhin belagerte ein babylonisches Heer erneut die Hauptstadt Jerusalem. Aber Rettung schien zu nahen, berichtet die Bibel. Als bekannt wurde, dass das Heer des Pharaos sich von Ägypten aus auf den Weg gemacht hatte, um die Rivalen an Euphrat und Tigris zu besiegen, zogen die Babylonier erst einmal ab, und die Stadt Jerusalem schien gerettet zu sein. Aber der Prophet Jeremia warnte vor einer verfrühten Freude und sagte voraus, dass das Heer der Ägypter bald in ihre Heimat zurückkehren würde. Dann würden die Truppen der Babylonier zurückkehren, die Stadt Jerusalem belagern, erobern und zerstören. Auch diese Botschaft wurde nicht gern gehört, und als dann auch noch der Verdacht gestreut wurde, Jeremia wollte zu den Babyloniern überlaufen, wurde er verhaftet. „So kam Jeremia in den überwölbten Raum einer Zisterne und blieb dort lange Zeit“ (Jeremia 37,16).

Immerhin konnte er schließlich beim König erreichen, dass er von der Zisterne in einen Wachthof gebracht wurde. Aber als Jeremia dort weiterpredigte und seiner Stadt erneut prophezeite, sie würde vom Heer des Königs von Babylon erobert werden, erhob sich großer Zorn gegen den Propheten. „Da nahmen sie Jeremia und warfen ihn in die Zisterne Malkijas, des Königssohnes, die im Wachthof war, und ließen ihn an Seilen hinab. In der Zisterne aber war kein Wasser, sondern Schlamm und Jeremia sank in den Schlamm“ (Jeremia 38,6).

Das kam einem Todesurteil gleich. In dieser Situation war es Ebed-Melech, ein „Mohr“, der Jeremia rettete. Er war ein Kämmerer des Königs und setzte sich für den Propheten in der Zisterne ein. Die Fürsprache half, und der Kämmerer bekam den königlichen Auftrag, den Propheten aus der Zisterne hochzuziehen. Jeremia blieb in Haft, konnte aber überleben. Als die Babylonier – wie von Jeremia vorhergesagt – 587 v. Chr. die Stadt Jerusalem eroberten, wurde der Prophet befreit.

Warum ließ Gott dies zu?

Eine erste Reaktion auf die katastrophale Niederlage 597 v. Chr. und dann wahrscheinlich noch einmal 587 v. Chr. war der abgrundtiefe Hass auf die Sieger. Auch das Reich der Babylonier war dem Untergang geweiht, kündigte der Verfasser des letzten Teils des Jeremia-Buches an: „Die du an großen Wassern wohnst und große Schätze hast, dein Ende ist gekommen, dein Lebensfaden wird abgeschnitten!“ (Jeremia 51,13) Den Untergang beschreibt der Prophet so: „Wellen brausen heran wie große Wasser, es erschallt ihr lautes Tosen; denn es ist über Babel der Verwüster gekommen“ (Jeremia 51,55-56).

Bei den vielen Verwünschungen gegen Babylon und Edom kann die Einsicht erleichternd wirken, dass hier nicht Gott spricht, sondern die Verfasser der biblischen Texte ihren Zorn über die Zerstörung von Jerusalem und die Verschleppung vieler Menschen hinausschreien und sich in ihrer Verzweiflung an Gott wenden. Eine Interpretationslinie der Verwünschungen gegen die Babylonier und andere Fremdvölker betont, dass die Menschen nicht selbst Rache nehmen wollten, sondern auf die Rache als Teil von Gottes Gerechtigkeit hofften. Aber können wir wirklich auf einen Gott hoffen, der Feinde und ihre Familien brutal töten lässt? Solche biblischen Texte helfen uns heute nicht weiter, einen Glauben an den einen Gott zu finden, der sich unseren menschlichen Wahrnehmungen und Erwartungen entzieht.

Neben dem Hass auf die Babylonier beschäftigte die Verfasser der biblischen Texte und sicher ebenso die leidende Bevölkerung von Juda immer wieder die Frage, warum Gott die Eroberung des Landes und die Zerstörung des Tempels zugelassen hatte. Propheten wie Jeremia und Hesekiel gelangten zur Überzeugung, dass Nebukadnezar und seine Truppen nicht von sich aus handelten, sondern Instrumente der Bestrafung ihres Volkes durch Gott geworden waren. Gott erlitt also, so die Erklärung des Geschehens durch die Propheten, bei der Zerstörung der Stadt Jerusalem und des Tempels keine Niederlage, sondern seine ganze Macht zeigte sich gerade darin, dass er sich der Babylonier bediente, um sein auserwähltes Volk für seine Missetaten zu bestrafen. Deshalb lesen wir bei Jeremia: „Und ich selbst will wider euch streiten mit ausgestreckter Hand, mit starkem Arm, mit Zorn und Grimm und ohne Erbarmen“ (Jeremia 21,5). Und einige Verse weiter lässt Jeremia Gott noch deutlicher werden: „Denn ich habe mein Angesicht gegen diese Stadt gerichtet zum Unheil und nicht zum Heil, spricht der HERR. Sie soll dem König von Babel übergeben werden, dass er sie mit Feuer verbrenne“ (Jeremia 21,10).

Hesekiel deutet den Untergang

Der Prophet Hesekiel (oder Ezechiel) hatte eine herausragende Bedeutung für die Interpretation der Zerstörung der Stadt Jerusalem und des Tempels und für die Neugewinnung einer jüdischen Identität und Glaubensgewissheit nach dieser Katastrophe. Hesekiel, der Sohn eines Priesters in Jerusalem, wurde 597 v. Chr. mit der ersten Gruppe aus Juda nach Babylonien deportiert und dort von Gott zum Propheten berufen. Im ersten Kapitel seines biblischen Buches beschreibt er ausführlich eine Vision, die er am Fluss Kebar in Babylonien hatte, wo er die Herrlichkeit Gottes schauen durfte. Seine Berufung zum Propheten durch Gott hat Hesekiel in diesen Worten wiedergegeben: „Und er sprach zu mir: Du Menschenkind, ich sende dich zu den Israeliten, zu dem abtrünnigen Volk, das von mir abtrünnig geworden ist. Sie und ihre Väter haben bis auf diesen heutigen Tag wider mich gesündigt. Und die Söhne, zu denen ich dich sende, haben harte Köpfe und verstockte Herzen. Zu denen sollst du sagen: ‚So spricht Gott der HERR!‘ Sie gehorchen oder lassen es – denn sie sind ein Haus des Widerspruchs –, dennoch sollen sie wissen, dass ein Prophet unter ihnen ist“ (Hesekiel 2,3-5). Wir ahnen es, auch im Exil hatten Propheten einen schweren Stand und brauchten ein unerschütterliches Gottvertrauen. Dies um so mehr, nachdem sich die Nachricht unter den Judäern im babylonischen Exil verbreitete, dass Jerusalem von den babylonischen Truppen ein zweites Mal erobert und nun einschließlich des Tempels zerstört worden war. Hesekiel schreibt darüber: „Und es begab sich im elften Jahr unserer Gefangenschaft am fünften Tag des zehnten Monats, da kam zu mir ein Entronnener von Jerusalem und sprach: Die Stadt ist genommen“ (Hesekiel 33,21).

Hesekiel deutete die bisherige Geschichte seines Volkes im Lichte der Zerstörung des Tempels und des Exils. Er zeigte auf, wie der Abfall seines Volkes von Gott immer wieder zu Krisen und Katastrophen geführt hatte, während ein fester Glaube belohnt wurde. Der Prophet interpretierte die gerade zurückliegende Katastrophe als Folge des Abfalls von Gott und wagte es in diesem Zusammenhang auch, die Priesterschaft mit deutlichen Worten zu kritisieren (Hesekiel 34,1-5).

Das Hesekiel-Buch wird von vielen Fachleuten als Bemühen interpretiert, die traumatischen Erfahrungen von brutalen Kriegserlebnissen und Zwangsumsiedlung nach Babylon zu verarbeiten und den Glauben an den einen Gott neu zu beleben. Die evangelische Theologin Ruth Poser hat diese Erfahrungen so beschrieben: „Die vom Belagerungskrieg Betroffenen waren zunächst mit Hungersnot, Seuchen und der permanenten Angst vor dem Einbrechen der feindlichen Soldaten konfrontiert. Wenn es den Angreifern gelang, die Stadtmauer zu durchbrechen und in die Stadt einzudringen, erlebten sie das ‚Schlagen des Schwerts‘, Kriegsgräuel, Folter, Vergewaltigung, Plünderung und Brandschatzung ...“[87] Wer die Gräuel überlebte und deportiert wurde „hatte einen mörderischen Gewaltmarsch über Hunderte von Kilometern zu bewältigen, erfuhr das Dahinsiechen und Sterben von Mitdeportierten, die Zerschlagung von Familien und war schließlich zu einem Leben in völliger Fremde gezwungen, in der Regel ohne Hoffnung auf Rückkehr“.[88]

Vertrauen auf Gott auch nach traumatischen Erfahrungen

Ruth Poser deutet das Hesekiel-Buch als „Erzählung einer traumatisierten Gemeinschaft“, die die Erfahrungen erinnert, aber auch den Raum für die Auseinandersetzung mit diesen Erfahrungen schafft. Es spricht meines Erachtens viel dafür, dass diese Situation der Traumabearbeitung das sehr negative Bild von Babylon stark mitgeprägt hat. Traumatisierte Menschen, die auf einen nicht nur militärisch überlegenen Feind treffen, sondern auch in ein Land verschleppt werden, das von seinen Bauten bis zu seiner Wissenschaft unübersehbar überlegen ist, werden schwerlich

---

[87] Ruth Poser: Es standen dort geschrieben: Tiefes Wehklagen, Ach und Weh (Ezechiel 2,10b): Das Ezechielbuch als Trauma-Literatur, Vortrag für die 5. Feministisch-theologische Sommerakademie, 29. 6. 2012 (Manuskript), S. 2f.

[88] Ebenda, S. 3.

diese Überlegenheit bewundern, sondern darauf mit Abwehr reagieren, bis hin zu der Erwartung, dass all das, was sie sehen, bald in Schutt und Asche versinken wird. Dies ist um so mehr der Fall, wenn auch die eigene religiöse Identität infrage steht angesichts der bitteren Niederlage und der Stärke des siegreichen Volkes.

Hesekiel trat mit seinen theologischen Botschaften zu einem Zeitpunkt auf, als die Juden sich in einer existenziellen Krise befanden und ihr Glaube an ihren Gott erschüttert war, hatte dieser doch seinem Volk für ewige Zeiten ihr Land verheißen. Hatte dieser Gott sich als schwächer als die babylonischen Götter erwiesen? Hesekiels Interpretation des Geschehens eröffnete die Möglichkeit, den Glauben an den einen, die ganze Welt beherrschenden Gott zu bewahren und gleichzeitig die Hoffnung zu hegen, dass ein fester Glaube an diesen Gott und die Befolgung seiner Weisungen zurück in das gelobte Land führen würden. Hesekiel leistete aber noch mehr. Er vermittelte den Juden im Exil, dass der von ihnen angebetete Gott der Herr der ganzen Welt war und deshalb auch eine religiöse Existenz außerhalb der Heimat und ohne den Tempel in Jerusalem möglich erschien. Das Hesekiel-Buch entstand also auch als eine theologische Antwort darauf, dass immer mehr Juden in der Diaspora lebten, und sagte diesen Menschen zu, dass ein Glaube an Gott und eine gottgefällige religiöse Praxis auch außerhalb von Israel möglich waren. Das war nicht zuletzt für die vielen Juden von großer Bedeutung, die nach der persischen Machtübernahme in Babylonien die Möglichkeit zur Rückkehr nach Jerusalem nicht nutzten, sondern auf Dauer an Euphrat und Tigris blieben. In der Botschaft von der Präsenz Gottes auch fern der Heimat kommt dem Geist Gottes, ruach, eine große Bedeutung zu, und so gibt es kein anderes biblisches Buch, in dem diese Geisteskraft auch nur annähernd so häufig genannt wird wie bei Hesekiel. Die Geisteskraft wird so zum zentralen Ausdruck für den Neuanfang, für die neue Gemeinschaft Gottes mit seinem Volk.[89]

Verbunden mit dem Leben im Exil war, und das deutet sich bereits bei Hesekiel an, die „angepasste" Aufnahme von kulturellen und religiösen Gedanken der Völker, mit denen man zusammenlebte. Dass in den Versen 5 und 6 des ersten Kapitels des Hesekiel-Buches von vier Gestalten die Rede ist, die aussahen wie Menschen und die jeder vier Angesichte und vier Flügel hatten, wird in Verbindung gebracht mit mesopotamischen Gottesvorstellungen, in denen vier Lebewesen die Träger des Himmels waren, und diese Zahl bildete auch die Grundlage für die Festlegung der Himmelsrichtungen durch die Babylonier. Diese Aufteilung in vier Himmelsrichtungen (die es auch im alten Ägypten gab) spielte eine wichtige Rolle in der babylonischen Astronomie und Geografie.

---

[89] Vgl. u. a. ebenda, S. 14.

Hesekiel erlebte die erdrückende militärische und ökonomische Übermacht der Babylonier vor Ort und warnte – ähnlich wie Jesaja und Jeremia – auf indirekte Weise vor einem aussichtslosen Aufstand gegen die Babylonier (Hesekiel 21,28-30). Es galt vielmehr, auf Gottes Wirken zu vertrauen. Breiten Raum nehmen im Buch dieses Propheten die Drohworte gegen die Nachbarvölker Israels (Hesekiel 25-32) ein, wobei interessanterweise Babylonien fehlt. Wir können dies so interpretieren, dass Hesekiel die Juden an ihre eigenen Verfehlungen erinnern wollte und Schmähungen gegen die Babylonier hiervon nur abgelenkt hätten. Aber es bestand für ihn, so wird im ganzen Buch deutlich, kein Zweifel, dass auch deren Niederlage und eine Rückkehr der Juden in ihre Heimat von Gott vorgesehen waren. Hesekiel prophezeite seinem Volk und der Welt weitere Kämpfe und blutige Kriege, bevor am Ende der neue Tempel in Jerusalem gebaut werden würde.

Hoffnungsbilder in schweren Zeiten

Die Hoffnungsbilder Hesekiels waren geeignet, in einer Zeit der schwersten Niederlage den Zusammenhalt der Gläubigen und ihr Vertrauen auf einen Neuanfang zu bewahren und zu festigen. Den Neuanfang beschreibt Hesekiel im 36. Kapital seines Buches in leuchtenden Farben: „Und ich will euch ein neues Herz und einen neuen Geist in euch geben und will das steinerne Herz aus eurem Fleisch wegnehmen und euch ein fleischernes Herz geben. Ich will meinen Geist in euch geben und will solche Leute aus euch machen, die in meinen Geboten wandeln und meine Rechte halten und danach tun“ (Hesekiel 36,26-27). Es wird ein neuer Garten Eden entstehen, lautet die hoffnungsvolle Botschaft: „Und man wird sagen: Dies Land war verheert und jetzt ist's wie der Garten Eden, und diese Städte waren zerstört, öde und niedergerissen und stehen nun fest gebaut und sind bewohnt“ (Hesekiel 36,35).

Die katholische Theologin Gabriele Theuer hat 2012 in einer Veröffentlichung des „Katholischen Bibelwerkes“ zur Bedeutung dieser Hoffnungsdimension im Hesekiel-Buch geschrieben: „Gerade in der Exilszeit in Anbetracht schlimmer Gegenwart werden Hoffnungsbilder entworfen. Darunter spielen das Bild vom neuen, von innen her verwandelten Menschen mit einem neuen Herz und neuen Geist und die Vision eines erneuerten Bundes die zentralen Rollen ... Die Hoffnungsbilder können verändernde Kraft haben. Die Verheißung Ezechiels kann uns an den Traum von einem erfüllten ‚paradiesischen‘ Leben im Einklang mit Gott erinnern. Sie kann eine Sehnsucht wachrufen, die uns anstiften kann, uns nicht mit dem scheinbar unabänderlichen Status quo in Kirche und Gesellschaft zufrieden zu geben.“[90]

---

[90] Gabriele Theuer: Die Verheißung eines neuen Lebens, in: Katholisches Bibelwerk (Hrsg.): Biblische Impulse zum Katholikentag in Mannheim, Stuttgart 2012, S. 25.

Stefan Zweig: Möglichkeiten und Last des Lebens in der Diaspora

Im 20. Jahrhundert entstand ein pazifistisches Theaterstück, das den Weg des militärischen Widerstandes gegen Babylon als Irrweg erscheinen lässt. Dieses Drama stammt von Stefan Zweig. Er wurde am 28. November 1881 als Kind großbürgerlicher Eltern in Breslau geboren. Seine Eltern lebten ihren jüdischen Glauben nicht, ohne ihn zu verleugnen. Bereits in der Schulzeit beschloss Stefan Zweig, Schriftsteller zu werden und verfasste erste Gedichte, bald auch Erzählungen, Dramen und Novellen. Die Schrecken des Ersten Weltkrieges ließen den Schriftsteller zum Pazifisten werden, und deshalb schrieb er 1916/17 das Drama „Jeremias", in dessen Mittelpunkt der Untergang Jerusalems und der Weg ins babylonische Exil stehen. Das Leben in der Diaspora wurde von nun an für Stefan Zweig zu einem wichtigen Thema seines literarischen Werkes und seiner Identität als jüdischer Schriftsteller.

Im pazifistischen Drama „Jeremias" warnt der Prophet immer wieder eindringlich vor dem drohenden Unheil und widersetzt sich der Hoffnung, die Babylonier mit ägyptischer Hilfe zu besiegen. Der König hört nicht auf ihn und verrennt sich in aussichtslose Kriegspläne. Die Schrecken dieses Krieges werden von Stefan Zweig dramatisch dargestellt, wenn in dem belagerten Jerusalem eine Frau angesichts der zu Ende gehenden Lebensmittelvorräte schreit: „Aber ich habe Hunger! Ich habe Hunger!"[91] In diesem Verzweiflungsschrei stimmen andere ein: „Wir verlangen ... Brot ... Brot ..." Und bald erheben sich viele Stimmen, die rufen: „Endet den Krieg ... Nieder mit dem Krieg ... Fluch dem, der ihn begann ..."[92] Nun findet der Prophet Jeremias mit seiner Kritik an der Kriegspolitik von König Zedekia endlich Zustimmung im Volk, aber es ist zu spät, die Eroberung und die Zerstörung Jerusalems sind nicht mehr abzuwenden.

Im Augenblick der Niederlage zeigt sich im Drama die wahre Stärke des jüdischen Volkes, dem es gelingt, diese Niederlage nicht nur zu ertragen, sondern aus ihr neue Stärke zu gewinnen. Der Prophet Jeremias verkündet seinen Landsleuten: „... meine Brüder, auch unseres Leidens Sinn sehe ich: Ich sehe den Gott darin. Seine Prüfung nur ist diese Stunde, so lasset sie uns bestehen!"[93] Und einige Sätze später lesen wir: „... unser Gott, unserer Väter Gott, ein verborgener Gott ist er, und erst in der Tiefe des Leidens werden wir seiner gewahr, nur in der Prüfung tut er sich auf seinen Erwählten."[94]

[91] Stefan Zweig, Jeremias, Leipzig 1920, S. 148.
[92] Ebenda, S. 150.
[93] Ebenda, S. 200.
[94] Ebenda.

Dieses Mal kann der Prophet seine Landsleute überzeugen, die so voller Gottvertrauen ins Exil ziehen. Am Ende des Dramas hören wir die „Stimmen der Ausziehenden“:

Wir wandern den heiligen Weg unserer Leiden,
Von Prüfung zu Prüfung zur Läuterung ...
Heimwärts zu Gott,
Der aller Anfang und Ausgang war,
Bis dass er uns selbst die Heimstatt werde,
Der ruhlos wie wir mit Sternen und Jahren
Die Welt umwandert und lauschend umkreist,
Und wir werden aufgehn im Unsichtbaren:
Verlorenes Volk, unsterblicher Geist.[95]

Zu Ostern 1917 erschien das Drama „Jeremias“ in Buchform und wurde noch in der Kriegszeit im Züricher Stadttheater uraufgeführt. Stefan Zweig hatte innerlich „erbittertsten Widerstand“ erwartet und gar nicht erst versucht, das Stück in Deutschland aufführen zu lassen. Aber zu seiner großen Überraschung wurde es nicht nur in der Schweiz, sondern auch in Deutschland positiv aufgenommen, „selbst die Opposition der Kriegerischen zeigte sich höflich und respektvoll“. Der Schriftsteller erklärte sich das kurz vor dem Ende des Ersten Weltkriegs so: „... die Zeit hat ihr Werk grausamer Ernüchterung getan“.[96]

Angesichts von Kriegsende und Friedensverheißungen des amerikanischen Präsidenten Wilson war Stefan Zweig, so schreibt er in seinen Lebenserinnerungen, voller Friedenshoffnung: „Die Hölle lag hinter uns, was konnte nach ihr uns noch erschrecken? Eine andere Welt war im Anbeginn. Und da wir jung waren, sagten wir uns: Es wird die unsere sein, die Welt, die wir erträumen, eine bessere, humanere Welt.“[97]

Der Schriftsteller lebte in den 1920er und Anfang der 1930er Jahre in Österreich und wollte lange Zeit die Gefahren durch den Nationalsozialismus in Deutschland nicht wahrhaben, auch dann noch nicht, als sie die Macht übernahmen und Goebbels den „Juden Zweig“ öffentlich attackierte. Nicht einmal gegen das Verbrennen seiner Bücher hat Stefan Zweig protestiert. Erst nachdem die österreichische Polizei 1934 sein Haus nach angeblichen Waffen durchsuchte, entschloss er sich, ins Exil zu gehen. Über England und die USA führte sein Fluchtweg in mehrere südamerikanische Län-

---

[95] Ebenda, S. 216.

[96] Vgl. zur Uraufführung das 13. Kapitel von Stefan Zweigs Lebenserinnerungen „Die Welt von gestern“.

[97] Ebenda.

der. Am 2. Juni 1940 schrieb er in sein Tagebuch: „Dass man, nahe seinem sechzigsten Jahr, wie ein Verbrecher gejagt werden könnte, hätte man sich in der Jugend und im Hochgefühl unseres Jahrhunderts nicht träumen lassen."

Das hoffnungsvolle Verständnis des jüdischen Schriftstellers Stefan Zweig von einer Existenz in der Diaspora war angesichts des brutalen Vernichtungskrieges und der Judenverfolgung zerbrochen. Er hatte sich verstanden „als Österreicher, als Jude, als Schriftsteller, als Humanist und Pazifist". Aus Österreich war er vertrieben worden, als Jude wurde er verfolgt, als Schriftsteller hatte er erlebt, dass literarische Werke den Nationalsozialismus nicht in Schranken weisen konnten, als Humanist sah er sich dem scheinbaren Sieg von grenzenloser Dummheit und Gewalt gegenüber und als Pazifist musste er sich fragen, wie verbrecherische Regime gestoppt werden konnten. Nichts war geblieben von der Hoffnung, die die letzte Regieanweisung des Dramas „Jeremias" ausstrahlte: „DIE POSAUNE schallt zum dritten Male. Die Sonne ist aufgegangen über Jerusalem und strahlt über dem Auszug des Volkes, das aus der Stadt in die Zeiten schreitet."[98] Die Einsamkeit und Verfolgung des pazifistischen Propheten seines Dramas hatte den Schriftsteller eingeholt, und er hatte nicht mehr die Kraft, weiter durch die Zeit zu schreiten. Auch angesichts der militärischen Erfolge des Deutschen Reiches war er müde und entmutigt. Am 22. Februar 1942 nahmen Stefan Zweig und seine Frau Lotte sich im brasilianischen Exil das Leben. Auf seinem Schreibtisch fand man diese Zeilen: „Ich grüße alle meine Freunde! Mögen sie die Morgenröte noch sehen nach der langen Nacht. Ich, allzu Ungeduldiger, gehe ihnen voraus!"

[98] Stefan Zweig: Jeremias, a. a. O., S. 216.

Judit – die Retterin mit dem Schwert

Eine der spannendsten und immer wieder kontrovers diskutierten biblischen Geschichten finden wir im Buch Judit, und wie in fast allen Geschichten, in denen es in der Bibel um Babylonien geht, spielt Nebukadnezar eine bedeutende und negative Rolle. Im Falle der Judit-Geschichte ist er es, der seine assyrischen Truppen nach Israel sendet, damit die Menschen ihn, Nebukadnezar, als ihren Gott anerkennen. Die Verteidiger Israels in dieser Geschichte sind diejenigen, die gerade aus dem babylonischen Exil zurückgekehrt sind. Es geht im Buch Judit auch darum, die Geschichte, die mit bitteren Niederlagen geendet hatte, noch einmal neu zu erzählen – und dieses Mal mit einem eigenen Sieg zu krönen.

Am Anfang der Geschichte wird Nebukadnezars große militärische Macht dadurch demonstriert, dass er das verfeindete Mederreich besiegte und dessen sehr wehrhafte Hauptstadt einnahm. Um so zorniger war der mächtige König darüber, dass die anderen Völker ihm bei diesem Feldzug die Gefolgschaft versagt hatten. Er beschloss, sich zu rächen: „Und er rief alle seine Ältesten, Fürsten und Hauptleute und beriet sich heimlich mit ihnen und eröffnete ihnen, dass er daran dächte, die ganze Erde unter seine Herrschaft zu bringen. Da das ihnen allen gefiel, rief der König Nebukadnezar seinen Feldhauptmann Holofernes und befahl ihm: Zieh aus gegen alle Reiche, die im Westen liegen, und besonders gegen die, die mein Gebot verachtet haben. Du sollst kein Reich verschonen, und alle befestigten Städte sollst du mir unterwerfen." (Judit 2,2-6) Und tatsächlich begann in dieser Geschichte der Feldherr Holofernes einen Vernichtungsfeldzug gegen alle, die sich dem Herrschaftsanspruch Nebukadnezars entgegenstellten. Ausführlich wird im zweiten Kapitel geschildert, mit welch beeindruckender Streitmacht Holofernes sich auf den Weg machte, eine befestigte Stadt nach der nächsten eroberte und alle vernichtete, die Widerstand leisteten. Schließlich fürchtete sich „das ganze Land" vor ihm (Judit 2,18).

Daraufhin unterwarfen sich die meisten Völker, nur die Juden entschlossen sich, wenn auch voller Furcht, zum Widerstand gegen Nebukadnezar und sein mächtiges Heer. Der jüdische Widerstand konzentrierte sich auf den (fiktiven) Ort Betulia, der von den zahlenmäßig weit überlegenen Truppen Nebukadnezars belagert wurde, war er doch das einzige Hindernis auf dem Weg nach Jerusalem. Die assyrischen Truppen schnitten Betulia die Wasserversorgung ab, und den Belagerten gingen bald Wasser und Lebensmittel aus. Sie standen daraufhin kurz vor der Kapitulation. Die fromme, gelehrte und mutige Witwe Judit („die Jüdin") warf den Ältesten des Ortes vor, in dieser kritischen Situation zur Kapitulation bereit zu sein, wenn Gott es nicht zur Rettung der Stadt regnen lassen sollte. Judit war in dieser Geschichte überzeugt, dass man sich nicht fatalistisch auf ein Eingreifen Gottes verlassen durfte: „Wer seid ihr, dass ihr den Herrn versucht? Das dient nicht dazu, Gnade zu finden, sondern vielmehr Zorn und Ungnade. Wollt ihr dem Herrn nach eurem Gefallen Zeit und Tag bestimmen, wann er helfen soll?“ (Judit 8,10f.).

Judit nahm daraufhin die Sache selbst in die Hand. Sie begab sich in das Lager der Assyrer und bot sich dem Feldherrn Holofernes an. Der betrank sich in Vorfreude auf die Liebesnacht sinnlos, und als er daraufhin eingeschlafen war, konnte Judit ihm mit seinem eigenen Schwert den Kopf abschlagen. Der Tod des Feldherrn löste bei den Belagerern ein so heilloses Durcheinander aus, dass die jüdischen Belagerten die günstige Gelegenheit nutzen und die Feinde in die Flucht schlagen konnten. Der Gott der Juden erwies sich in dieser Geschichte als der wahre Gott, während die Truppen Nebukadnezars eine demütigende Niederlage erlitten. Gott handelte durch eine Frau, die die Schuld auf sich nahm, einen schlafenden Feind mit dem Schwert zu töten. Im letzten, dem 16. Kapitel des Buches singt Judit ihrem Gott ein Dankeslied und feiert den Sieg. Das Lied endet mit einer Drohung: „Weh den Heiden, die mein Volk verfolgen! Denn der allmächtige Herr bestraft sie und sucht sie heim am Tage des Gerichts. Er wird ihren Leib plagen mit Feuer und mit Würmern, und sie werden brennen und es fühlen in alle Ewigkeit“ (Judit 16,20-21).

In der Zeitschrift „Bibel heute“ des Katholischen Bibelwerkes war 2004 in einem Heft über Judit zu lesen: „Immer wieder bewegt Leserinnen und Leser die Frage, ob sich das im Buch Judit erzählte Geschehen auch wirklich so ereignet hat. Darauf ist eine einfache Antwort möglich: Nein!“[99] Es wird auf verschiedene Unstimmigkeiten verwiesen. So war das assyrische Reich zu Lebzeiten von König Nebukadnezars bereits untergegangen, es gab also keine assyrischen Truppen mehr, und Nebukadnezar residierte nicht in Ninive, sondern in Babylon. Die Angabe, dass die Juden gerade vorher aus dem babylonischen Exil zurückgekehrt waren (Judit 5,21), lässt sich nicht damit in Einklang bringen, dass der zu diesem Zeitpunkt längst verstorbene Nebukadnezar seine Truppen ausgesandt haben soll. Fragen wirft auch der Hinweis im Bibeltext auf hinsichtlich der bereits erfolgten Wiedereinweihung des Tempels in Jerusalem, denn zu dieser Zeit war Babylon längst von den Persern erobert worden. Positiv formuliert verdichtet die Judit-Geschichte viele Erfahrungen und Erlebnisse des jüdischen Volkes zu einer einzigen Erzählung. Bemerkenswert ist, dass auch außerbiblische, vor allem griechische Quellen in das Buch Judit verarbeitet wurden. Alle biblischen und außerbiblischen Bezüge wurden so ausgewählt und gestaltet, dass sie die Kernbotschaft der Verfasser des Buches verstärken: Die Beziehung zu Gott und das Vertrauen auf Gott bilden die Grundlage für die Existenz Israels.

---

[99] Barbara Schmitz: Durch die Hand einer Frau, in: Bibel heute, 3/2004, S. 6.

Wir haben es beim Judit-Buch mit einer Lehrerzählung zu tun, die etwa 150 bis 100 v. Chr. entstanden ist und wahrscheinlich auf Griechisch verfasst wurde. Die Geschichte wurde also einige Jahrhunderte nach der Herrschaftszeit Nebukadnezars und den Auseinandersetzungen zwischen Juden und Babyloniern aufgeschrieben, was hinlänglich erklärt, warum die historischen Ereignisse der damaligen Zeit nicht exakt wiedergegeben wurden. Es ging ohnehin nicht um eine Geschichtsschreibung im engeren Sinne, sondern es sollte den Gläubigen Mut gemacht werden, auch in schwierigsten Situationen darauf zu vertrauen, dass Gott dafür sorgt, dass die Feinde Israels am Ende eine Niederlage erleiden. Judit wird in dieser Geschichte zur Widerstandskämpferin, die den feindlichen Feldherrn tötet und so ihr Volk rettet. Und Nebukadnezar? Er muss wie so häufig in der Bibel als „Bösewicht" herhalten. Dabei vermuten Theologinnen und Theologen heute, dass sich die Erzählung eigentlich gegen die hellenistische Willkürherrschaft in Israel und ihren Repräsentanten Antiochus Epiphanes richtete. Der Sieg der Makkabäer gegen die verhassten Seleukiden hatte ein neues Selbstbewusstsein geschaffen, das es jetzt auch ermöglichte, die eigene Geschichte neu zu erzählen und zu deuten.

Keine männermordende „femme fatal"

Die Zahl der theologischen Interpretation des Judit-Stoffes ist lang. Man kann den biblischen Text zum Beispiel als Versuch verstehen, zumindest fiktiv die Geschichte der Niederlage gegen die Babylonier (und vorher gegen die Assyrer) im Rückblick einmal gänzlich anders zu erzählen. Was wäre gewesen, wenn der Widerstand gegen die Invasoren Erfolg gehabt hätte, wenn man nicht Opfer geworden wäre, sondern es geschafft hätte, den Feldherren der Feinde zu ermorden und seine Truppen in die Flucht zu schlagen? Es macht in einer solchen Erzählung auch Sinn, die Assyrer und den Babylonier Nebukadnezar zu einer feindlichen Macht zu verschmelzen. Wenigstens in der Legende werden sie alle besiegt, wird die eigene Erfahrung der Ohnmacht zu einer Geschichte des entschiedenen Handelns und des Sieges.

Die Judit-Geschichte hat immer wieder eine besondere Bedeutung für Christinnen und Christen gehabt, die sich zum konsequenten, auch gewaltsamen Widerstand gegen Tyrannen entschlossen haben. Die Theologieprofessorin Barbara Schmitz hat in einem Beitrag über „Zivilcourage im Buch Judit" herausgearbeitet: *„Gottes Handeln* und Retten kann nur als *Handeln von Menschen* gedacht werden, die ihr Handeln an Gott rückbinden ... Damit wird deutlich, dass ‚alles von Gott zu erwarten' nicht heißen kann, passiv die Hände in den Schoß zu legen, sondern in verantworteter Eigeninitiative vor Gott zu handeln."[100]

Bemerkenswert an der Geschichte ist nicht zuletzt, dass einer Frau die Aufgabe zufällt, Israel zu retten. Es ist eine Frau, die in den Debatten mit den politisch und religiös Verantwortlichen des Ortes scharfsinnig argumentiert und offenkundig über solide theologische Kenntnisse verfügt. Es wäre durchaus angebracht, Judit wegen ihrer Bildung und Klugheit und dem daraus erwachsenen entschlossenen Handeln zu schätzen und nicht lediglich ihre Mordtat immer neu darzustellen und zu interpretieren. Es ist auffällig, dass es in biblischen Geschichten mordende Männer in großer Zahl gibt, deren Taten weit weniger problematisiert werden als die Befreiungstat von Judit in dieser Erzählung. Als Beispiel für eine männermordende „femme fatal" eignet sich Judit auf jeden Fall nicht, wie die feministische katholische Theologin Claudia Rakel betont: „Es geht nicht um Macht im Geschlechterverhältnis oder um die Macht der Frau über den Mann. Judit tötet Holofernes nicht, weil er ein Mann ist, sondern weil er ein Tyrann und brutaler Feldherr ist, der das Volk Israel bedroht."[101]

Eine Geschichte inspiriert christliche Künstlerinnen und Künstler

Das Buch Judit wurde nicht in den jüdischen biblischen Kanon aufgenommen, und das schon deshalb nicht, weil die Urfassung nicht auf Hebräisch verfasst worden ist. Für Katholiken und Orthodoxe hat das Buch einen festen Platz in der Bibel, während es in der protestantischen Tradition zu den „apokryphen" Schriften zählt, die weder im Gottesdienst noch in der kirchlichen Unterweisung einen festen Platz haben. Aber trotz der protestantischen Vorbehalte gegenüber dieser Geschichte hat sie in der christlichen Kunst eine lange Wirkungsgeschichte entfaltet. Besonders das Motiv des Abschlagens des Kopfes des feindlichen Heerführers durch Judit hat immer wieder Künstler inspiriert, vorzugsweise mit den Accessoires des bluttriefenden Schwertes und des abgeschlagenen Kopfes. Davon hebt sich das sensibel gestaltete Gemälde „Judith und Holofernes" der italienischen Malerin Artemisia Gentileschi aus dem 17. Jahrhundert ab. Es spricht viel dafür, dass sie die Erfahrung der Vergewaltigung durch einen Maler, der sie als junge Frau unterrichten sollte, in ihrer sensiblen Darstellung des Widerstandes von Judit verarbeitet hat. (Mehr über diese Malerin erfahren sie im Abschnitt: „Ein wunderbarer Garten und die schöne Susanna".)

---

[100] Barbara Schmitz: Zivilcourage im Buch Judit, Dem Rad in die Speichen fallen, in: Bibel heute, 3/2004, S. 15f.

[101] Tod dem Tyrannen, Interview mit Claudia Rakel, in: Bibel heute, 3/2004, S. 9.

Zu den musikalischen Bearbeitungen des Judit-Themas gehören Antonio Vivaldis Oratorium „Juditha triumphans“ und Wolfgang Amadeus Mozarts Oratorium „La Betulia Liberata“. Zu erwähnen ist auch ein 1840 erstmals aufgeführtes Drama von Friedrich Hebbel über „Judith“, in dem die biblische Geschichte große Änderungen erlebte, sodass das Drama mehr über den Schriftsteller als über die Heldin sagt. Friedrich Hebbel war der Auffassung, dass die Frau von Natur dazu bestimmt wäre, dem Manne unterwürfig zu sein. Der Dichter hat bekannt, dass er die biblische Judit „nicht brauchen“ konnte. Seine Judit folgte nicht nur Gottes Auftrag, sondern auch eigenen Trieben und erkannte nach der Tötung von Holofernes, dass sie Grenzen überschritten hatte. Sie wirkte nach ihrer Tat wie paralysiert. Einer Frau gebührte ein solches Handeln nicht, war Friedrich Hebbel überzeugt. Und da Holofernes und Judit in dem Drama – anders als in der biblischen Geschichte – miteinander geschlafen hatten, fürchtete die junge Frau nun, einen Sohn ihres Feindes zu gebären. Für diesen Fall wünschte sie sich den Tod. Bei allen Veränderungen der biblischen Geschichte behielt der Schriftsteller eines bei: König Nebukadnezar trat auch hier als verhasster Despot auf, der sich sogar selbst zum Gott erhob.

Im babylonischen Exil

Archäologen bestätigen, dass es tatsächlich eine Verschleppung von Israeliten nach Babylon gab. Es hat also tatsächlich entwurzelte Menschen gegeben, die am Ufer der Flüsse Babyloniens gesessen und geweint haben. Neben der Verschleppung vor allem der jüdischen Oberschicht von 597 v. Chr. hat es vermutlich 586/587 v. Chr. eine erneute Eroberung der Stadt und einen weiteren Zug von Gefangenen nach Babylon gegeben. Es ist zudem wahrscheinlich, dass es zu einer neuen Deportation kam, nachdem der babylonische Statthalter Gedalja in Juda ermordet worden war. Die drohende Rache der Babylonier war der Anlass für den Propheten Jeremia, nach Ägypten zu flüchten.

Die Frage, wie viele Menschen insgesamt deportiert wurden, war von Anfang an keine Frage der Statistik. Wenn das ganze Volk durch seinen Abfall von Gott für die Katastrophe verantwortlich war, war es auch angemessen, dass das ganze Volk zur Strafe ins Exil gehen musste. Nach der zweiten Deportation berichtet Jeremia, dass „alle miteinander gefangen nach Babel" geführt wurden (Jeremia 39,9). Es gab einen weiteren gewichtigen Grund für die anscheinend komplette Deportation ins Exil, und die wird erst am Ende des Exils erkennbar: Diejenigen, die aus dem Exil zurückkehrten, verstanden sich als das Volk Gottes und nicht etwa die Zurückgebliebenen in Juda, noch weniger diejenigen Juden, die nach Ägypten ausgewandert waren, und die „Mischbevölkerung" im früheren Nordreich schon gar nicht. Es ging um die Frage, wer religiös und politisch das Sagen haben sollte im nachexilischen Israel. Und in diesem Konflikt war es für die aus Babylonien zurückgekehrten Juden naheliegend, in ihren Schriften zu verkünden, dass alle oder doch fast alle Menschen in Jerusalem und im übrigen Juda nach Babylonien verschleppt worden waren. „Wir sind das Volk", war ihr Anspruch. Diejenigen, die das Exil durchlitten hatten, sahen sich als das wahre Israel. Das vereinte alle Gruppierungen im babylonischen Exil, während zum Beispiel die Frage, ob das Königtum zu einem endgültigen Ende gekommen war oder wiederbelebt werden sollte, unter ihnen umstritten blieb.[102]

Tatsächlich dürften lediglich einige Tausend Menschen nach Babylonien verschleppt worden sein, vor allem jene Mitglieder der Oberschicht, die den babylonischen Herrschern unzuverlässig erschienen. So sollte Aufständen vorgebeugt werden. Mitglieder der Elite, die bereit waren, für stabile Verhältnisse im Sinne der Besatzer zu sorgen, konnten im Land bleiben und bekamen ein gewisses Maß von Selbstverwaltung zugestanden. An Euphrat und Tigris geholt wurden auch Handwerker und

[102] Vgl. hierzu u. a.: Rainer Albertz: Die Exilszeit, a. a. O., S. 16ff.

Soldaten, denn der Personalbedarf für Bauvorhaben und für die Armee war unter Nebukadnezar II. enorm hoch. In beiden Bereichen wurde eine große Zahl von Männern aus eroberten Ländern eingesetzt.

Die Mehrheit der Bevölkerung blieb in Juda, denn die babylonischen Herrscher hatten kein Interesse an entvölkerten Regionen in ihrem Reich und dies schon gar nicht im Grenzgebiet zum verfeindeten Ägypten. Vor allem aber war eine größere Bevölkerung in den eroberten Gebieten unverzichtbar, wenn man hohe Steuern und Abgaben eintreiben wollte. Die in der Heimat Gebliebenen waren also der ökonomischen Ausbeutung durch die Babylonier ausgesetzt, aber schon vor der babylonischen Besetzung hatte sich die Bevölkerung an eine hohe Steuer- und Abgabenlast zur Finanzierung des Königshofes und des Staates gewöhnen müssen. Manche Familien profitierten nun davon, dass sie die verlassenen Güter wohlhabender Familien übernehmen konnten, die nach Babylonien verschleppt worden waren. Dies blieb bei den Familien im Exil nicht unbekannt und verschärfte am Ende der Exilszeit noch die Spannungen zwischen Zurückkehrenden und Daheimgebliebenen. Unter denen, die die Herrschaft Nebukadnezars II. und seiner Nachfolger in Juda erlebten, gab es nach den vorliegenden biblischen Berichten Kontroversen darüber, ob man die babylonische Herrschaft hinnehmen oder den Aufstand wagen sollte. Aufstandsversuche wurden allerdings mehrfach brutal unterdrückt und verschlechterten die Lebenssituation der Menschen in Juda noch weiter.

In Babylon und im übrigen Babylonien waren die Lebensumstände der verschleppten Juden vermutlich besser, als dies nach den biblischen Berichten erscheinen könnte. Während die Assyrer die verschleppte Bevölkerung aus dem jüdischen Nordreich im Exil verstreut ansiedelte, um koordinierte Aufstände zu verhindern, verfolgten die Babylonier eine andere Strategie. Die jüdischen Verschleppten wurden in größeren Gruppen in mehreren Orten angesiedelt und konnten hier Landwirtschaft und Handel betreiben. Das antike Tel Aviv, der „Hügel des Frühlings“, war solch ein Ort. Es gab für die neu Angesiedelten gewisse Rechte, solange sie keinen Aufstandsversuch unternahmen, und es war ihnen sogar erlaubt, Sklaven zu halten. Auch bestand ein kleiner Grad lokaler Selbstverwaltung, was aber nicht überbewertet werden sollte, denn alle wichtigen Entscheidungen wurden in Babylon getroffen. Detaillierte Berichte fehlen bisher, aber es kann angenommen werden, dass viele Deportierte aus Juda ebenso wie andere Deportiertengruppen auf staatlichen Domänen eingesetzt wurden. Francis Joannès, Professorin für Alte Geschichte in Paris, schreibt über diese Deportierten: „Sie unterstanden der königlichen Verwaltung, waren aber im Allgemeinen von den Autoritätspersonen aus der Heimat angeführt, die als Verbindungsleute zu den babylonischen Verwaltern fungierten. So waren Exilierte zunächst nichts anderes als Knechte auf den Ländereien der Krone."[103]

2015 zeigte das „Museum der Länder der Bibel" in Jerusalem eine Ausstellung mit babylonischen Keilschrifttafeln aus der Zeit des jüdischen Exils. Die Ausstellung löste in der Fachwelt heftige Debatten aus, weil der Vorwurf erhoben wurde, die Tafeln würden aus illegalen Grabungen und illegalem Handel mit archäologischen Objekten aus dem Irak stammen. In unserem Zusammenhang ist aber vor allem hervorzuheben, dass die Texte eindrucksvoll belegen, dass die Exiljuden sich sehr viel rascher in die babylonische Gesellschaft integriert haben, als man früher angenommen hatte. Der Kurator der Ausstellung, Filip Vukosavovic, äußerte über die Tafeln zum Leben der Juden im Exil in der Stadt Al-Yahudu: „Sie lehren uns, dass sie keine Sklaven waren wie die Sklaven in Ägypten. Sie lehren uns, dass sie einfach freie Menschen in Babylon waren, die nicht nur in Al-Yahudu lebten, sondern auch in einem Dutzend anderer Städte. Dort lebten die Juden und gingen ihren Geschäften nach." Der Kurator ist nach der Auswertung von etwa 100 Keilschrifttafeln zu diesem Ergebnis über die Situation der Exiljuden gekommen: „Sie wurden als vom Staat abhängige Menschen betrachtet, sie zahlten Steuern und befolgten die babylonischen Gesetze. Es war eine multikulturelle Gesellschaft, in der es neben den Juden auch andere Exilgruppen aus anderen Nationen gab."

Psalm 137 – Trauer und Zorn

„An den Wassern zu Babel saßen wir und weinten, wenn wir an Zion gedachten." Mit diesem berühmten und berührenden Vers beginnt der 137. Psalm, der die Erfahrungen der Juden im babylonischen Exil zum Thema hat. Den Verschleppten war nicht nach religiösen Gesängen zumute: „Wie könnten wir des HERRN Lied singen in fremdem Lande?" (Psalm 137,4). Aber sie wollten die Erinnerung an die Heimat wach halten. Und so verkündet der Psalmist, dass seine Rechte verdorren sollte, wenn er Jerusalem vergessen würde. Die Treuebekenntnisse zur Heimat werden im Psalm verbunden mit Verwünschungen gegen das Nachbarland Edom, das die Eroberung Jerusalems für Plünderungen genutzt hatte, und natürlich besonders gegen Babylon, „du Verwüsterin". Der Psalmist hofft auf Vergeltung: „Wohl dem, der deine jungen Kinder nimmt und sie am Felsen zerschmettert!" (Psalm 137,9). Ob dieser Satz noch in der Zeit des Exils oder erst später, eventuell Jahrhunderte später, geschrieben wurde, lässt sich bisher nicht eindeutig feststellen. In jedem Fall muss der Hass, der in

---

[103] Francis Joannès: Von der Verzweiflung zum Neuanfang, Das Leben der Deportierten in Babylon, in: Welt und Umwelt der Bibel, 3/2005, S. 28.

diesem Vers zum Ausdruck kommt, zutiefst erschrecken. Und mit diesem Erschrecken bleiben wir etwas ratlos zurück, denn hier endet der Psalm abrupt.

Dieser Hassausbruch lässt ahnen, wie tief gehend das Trauma der Zerstörung der Stadt Jerusalem und des Tempels, des Endes der Monarchie und Eigenstaatlichkeit und der Verschleppung nach Babylonien war. Nicht nur die Identität als Volk, auch der Glaube der Juden war aufs Höchste gefährdet. Viele Völker und Religionen in einer vergleichbaren Situation sind für immer aus der Geschichte der Menschheit verschwunden. Warum das dem Gott der Juden und seinem Volk nicht passiert ist, gehört zu den spannendsten Entwicklungen in biblischen Zeiten und wird uns in diesem Buch noch eine Weile beschäftigen.

Aber mich ließ die Frage nach den zerschmetterten jungen Kindern nicht in Ruhe, und bei der Frage, wie wir diesen Hassausbruch heute deuten können, stieß ich auf den Buchaufsatz „An den Strömen Babels ..." von Ruth Scoralick, Professorin für Altes Testament an der Universität Tübingen.[104] Für sie geht es in den Versen 7-9 zentral um die Gottesbeziehung. „JHWH wird angerufen. Er soll des ‚Tages Jerusalems' eingedenk sein, der ganzen katastrophalen Ereignisse im Zusammenhang mit der Eroberung Jerusalems und der Zerstörung des Tempels."[105] Gott wird in Vers 8 aufgefordert, für Recht und Gerechtigkeit zu sorgen. Im Vers 9 geht es nach Auffassung von Ruth Scoralick nicht nur um die Babylonier, „sondern es geht um Nachkommenschaft im Blick auf das, was die Tochter Babel verkörpert. Babel steht im Text für die brutale, zerstörerische Weltmacht schlechthin – es ist schon im Kern zerstört, dem Untergang geweiht (V.8). Es gibt aber Nachfolgebewegungen, ähnliche Gebilde, Nachwuchs an ähnlichen Herrschaftssystemen. Das Prinzip pflanzt sich fort. Diese Nachkommenschaft soll gnadenlos zerstört werden."[106]

Ist dies also ein Psalm gegen alle brutalen Unrechtsregime der Welt? Sollen die Kleinkinder doch nicht an Felsen zerschmettert werden? Mir bleiben Zweifel, und die werden durch die Ausführungen der Autorin einige Seiten weiter in dem Aufsatz vertieft. Denn das hebräische Verb, das im Deutschen mit „zerschmettern" übersetzt wird, wird in den Psalmen nur in diesem einen Vers verwendet. Wir finden dieses Verb allerdings in Jeremia 51 wieder, in dem in den Versen 20-24 die Verbrechen Babylons und die Bestrafung für diese Taten benannt werden. Im Bibelabschnitt Jeremia 50 und 51, auf den ich noch ausführlicher eingehen werde, wird der Hass gegen Babel wie nirgends anderswo in der Bibel immer und immer wieder herausge-

---

[104] Ruch Scoralick: „An den Strömen Babels ..." (Ps 137,1), in: Forum Mission, Band 5/2009, S. 68ff.

[105] Ebenda, S. 75.

[106] Ebenda, S. 79.

schrien. Hier geht es nicht um alle brutalen Reiche der Welt, sondern um ein ganz konkretes Reich, dem mit unverhohlenem Hass der Untergang gewünscht und prophezeit wird. Man kann mit der Autorin des Aufsatzes davon sprechen, dass das Zusammenspiel der Stellen Psalm 137,9 und Jeremia 51,20-24 „den Gedanken der gerechten Vergeltung für begangene Taten“ verstärkt,[107] man kann allerdings auch die Auffassung vertreten, dass dieses Zusammenspiel das Bild vom Zerschmettern der Kinder nur noch brutaler erscheinen lässt, weil nun der kurze Vers in Psalm 137 in einen Zusammenhang gestellt wird mit einem viel ausführlicheren Text des Hasses und der Vernichtungsfantasien.

Wenn man annimmt, dass sich die Verse 8 und 9 in Psalm 137 gegen alle Unrechtssysteme richten, bleibt das Problem, dass die Herrscher des persischen Weltreiches, vor allem König Kyros, in mehreren Bibeltexten, gepriesen werden, obwohl ihre Herrschaft nicht minder brutal war als die der Babylonier. Aber auch wenn man sich der Relativierung der brutalen Verwünschungen anschließt, bleibt immer noch das Problem, dass der allergrößte Teil der Leserinnen und Leser des biblischen Psalms den Text so versteht, wie er geschrieben steht, und das war sicher schon in antiken Zeiten so. Die Wirkungsgeschichte solch brutaler biblischer Aussagen kann gar nicht überschätzt werden und dies jenseits der Verwünschungen gegen die Stadt Babylon und ihre Bewohner.

Dass von Gott erwartet/erhofft wird, dass er die Bestrafung der Babylonier vornimmt, wird von manchen Interpreten so ausgelegt, dass die Menschen die Rache nicht selbst in die Hand nehmen, was sie entlaste. Aber kann dies der Gott, zu dem wir beten, sein, von dem erwartet wird, dass er dafür sorgt, dass kleine Kinder gegen Felsen geschleudert werden? Gewiss, er hat die Freiheit, diesen Rachegelüsten von gedemütigten Menschen zu widerstehen, aber schon die Erwartung, er könnte diesem Wunsch entsprechen, zeugt aus heutiger Perspektive von einem problematischen Gottesverständnis.

Kann man heute noch beten, dass Kinder an Felsen zerschmettert werden sollen?

Kann man diese Psalmverse heute noch beten? Die römisch-katholische Kirche hat das Ende des Psalms 137 aus der verbindlichen Auflistung der Stundengebete herausgenommen und mit Klammern versehen. Dies geschah auf Initiative von Papst Paul VI. anlässlich des Zweiten Vatikanischen Konzils. Dadurch, dass das Konzil die Gläubigen dazu ermutigt hat, die Psalmen als Stundengebete in der jeweils eigenen Sprache zu beten, hatte sich die Problematik von Gewaltfantasien in diesen bibli-

[107] Ebenda, S. 82.

schen Texten zugespitzt. 1971 wurde deshalb in einem vatikanischen Erlass festgelegt, dass drei Psalmen, in denen der „Fluchcharakter" überwiegt, nicht in der Liste der Psalmen für das Stundengebet berücksichtigt werden, in weiteren 19 Psalmen werden einzelne Verse ausgelassen, so auch das Ende von Psalm 137.

Die Debatte, wie mit den Gewaltfantasien in der Bibel und besonders in den Psalmen umgegangen werden sollte, geht in den Kirchen weiter. Die katholische Diplomtheologin Ursula Silber vertritt die Auffassung: „Die Psalmen, gerade die ‚Feindpsalmen', halten in unserer Mitte das Bewusstsein für Unrecht, Bedrohung und Gewalt wach. Sie bestehen darauf, dass die Gerechtigkeit ein unaufgebbares Postulat ist. Und sie nähren die Hoffnung, dass es nicht so bleiben muss, wie es ist – auch gegen den Augenschein der Realität. Die Psalmen sind in diesem Sinne realistisch und widerständig, auch und gerade in den lauten und schrillen Tönen mancher Verse."[108] Sie verweist darauf, dass auch für die „Feinde" immer ein Rest Hoffnung bleibt, wenn sie den Weg der Umkehr einschlagen. Das lässt sich an mehreren Psalmen zeigen, aber in Psalm 137 fehlt ein solcher Hinweis auf eine mögliche Umkehr. Das macht ihn als Gebetstext besonders problematisch. Der Psalm endet mit Rachewünschen und weist keinen Weg zur Versöhnung auf. Gewiss stehen viele Christinnen und Christen in der Gefahr, im Namen der Versöhnung eine klare Benennung und Beendigung von Unrecht hintanzustellen. Aber wo am Ende nur der Wunsch nach einer brutalen Rache bleibt, besteht die Gefahr einer Fortsetzung der Spirale von Gewalt und Unrecht.

Auf die Gefahr einer vorschnellen Distanzierung vom biblischen Erbe ist mit Karl Waldeck, den Direktor der Evangelischen Akademie Hofgeismar, hinzuweisen: „Mit Blick auf den 137. Psalm ist es gewiss ein Fortschritt protestantischer Theologie, Gewaltphantasien nicht abzuspalten und allein Israel, dem Volk des Alten Bundes zuzuschreiben, auf dass der Neue umso glänzender dastehen möge! Psalm 137, vom Anfang bis zum Ende – wir mögen es gerne hören oder nicht – ist, um es mit einem schillernden Begriff dieser Tage zu sagen, Teil unseres christlich-jüdischen Erbes."[109]

Tilgen können und sollen wir die Verse aus dem 137. Psalm nicht, aber beten sollten wir sie auch nicht, meine ich. Ursprünglich war dies ein Aufschrei gegen traumatisch erlebte Ungerechtigkeit und Unterdrückung. Ein solcher Aufschrei hat seinen Platz in einer Religion, die Gerechtigkeit und Geschwisterlichkeit verheißt. Aber die meisten von uns, gerade in diesem Land, leben nicht in einer vergleichbaren Situati-

---

[108] Ursula Silber: „Das Eingeklammerte beten wir nicht mit"!?, Zur Problematik der „Feindpsalmen" in der christlichen Rezeption, Vortrag bei der 42. Internationalen Christlich-Jüdischen Bibelwoche, 2010, Manuskript, S. 9.

[109] Karl Waldeck: Predigt anlässlich der Einführung als Akademiedirektor am 6. März 2011, Manuskript, S. 5f.

on, und das kann und soll sich auch in unseren Gebeten widerspiegeln. Wir müssen uns fragen, was Menschen dazu bringt, zu solchen Hassausbrüchen zu kommen, aber wir müssen uns diesen Hass nicht zueigen machen und beten, dass die jungen Kinder von Feinden brutal ermordet werden. Auch sollten wir unser Bild von Babylon nicht einseitig von diesem Bild des Hasses prägen lassen.

Mit einer Reggeaband an den Ufern von Babylon

Weltweite Beachtung fand der Psalm 137 durch den Song „Rivers of Babylon". Der Titel wurde 1970 von der jamaikanischen Reggaeband „The Melodians" produziert. Das Gesangstrio war 1963 gegründet worden und konnte von 1967 an mit Hits wie „Sweet Sensation" in Jamaika und auch international beachtliche Erfolge feiern. Aber der Durchbruch der „Melodians" kam mit „Rivers of Babylon". Als Textgrundlage für ihren Song wählten die Musiker den Psalm 137, wobei aber das Ende des Psalms unberücksichtigt blieb.

Unter dem Einfluss der Rastafari-Bewegung von Schwarzen in der Karibik wurde die Verschleppung der Juden nach Babylon zur Metapher für die Verschleppung der afrikanischen Sklaven in die Karibik, unter deren Folgen die Nachfahren dieser Sklaven bis heute leiden. Für die Rastafari-Bewegung ist Babylon das Synonym für alle repressiven und unterdrückerischen Regierungssysteme, das kapitalistische Wirtschaftssystem und auch die christlichen Kirchen. Die westliche Zivilisation wird als „Hure Babylon" verstanden. Bob Marley, der berühmteste Rastafari-Musiker aus Jamaika, hat mit Songs wie „Chant down Babylon" (Singt Babylon nieder) und „Babylon System" das negative Bild von Babylon unter den Rastafari-Gläubigen und auch unter vielen anderen Liebhabern seiner Musik gefestigt. Babylon steht in diesem Weltverständnis für das Böse und Rastafari für das Gute, die sich so schroff gegenüberstehen, wie Johannes in seiner biblischen Offenbarung den endgültigen Kampf von Gut und Böse beschrieben hat. Diese Offenbarung des Johannes hat einen zentralen Platz im Rastafari-Glauben, und die Verheißungen für einen siegreichen Kampf gegen Babylon werden auf die eigene Situation übertragen. Die Rastafari-Gläubigen werden, so sind sie überzeugt, den Untergang Babylons überleben und ihr „Neues Jerusalem" in Afrika finden.[110]

In „Rivers of Babylon" wird die biblische Geschichte neu interpretiert, ohne sie grundsätzlich umzuschreiben. Mit der Reggaeversion von Psalm 137 können sich viele Menschen identifizieren, die fern der Heimat im Exil leben, um ihre Identität ringen und eines Tages nach Hause zurückkehren möchten. Und wie vor Jahrtausenden

[110] Vgl. u. a. Dieter Scholz. Das Babylon-System, in: Babylon Mythos, München 2008, S. 187f.

manche Juden im babylonischen Exil wollen keineswegs alle Rastafari-Anhänger in der Karibik tatsächlich in die frühere Heimat zurückkehren, aber zumindest geistig gilt es, die Brücken nach Afrika und besonders nach Äthiopien nicht abbrechen zu lassen.

Eine noch größere Popularität erlangte der Song „Rivers of Babylon" 1978 in der Discoversion der Gruppe „Boney M." unter Leitung des Produzenten Frank Farian. Die Musiker stammten aus der Karibik und waren als Kinder oder Jugendliche nach Europa gekommen. Der Weg des Exils hatte also von Afrika über die Karibik nach Europa geführt. Hier sang die Gruppe nun:

Bei den Flüssen von Babylon, da setzten wir uns hin,
Ja wir weinten, als wir uns an Zion erinnerten.
Bei den Flüssen von Babylon, da setzten wir uns hin,
Ja wir weinten, als wir uns an Zion erinnerten.

In der „Boney M."-Version des Songs wurden gegenüber der jamaikanischen Fassung zwei signifikante Änderungen vorgenommen. In der Rastafari-Version wird im zweiten Vers der „Song of King Alpha" gesungen. Das nimmt auf, dass Kaiser Haile Selassie von Äthiopien im Glauben der Rastafari Göttlichkeit besitzt und in Anlehnung an Offenbarung 1,8 („Ich bin das A und O") als „King Alpha" tituliert wird. Der Begriff Rastafari leitet sich von „Ras" ab, im Amharischen ein Ehrentitel des äthiopischen Kaisers. In der Version von „Boney M." ist statt vom Lied des „King Alpha" von „the Lord's song" die Rede, was auf einem europäischen kulturellen und religiösen Hintergrund als Verweis auf den Gott der Christenheit und des Judentums verstanden werden könnte. Aus der Aufforderung im dritten Vers, den „song of freedom" zu singen, wird ein „song of love", was dem Song natürlich seine politische Botschaft in erheblichem Umfang raubt.

In dieser politisch und religiös „entschärften" Version eroberte „Rivers of Babylon" europaweit die Hitparaden und konnte in Deutschland 17 Wochen lang den ersten Platz verteidigen. Weltweit ist der Song mehr als vier Millionen Mal verkauft worden. Er gehört zu den erfolgreichsten jemals produzierten Songs mit einem biblischen Thema. Diese Version von „Rivers of Babylon" wurde nie von mehr Menschen gemeinsam gesungen als 1979 im katholisch geprägten Irland. Etwa 280.000 Gläubige sangen das Lied beim Papstbesuch in der irischen Stadt Galway, bemerkenswert für einen Titel, der Rastafari-Wurzeln hat und in seiner ursprünglichen Form als gemeinsame Hymne der Rastafari-Bewegung bekannt wurde, und in dieser Bewegung gilt die römisch-katholische Kirche nicht selten als Teil von „Babylon".

Das Blut floss in Strömen

Nicht nur in Songs, sondern auch im Theater lebt die Verbindung von Babylon und Unterdrückung weiter. Elfriede Jelinek hat 2004 ihrem Theatertext über die historische und gegenwärtige Verflechtung von Gewalt, Sexualität und Religion den Titel „Babel" gegeben. Aktueller Anstoß für das Stück der österreichischen Literaturnobelpreisträgerin war die Fernsehberichterstattung über die Misshandlungen und Demütigungen irakischer Gefangener im Gefängnis Abu Ghraib durch US-Soldaten im Jahre 2004. Mit dem Titel „Babel" nimmt Elfriede Jelinek Bezug auf eine irakische Sportzeitschrift gleichen Namens, die von einem Sohn Saddam Husseins herausgegeben wurde, ebenso auf die biblische Geschichte vom gescheiterten Turmbau. Die Flut der Worte und Bilder in der heutigen Mediengesellschaft spiegelt sich in „Babel" wider. Dabei spannt die Autorin einen weiten Bogen. In einem Interview äußerte sie: „Dieser Krieg ist so sehr als Live-Übertragung dahergekommen, dass ein Abstraktionsvorgang durch vielfältige Assoziationen, von der Antike bis zu anderen Mythen, von der Psychoanalyse bis zu Aischylos, von politischer Analyse bis zur Philosophie Nietzsches, vielleicht die Wahrheit eher herausbringt als dieses so genannte ‚in Echtzeit dabei sein', denn natürlich wird auch den ‚embedded journalists' nur gezielt gezeigt, was sie sehen dürfen. Die Aufgabe eines Autors ist das Entmythologisieren, die Wahrheit hinter diesen Lügen, die sich für Wahrheit ausgeben, bloß weil sie das erste Wort gehabt haben."[111]

Der Text des Theaterstücks enthält drei lange Monologe, und der Redefluss der Akteure zur Medienberichterstattung über den Irakkrieg, zu religiösen Themen, Psychoanalyse, Medizin und weiteren Themen – gepaart mit einer Vielfalt von Bildern – ist fast so erdrückend wie die Text- und Bilderflut in den Medien. Die heutige Sprachverwirrung besteht, zeigt dieses Theaterstück, nicht in dem Aufeinandertreffen verschiedener Sprachen, sondern in einem so großen Überangebot an Informationen, dass Verwirrung zurückbleibt.

Den längsten Monolog spricht Peter. Es ist, so Elfriede Jelinek in einem Interview, „einer der halb verbrannten, verstümmelten, an das Brückengeländer von Falludscha gebundenen Körper der US-Söldner, Angehöriger eines privaten Sicherheitsdienstes. Diese Privatisierung des Krieges hat mich sehr beschäftigt."[112] Peter sagt in seinem Monolog über seinen Tod: „Mich haben sie hier hingehängt. Ohne jede Scham und ohne inhaltlichen Gesamtzusammenhang mit mir."[113] Im Monolog Peters bildet die

---

[111] „Bis ich am Boden aufschlage", Interview mit Elfriede Jelinek, Profil, 5. 3. 2005.
[112] Ebenda.
[113] Elfriede Jelinek: Bambiland, Reinbek 2004, S. 188.

Misshandlung irakischer Gefangener im Gefängnis Abu Ghraib durch amerikanische Soldatinnen und Soldaten ein zweites wichtiges Thema, nicht zuletzt die Tatsache, dass die Täter ihre Verbrechen fotografierten. Peter sagt: „... wenn Sie mich fragen, was mir gefällt: das Springen auf einen Berg nackter Häftlinge und das Drauftreten mit Stiefeln auf Hände und Füße von Inhaftierten“.[114]

Veröffentlicht wurde „Babel“ von Elfriede Jelinek ohne Regieanweisungen, was dem Regisseur die Freiheit und Last überträgt, aus den drei Monologen eine Bühnenaufführung zu gestalten. Der „Deutschlandfunk“ gab seiner Besprechung der Uraufführung den Titel „Das Wiener Abu-Ghraib-Spektakel“.[115] Manche Szenen des Stücks, das Nicolas Stemann 2005 auf der Grundlage des Theatertextes am Wiener Akademietheater inszenierte, waren geeignet, die Vorstellungen vom sündigen Babel zu festigen, etwa, als drei Männer die Größe ihrer Penisse verglichen, Stripperinnen auftraten und zum Schluss Blut in Strömen floss. Die Mischung von Pornografie, Gewalt und Krieg hat viele Zuschauerinnen und Zuschauer irritiert und aufgewühlt, hat Debatten ausgelöst.

Wer die komplexen Sprachbilder von Elfriede Jelinek schwierig findet, dem sei gesagt, dass es noch eine Steigerung gibt. Das beweist Bärbel Lücke in weiten Teilen ihres Essays am Ende der Buchfassung der Stücke „Bambiland“ und „Babel“.[116] Ohne Philosophie- und Psychologiestudium gehört man offenkundig nicht zur angedachten Leserschaft des Essays, und die Erwartung oder Hoffnung, eine Autorin hätte ein Interesse an einer guten Verständlichkeit ihres Textes, sollte man auch nicht hegen. Etwas bissig könnte man weite Teile dieses Essays als neue Form der babylonischen „Sprachverwirrung“ bezeichnen, bei der Sprache nur noch eine kleine elitäre Gruppe erreicht, während alle anderen verwirrt zurückgelassen werden.

---

[114] Ebenda, S. 147.

[115] Hartmut Krug: Das Wiener Abu-Ghraib-Spektakel, Deutschlandfunk, 19. 3. 2005.

[116] Elfriede Jelinek: Bambiland, a. a. O., S. 229ff.

Ein theologischer Neuanfang fern der Heimat

Darüber, wie die Juden im babylonischen Exil gelebt haben, erfahren wir in der Bibel wenig Konkretes. Rainer Albertz schreibt in seinem Standardwerk über „Die Exilszeit“: „So breit in der Hebräischen Bibel das Exil in seiner theologischen Bedeutung reflektiert wird, so dürftig sind ihre Informationen über dessen realgeschichtlichen Ablauf.“[117] Aufgrund der vorhandenen Informationen aus Bibel und Archäologie ist Rainer Albertz zum Ergebnis gekommen: „Entgegen der Metamorphose von der ‚Babylonischen Gefangenschaft‘ muss festgehalten werden, dass die ‚Exulanten‘ weder Kriegsgefangene im modernen Sinne waren, die in Lagern gehalten wurden, noch Sklaven im rechtlichen Sinne, die gekauft und verkauft werden konnten, sondern in ihrer überwiegenden Mehrzahl halbfreie Pächter von Staatsland, wodurch sie an ihre Scholle gebunden, ihre wirtschaftliche Stellung der Krone verdankten und ihr zu Dienst verpflichtet waren.“[118] Wenn dem so war, erging es ihnen deutlich besser als zum Beispiel den nach Assyrien verschleppten Angehörigen des Nordreiches. Besonders für die Mitglieder der Oberschicht aus Juda war der Verlust von Privilegien, Reichtum und sozialem Status allerdings schwer zu verschmerzen, und alle betroffenen Juden mussten mit der traumatischen Erfahrung fertig werden, in ein fremdes Land verschleppt worden zu sein. Und es kam die bereits erwähnte Erfahrung hinzu, dass die Daheimgebliebenen die Situation genutzt hatten, sich das Eigentum der Verschleppten anzueignen, und offenbar nicht mehr mit deren Rückkehr rechneten.

Die Exilszeit war die theologisch produktivste Zeit in der Geschichte Israels. Dass lag nicht nur daran, dass die traumatischen Erfahrungen der zurückliegenden Zeit theologisch zu verarbeiten waren. Ebenso wichtig war, dass verschiedene Gruppen von Priestern und Propheten kontrovers darüber diskutierten und ihre jeweiligen Auffassungen niederschrieben, wie es zur Katastrophe kommen konnte, was Gott mit seinem Volk vorhatte und wie das neue Israel nach dem Ende des Exils aussehen sollte.

Ein erster wichtiger Schritt war dabei die Klage, die besonders in den Klageliedern des Alten Testaments zum Ausdruck kommt „Der HERR ist gerecht, denn ich bin seinem Worte ungehorsam gewesen. Höret, alle Völker, und schaut meinen Schmerz! Meine Jungfrauen und Jünglinge sind in die Gefangenschaft gegangen. Ich rief meine Freunde, aber sie ließen mich im Stich. Meine Priester und meine Ältesten sind in der Stadt verschmachtet, sie gehen nach Brot, um ihr Leben zu erhalten“ (Klagelieder

[117] Rainer Albertz: Die Exilszeit, a. a. O., S. 66.
[118] Ebenda, S. 88f.

1,18-19). Verbunden mit der Klage war bei mehreren Propheten die Überzeugung, dass das jüdische Volk die katastrophale Entwicklung durch eigenes Fehlverhalten ausgelöst hatte. Es blieb nicht bei Klage und Reue, sondern es gelang den Propheten, die eigenen Glaubensgrundlagen so zu interpretieren, dass ein religiöses Leben auch ohne den Tempel in Jerusalem und ohne fest gefügte religiöse Strukturen möglich wurde. Dabei kam den Großfamilien nicht nur sozial, sondern auch religiös eine große Bedeutung zu.

Als die Bibel ihre heutige Gestalt annahm

Große Teile der fünf Bücher Mose und anderer biblischer Bücher entstanden im babylonischen Exil oder wurden dort neu gestaltet. Welche Ausrichtung die biblischen Texte erhielten, hat Hubertus Halbfas in seinem umfangreichen Buch „Die Bibel“ so zusammengefasst: „Die jüdische Bibel hat ihre heutige Fassung erst nach dem Babylonischen Exil erhalten. Zu dieser Zeit setzten die daran beteiligten Gruppen den Monotheismus als Norm voraus und korrigierten nach diesem Maßstab die gesamte voraufgegangene Tradition.“[119] Es hat sich allerdings als sehr schwierig bis unmöglich erwiesen, genau zu bestimmen, welche Texte und Textpassagen an den Ufern von Euphrat und Tigris geschrieben und welche später hinzugefügt wurden. Unstrittig ist, dass die Verfasser der Schriften im babylonischen Exil das Ziel verfolgten, das auf den ganzen heutigen Nahen Osten verstreute jüdische Volk zusammenzuhalten, und hierfür kam dem Glauben an den einen, einzigen Gott eine zentrale Bedeutung zu. Die Verschleppung der Bevölkerung des Nordreiches und ihre Auflösung in Assyrien waren ein warnendes Beispiel.

Die Möglichkeit zu einer erfolgreichen Integration in die babylonische Gesellschaft barg das Risiko einer Assimilierung, selbst wenn man in eigenen Siedlungsgebieten zusammenlebte. Dem stellten sich Priester und Propheten mit aller Kraft entgegen. Es galt mehr denn je, den einen Gott in das Zentrum des Glaubens zu stellen und die fremden Religionen und deren Vertreter entschlossen anzugreifen. Das hat seinen Niederschlag in den vielen biblischen Texten gefunden, die im babylonischen Exil geschrieben oder redaktionell verändert wurden.

Durch religiös begründete Traditionen wie die Beschneidung und Speisevorschriften grenzten sich die Juden von der übrigen Bevölkerung des multiethnischen, multikulturellen und multireligiösen Babyloniens ab und bewahrten ihre Identität als Volk. Die Beschneidung war in den Gesellschaften in Palästina und angrenzenden Regionen weit verbreitet, also keine spezifisch jüdische Tradition. Sie wurde aber nicht in Baby-

---

[119] Hubertus Halbfas: Die Bibel, Düsseldorf 2001, S. 31.

lonien praktiziert und entwickelte sich deshalb für die jüdische Bevölkerung zu einem Unterscheidungsmerkmal von der übrigen dort lebenden Bevölkerung. Die Beschneidung wurde zu einem Zeichen der Abgrenzung und des Fortbestehens einer eigenen ethnischen und religiösen Identität.

Der Alttestamentler Erhard Gerstenberger hat festgestellt, dass ein enger Zusammenhang zwischen der Existenzweise als Migranten und der Bearbeitung der religiösen Schriften des Judentums besteht: „Den Schwerpunkt der Bearbeitung sehe ich in Babylon. Und das hat mit Migrationsschicksalen zu tun, die man heute ähnlich studieren kann ... Sehr typisch ist es, dass sie sich in der neuen Umgebung an alte Gebräuche und Erzählungen klammern, weil sonst alles zerrinnt. Die Exilsgemeinde in Babylonien bestand aus typischen Zwangsmigranten – 5.000 bis 10.000 Menschen nimmt man an."[120]

Grundlagen des Glaubens im Buch Baruch

Das Buch Baruch soll, so ist seinen ersten Versen zu entnehmen, im fünften Jahr des Exils in Babylon von Baruch, dem Sekretär des Propheten Jeremia, verfasst worden sein. Aber heute geht man in der Theologie davon aus, dass es in der hellenistischen Zeit im 3. bis 1. Jh. v. Chr. entstanden ist, wobei es möglich erscheint, dass drei vorhandene Texte zu diesem Buch zusammengefügt wurden. Die hebräische Fassung, die es wahrscheinlich gab, ist nicht überliefert, die heutigen Übersetzungen beruhen deshalb auf dem griechischen Text der „Septuaginta". Das Baruch-Buch zählt im Judentum nicht zu den heiligen Schriften. Auch in die evangelischen Bibeln wurde es nicht aufgenommen, während es für Katholiken und Orthodoxe zur Heiligen Schrift gehört. Der Entstehung des Buches einige Jahrhunderte nach dem historischen Geschehen ist es vermutlich geschuldet, dass Belsazar als Sohn Nebukadnezars bezeichnet wird (Baruch 1,11), während er tatsächlich ein Sohn König Nobanids war. Der Alttestamentler Thomas Hieke kommt in einer Veröffentlichung des Katholischen Bibelwerkes zum Ergebnis: „Somit sind Ort, Zeit und Verfasserschaft des Buches Baruch fiktiv ..."[121]

Herausragendes Thema des biblischen Buches sind die zentralen jüdischen Glaubensgrundlagen, die den Juden in der Diaspora und in Jerusalem nahegebracht werden sollen. Verbunden wird diese systematische Darstellung des jüdischen Glaubens

---

[120] „Die wesentliche Arbeit an der Bibel beginnt unter den Persern", Gespräch mit Erhard Gerstenberger, in: Welt und Umwelt der Bibel, 3/2011, S. 13.

[121] Thomas Hieke: Echos des Exils – Babylon als Szenerie und ‚große Hure", in: Babylon, Welt und Umwelt der Bibel, 3/2005, S. 41.

mit einer schroffen Abgrenzung gegenüber den Göttern von Babel, denen kategorisch die Göttlichkeit abgesprochen wird.

Das Exil wird als Zeit der von Gott verordneten Läuterung verstanden, der deshalb im Buch Baruch verkündet: „Sie werden aber in dem Land, in dem sie gefangen sind, in sich gehen und erkennen, dass ich, der Herr, ihr Gott bin. Und ich will ihnen ein verständiges Herz geben und Ohren, die hören. Dann werden sie mich preisen in dem Land, in dem sie gefangen sind, und an meinen Namen denken und sich von ihrer Hartnäckigkeit und von ihren Sünden abkehren" (Baruch 2,30-33). Nach der Läuterung wird den Verschleppten die Rückkehr in die Heimat und ein ewiger Bund mit Gott verheißen.

Grundvoraussetzung dafür ist, dass die Menschen im babylonischen Exil ihrem Glauben treu bleiben: „Nun werdet ihr aber in Babel sehen, dass man auf den Schultern die silbernen, goldenen und hölzernen Götzen tragen wird, vor denen sich die Heiden fürchten. Darum seht euch vor, dass ihr ihnen das nicht nachtut und den Heiden nicht gleich werdet und Furcht vor den Götzen auch euch ergreift. Und wenn ihr seht, wie das Volk vor und hinter den Götzen hergeht und sie anbetet, so sprecht in eurem Herzen: Herr, dich soll man anbeten! Denn mein Engel ist bei euch und will euer Leben erhalten" (Baruch 6,4-7).

Die Götter der Babylonier werden als machtlos dargestellt, die sich nicht einmal vor Rost und Motten schützen können, auch müsste man ihnen den Staub vom Gesicht wischen. Der Götze der Babylonier trage zwar Schwert und Axt, könne sich aber nicht der Räuber erwehren. „Daran sieht man deutlich, dass sie nicht Götter sind. Darum fürchtet sie nicht" (Baruch 6,15). Die religiösen Zeremonien und Traditionen der Babylonier werden auf die denkbar negativste Weise dargestellt. Dies betrifft auch die Rolle der gläubigen Frauen: „Die Jungfrauen aber sitzen an den Wegen, mit Stricken umgürtet, und räuchern Kleie. Und wenn jemand vorübergeht und eine von ihnen mitnimmt und bei ihr schläft, verspottet sie die andere, weil diese nicht so wert gewesen sei wie sie und ihr der Gürtel nicht gelöst wurde. Alles, was mit den Götzen geschieht, ist nichts als Betrug. Wie soll man sie denn für Götter halten oder so nennen?" (Baruch 6,43-45). Es folgen weitere Verspottungen der Götter Babylons, die mit Vogelscheuchen verglichen werden, die im Garten nichts bewachen können (Baruch 6,70).

Babylon und den anderen babylonischen Städten wird ein schreckliches Ende vorhergesagt: „Unglücklich sollen die Städte werden, denen deine Kinder gedient haben, und unglücklich die Stadt, die deine Kinder gefangen hält. Denn wie sie über deinen Fall gejauchzt und über dein Verderben sich gefreut hat, so soll sie betrübt sein, wenn sie selbst verwüstet wird" (Baruch 4,32-33). Wenn wir davon ausgehen, dass das Buch lange Zeit nach der Eroberung Babyloniens durch die Perser entstanden ist, handelt es sich hier nicht um eine Prophezeiung im eigentlichen Sinne, sondern der bereits erfolgte Niedergang der Stadt wird zum Beweis für die allumfassende Macht Gottes. Ein Kernsatz des ganzen Buches lautet: „Das ist unser Gott, und keiner ist ihm zu vergleichen" (Baruch 3,36).

„Suchet der Stadt Bestes"

Geht es im Buch Baruch um die Fundamente des eigenen jüdischen Glaubens in Abgrenzung zu den Göttern anderer Völker und besonders der Babylonier, setzt der Prophet Jeremia andere Akzente. Er ermutigte die Juden im Exil, sich positiv auf das Leben im Exil einzustellen und daraus das Beste zu machen: „Baut Häuser und wohnt darin; pflanzt Gärten und esst ihre Früchte; nehmt euch Frauen und zeugt Söhne und Töchter, nehmt für eure Söhne Frauen und gebt eure Töchter Männern, dass sie Söhne und Töchter gebären; mehrt euch dort, dass ihr nicht weniger werdet. Suchet der Stadt Bestes, dahin ich euch habe wegführen lassen, und betet für sie zum HERRN; denn wenn's ihr wohlgeht, so geht's auch euch wohl" (Jeremia 29,5-7). Jeremia betont hier das Eigeninteresse der Juden am Wohlergehen des Landes ihres Exils. Es besteht also kein Widerspruch zu den vielen negativen Bemerkungen über Babylon in anderen biblischen Texten, sondern Jeremia ermutigt die Juden im Exil zu einem Arrangieren mit Verhältnissen, die kurzfristig nicht zu ändern sind. Da aktiver Widerstand gegen die babylonische Beherrschung aussichtslos erscheint, wie Jeremia mehrfach betont, bleibt nur der Weg, im Exil Häuser zu bauen, wirtschaftlich auf eigene Füße zu kommen und sich zu vermehren.

Die Botschaft Jeremias muss trotzdem eine Provokation für viele Juden im babylonischen Exil gewesen sein. Nikolaus Schneider, der ehemalige Ratsvorsitzende der EKD, sagte im September 2010 in einer Bibelarbeit in Karlsruhe über die Aufforderung Jeremias, das Beste der Stadt zu suchen: „Das heißt doch nichts anderes, als sich im fremden Babylon für Recht und Gerechtigkeit einzusetzen und zugleich dafür zu beten. Das ist nicht leicht zu hören für die Männer und Frauen, die selbst unter der Willkür der Weltmacht leiden, deren Macht auf Vertreibung und gewaltsamer Umsiedlungspolitik fußt. Die Stadt, für die gebetet werden und deren Bestes gesucht werden soll, ist die Stadt der Feinde."[122]

Aber die längerfristige Hoffnung ist nicht aus dem Blick geraten, die Rückkehr in die Heimat. Margot Käßmann hat im März 2013 in einer Predigt über diese Botschaft

---

[122] Nikolaus Schneider: Bibelarbeit über Jeremia 29,5, 5. Internationaler Gospelkirchentag, Karlsruhe, 11. 9. 2010, auf www.ekd.de

des Jeremia gesagt: „Auch in der Katastrophe gibt es einen Neuanfang. Eine Rückkehr ist möglich, doch nicht so bald ... So wie er selbst mit Gott gehadert hat und dann doch im Gottvertrauen weiter geredet, gehandelt, gelebt hat, so sagt er auch den Verbannten: Seid getrost, es gibt Neuanfang."[123] Deshalb haben die Exiljuden gewiss alle politischen Veränderungen in Babylonien genau beobachtet und nach Zeichen dafür gesucht, dass eine Rückkehr in die Heimat möglich werden könnte. Dazu zählten vor allem Aufstandsversuche gegen König Nebukadnezar, die Stärkung der Regionen gegenüber der Zentralmacht in der Regierungszeit von König Nabonid und das Erstarken der persischen Gegner der Babylonier. Aber erst einmal galt es, sich auf das Leben im Exil einzustellen.

Verdis „Nabucco" – Familiendrama um einen wahnsinnigen König

Er gehört zu den berühmtesten Chorstücken der Opernwelt, der „Gefangenenchor" in Verdis Oper „Nabucco" und hat unser Bild vom jüdischen Exil in Babylon stark beeinflusst. Als das Werk 1842 in Mailand uraufgeführt wurde, hatten erste archäologische Expeditionen in den Orient das Interesse an dieser Weltregion in Italien geweckt, und Babylon und sein König Nebukadnezar II. (auf Italienisch Nabucodonosor oder abgekürzt Nabucco) waren ohnehin aus der Bibel gut bekannt. Das Libretto von Temistocle Solera entfernt sich allerdings weit von der biblischen Geschichte und noch weiter vom historischen Babylon und seinem berühmten König. Solera stellt stattdessen ein Familiendrama in den Mittelpunkt der Oper. Hauptakteure der Opernhandlung sind neben König Nabucco dessen beiden Töchter Fenena und Abigaille, die sich in denselben Mann verliebt haben, den Juden Ismaele. Während Fenena sich nach der Rettung durch Ismaele entschließt, zum Glauben der Hebräer zu konvertieren, versucht Abigaille, ihre Schwester zu töten und die Königskrone an sich zu reißen. Als sich Nabucco selbst zum Gott erklärt, der für ewige Zeiten von den Menschen angebetet werden will, kommt das göttliche Gericht in Form von Blitz und Donner über den babylonischen König. Er wird wahnsinnig und kann erst auf Heilung hoffen, als er den Gott der Hebräer anbetet. Nabucco lässt danach das Bild von Baal zerstören und den Tempel in Jerusalem wieder aufbauen. Abigaille zieht aus ihrer Niederlage im Kampf um den Thron die Konsequenz und vergiftet sich selbst. Im Sterben bittet sie den Gott der Hebräer um Verzeihung. Ihre Schwester wird vor der drohenden Opferung gerade noch gerettet und kann einstimmen in die Freude des Volkes Israel.

---

[123] Margot Käßmann: Predigt über Jeremia 20,7-13, Marktkirche Hannover, 3. 3. 2013, auf www.ekd.de

Aber vorher erklingt der berühmte „Gefangenenchor", dessen Text auf den Psalm 137 zurückgeht und die Bitte um Freiheit in Worte und Töne fasst. Der italienische Text von „Va, pensiero" ist wiederholt ins Deutsche übersetzt worden, die bekannteste Übertragung von Fritz Spieß beginnt mit den Worten: „Teure Heimat, wann sehen wir dich wieder, in Gedanken wir stets bei Dir verweilen." Der „Gefangenenchor" spiegelte Mitte des 19. Jahrhunderts die Sehnsucht des italienischen Volkes nach Freiheit und Einheit wider und wurde erst recht nach der gescheiterten Revolution von 1848 zur inoffiziellen Nationalhymne des Landes. Auch bei der Beerdigung Verdis am 26. Februar 1901 wurde „Va, pensiero" gesungen, von einem Chor mit 900 Sängern. Dass 300.000 Menschen an der Trauerfeier teilnahmen, ist auch dem berühmten Chorstück zu verdanken, das Verdi für immer mit dem babylonischen König und den jüdischen Gefangenen in Verbindung gebracht hat. Ein Jahrhundert später, Anfang der 1980er Jahre, gab es in Italien sogar ernsthafte Bestrebungen, den „Gefangenenchor" zur offiziellen Nationalhymne des Landes zu erklären, aber die Initiative scheiterte. So bleibt der Chorgesang weiterhin die inoffizielle Nationalhymne, was der Popularität in Italien und im Rest der Welt keinen Dämpfer versetzt hat.

Die Bekehrungsgeschichte des Königs und seiner Tochter sowie das Gebet der sterbenden zweiten Tochter zum Gott der Hebräer weisen keine Ähnlichkeit mit historischen Ereignissen auf. Das wird den meisten Besucherinnen und Besuchern der Opernaufführungen bewusst sein. Und dennoch hat die Oper das negative Bild von König Nebukadnezar und den übrigen Babyloniern gefestigt. Der Glaube der Babylonier erscheint in denkbar negativer Weise, und Rettung gibt es für diese Menschen nur, wenn sie sich zum Gott der Hebräer bekennen.

„Uns geht es um die Ehrenrettung von Babylon"

Der Philosoph Peter Sloterdijk und der Komponist Jörg Widmann haben ihrer gemeinsamen Oper, die am 27. Oktober 2012 an der Bayerischen Staatsoper uraufgeführt wurde, den Titel „Babylon" gegeben. In dieser Oper unternehmen sie den Versuch, ein positiveres Babylonbild auf die Bühne zu bringen, als das diejenigen haben, die die Stadt am Euphrat auf die „Hure Babylon" reduzieren. In einem Interview äußerte Peter Sloterdijk: „An Babylon ist ja eigentlich nichts auszusetzen – es sei denn, man ist noch ein fundamentalistischer Leser des Alten Testamentes. Auch das zeitgenössische Judentum hat sich ja in vieler Hinsicht babylonisiert. Der typische Jude des 20. Jahrhunderts ist ja nicht der Israeli, sondern der New Yorker. Viele Juden leben ja heute lieber in Babylon als im Heiligen Land. Das Heilige Land macht irgendwie fürchterlichen Stress, während Babylon diesen toleranten Pluralismus einer Mischkultur darstellt."[124] Der Komponist Jörg Widmann hat betont: „Uns geht es um die Ehrenrettung von Babylon."[125]

Die Oper ist in sieben Bilder (plus Vor- und Nachspiel) aufgeteilt, um an die heilige Zahl sieben der Babylonier zu erinnern. Im Zentrum des Geschehens steht die Begegnung der Religionen und Kulturen der Babylonier und der Juden. Historischer Hintergrund ist das jüdische Exil in Babylon. Der Jude Tammu, ein Vertrauter des babylonischen Priesterkönigs, erliegt den Reizen der babylonischen Priesterin Inanna, die in der Oper die freie Liebe verkörpert. Zum Geschehen gehören der – positiv bewertete – Turmbau zu Babel, die Sintflut, das babylonische Neujahrsfest als orgiastisches Ereignis, die Opferung Tammus auf der obersten Plattform des Turms, seine Errettung aus der Unterwelt durch Inanna und der „neue Regenbogen" als Symbol des Miteinanders unterschiedlicher Kulturen. Mitten in dem bunten Geschehen diktiert Ezekiel, umgeben von einer jüdischen Gemeinde, einem Schreiber die Heiligen Worte, die er von Gott empfangen hat.

Dass Babylon unterging, haben die Zuschauer schon in der ersten Szene der Oper erfahren, die zwischen den Ruinen der Stadt spielt. Und im letzten Bild stürzt der Turm aus vier Tonnen Styropor „mit Getöse" (so die Regieanweisung) zusammen. Ganz kommt das Sündenbabel auch in dieser Oper nicht aus dem Blick. Peter Sloterdijk hat eine Szene der Oper so beschrieben: „Wir haben für den babylonischen Karneval sieben Phalli heraufbeschworen und ihre weiblichen Gegenstücke, allesamt drastisch in Überlebensgröße – was dem Theaterpublikum Gelegenheit gibt, Genitalien im Rang von Hilfsgottheiten zu beobachten."[126] Ob das der Ehrenrettung Babylons dient? Ein Bezug zum realen Babylon der Antike fehlt jedenfalls.

Die Kritiker bewerteten die Oper sehr unterschiedlich. Die österreichische Zeitung „Die Presse" sprach nach der Uraufführung von einer „Multikulti-Utopie".[127] Eleonore Büning schrieb in der FAZ, Sloterdijk habe sich intensiv mit Babylon beschäftigt, „und stopfte alles hinein, was das Image eines urbanen Sündenpfuhls ein bisschen aufbessern kann".[128] Positiv bewertet wurde von der Kritikerin die Musik, vor allem sei der „babylonische Karneval ein großes musikalisches Vergnügen". Demgegenüber lobte Helmut Mauró in der „Süddeutschen Zeitung" neben der Musik auch „ein sprachlich

---

[124] Interview mit Peter Sloterdijk, Mainpost, 17.10.2012.

[125] Zitiert nach: Eva Gesine Baur: Eine Oper über die Stadt der Sünde, Cicero Online, 15.12.2012.

[126] Bayerische Staatsoper: Im Hintergrund summt Babylon, Interview mit Peter Sloterdijk, Magazin der Staatsoper, München 2012, S. 33.

[127] Opernuraufführung: Babylon, eine Multikulti-Utopie, Die Presse, 29.10.2012.

[128] Eleonore Büning: Fette Zeiten in alten Städten, Frankfurter Allgemeine, 29.10.2012.

und inhaltlich stimmiges Libretto, einen weder banalen noch überfrachteten Plot und … eine atemberaubend bildgewaltige Umsetzung".[129] Und Mirko Weber schreibt in der „Zeit" über Halbnacktszenen im Stück von „Tuttifrutti" und über die Musik von einem „ziemlichen Tiefpunkt in der Neuen Musik unserer Tage".[130] Man sieht, nicht nur über das historische Babylon kann man unterschiedlicher Auffassung sein, sondern auch über die gleichnamige Oper.

---

[129] Helmut Mauró: Jubel über den babylonischen Untergang, Süddeutsche Zeitung, 28.10.2012.
[130] Mirko Weber: Babylon Tuttifrutti, Die Zeit, 31.10.2012.

Daniel – eine Karriere am Hof von Nebukadnezar

Das Leben im babylonischen Exil wird in den Geschichten des Buches Daniel auf vielfältige Weise zum Thema. Zunächst wird in Erinnerung gerufen, dass die Babylonier unter König Nebukadnezar die Stadt Jerusalem belagert und besetzt hatten. Dann folgt eine wichtige theologische Interpretation der Eroberung der Stadt: „Und der Herr gab in seine Hand Jojakim, den König von Juda, und einen Teil der Geräte aus dem Hause Gottes“ (Daniel 1,2). Nebukadnezar wird also auch in diesem biblischen Buch als ein Instrument Gottes dargestellt.

Anschließend wird vom Aufstieg Daniels am babylonischen Königshof erzählt. Nebukadnezar gab seinem obersten Kämmerer den Auftrag, einige junge Männer unter den nach Babylon verschleppten Juden für den Dienst am Königshof auszuwählen. Sie sollten von edler Herkunft, schön, begabt, weise, klug und verständig sein. Heute würden „Talentscouts“ die junge Leute an Universitäten begutachten, vielleicht ebenfalls nach begabten, weisen, klugen und verständigen jungen Leuten suchen. Schönheit hat der Karriere noch nie geschadet, und die „edle“ Herkunft hat es bis heute erleichtert, so manche Sprosse auf der Karriereleiter zu erklimmen. Als Grundlage ihrer Ausbildung sollten die zukünftigen Diener zunächst in der babylonischen Schrift und Sprache unterwiesen werden. Unter den ausgewählten jungen Männern war Daniel, der den babylonischen Namen Beltschazar erhielt.

So lesen wir es im 1. Kapitel des Buches Daniel. Dieser biblische Text entstand in mehreren Schritten und erhielt etwa im 2. Jh. v. Chr. seine heutige Gestalt. Einige Theologen datieren den Text wesentlich früher, aber im Text lassen sich persische und griechische Einflüsse aufzeigen. Der indische Theologe Sangtinuk schreibt hierzu: „Die rhetorische Situation des Daniel-Buches als Ganzes kann vermutlich am besten verstanden werden auf dem Hintergrund der Hellenisierung im Allgemeinen und besonders der hegemonialen Herrschaft und religiösen Unterdrückung durch den seleukidischen König Antiochus IV. Epiphanes (175-165 v. Chr.).“[131]

Auch historische Ungenauigkeiten deuten darauf hin, dass bereits geraume Zeit seit dem babylonischen Exil vergangen war. Das wird gleich in den ersten beiden Versen sichtbar. Hiernach wurde König Jojakim nach der Eroberung von Jerusalem durch Nebukadnezar II. aus seiner Heimat verschleppt. In der Darstellung von 2. Könige 23 und 24 hingegen starb dieser König in seiner Heimatstadt Jerusalem, und die Eroberung durch die babylonischen Truppen fand erst kurze Zeit später statt. Die meisten

---

[131] Sangtinuk: Daniel: A Counter Paradigm to the Hellenistic Imperalism vis-á-vis Burmanization in Chin State, in: Asia Journal of Theology, 1/2010, S. 36.

Theologen vertreten die Auffassung, dass dies die historisch zuverlässige Darstellung des Geschehens ist. Deshalb schreibt Rainer Albertz in seinem Standardwerk über die Exilszeit zum Daniel-Buch: „So haben die Danielerzählungen nur noch verschwommene Vorstellungen von den historischen Gegebenheiten der Exilszeit."[132]

Erwähnenswert ist, dass das Daniel-Buch im griechischen Text der Bibel (Septuaginta) deutlich umfangreicher ist als in der Hebräischen Bibel. In der Hebräischen Bibel fehlen manche Geschichten, so die Geschichte von Susanna. An dieser Stelle sollten wir uns in Erinnerung rufen, dass das christliche Alte Testament keineswegs identisch mit der Hebräischen Bibel ist und dass die Auffassung, Gott habe den biblischen Text wortwörtlich den Autoren der biblischen Bücher diktiert, auch in dieser Hinsicht auf kaum lösbare Probleme stößt.

Daniel war sehr wahrscheinlich keine historische Person, sondern ist eine biblische Idealgestalt, mit der Geschichten und Legenden aus der Zeit des babylonischen Exils in Verbindung gebracht wurden. Der Name Daniel bedeutet „Gott richtet", und das wird in den Geschichten und Prophezeiungen des Buches entfaltet. Während die ersten sechs Kapitel von wunderbarem Geschehen im Leben von Daniel und seiner Freunde erzählen, ist der zweite Teil von Visionen und Prophezeiungen bestimmt, die Ähnlichkeiten mit der späteren Offenbarung des Johannes aufweisen. Bei der Interpretation dieser Texte ist zu berücksichtigen, dass sich die Visionen Daniels auch oder vor allem auf die konkrete historische Situation bei der Abfassung des Buches beziehen, also auf die Bedrohung der jüdischen Bevölkerung durch die Seleukiden während der Makkabäerzeit im 2. Jahrhundert v. Chr.; Matthias Albani schreibt in seinem Buch über die biblische Gestalt Daniel hierzu: „Die im Danielbuch gesammelten apokalyptischen Visionen versuchen auf unterschiedliche Weise, diesen quälenden Widerspruch zwischen den biblischen Verheißungen und der tatsächlichen Welterfahrung zu lösen. Sie präsentieren in verschiedenen Variationen Geschichtsdeutungen, welche die deprimierende Erfahrung politischer und religiöser Ohnmacht sozusagen von der höheren Warte Gottes aus einsichtig machen und eine Hoffnungsperspektive eröffnen wollen."[133] Matthias Albani betont, dass der apokalyptische Teil des Daniel-Buches nicht Schrecken verbreiten, sondern Trost spenden und die Hoffnung auf ein Ende der Beherrschung durch fremde Großmächte wecken wollte.[134]

Der indische Theologe M.C. Thomas, Professor für Altes Testament an einer Hochschule der Mar Thoma Kirche im indischen Kerala, betont ebenfalls die Bedeutung des Daniel-Buches und anderer apokalyptischer Schriften als Widerstandsliteratur

---

[132] Rainer Albertz: Die Exilszeit, a. a. O., S. 27.

[133] Matthias Albani: Daniel, Traumdeuter und Endzeitprophet, Leipzig 2010, S. 26.

[134] Vgl. ebenda, S. 38.

angesichts der Unterdrückung durch fremde Mächte: „Kurz gesagt kann die Apokalyptik verstanden werden als eine Widerstandsbewegung gegen die Beherrschung durch andere Völker ... Apokalyptische Schriften sind im Kern gegen die vorherrschende Kultur gerichtet und stellen eine Literatur der Machtlosen und Entrechteten dar."[135] Diese apokalyptischen Texte haben die Kraft, die soziale Wirklichkeit zu verändern, ist der indische Theologe überzeugt. „Diese Diskurse unterwerfen die irdischen Königreiche der höchsten Macht Gottes, der die Königreiche seinem Gericht unterwirft und Gerechtigkeit schafft für die, die ihrer bedürfen, und der auf diese Weise die Welt in einen neuen Himmel und eine neue Erde verwandelt."[136]

Die Bekräftigung von Gottes Herrschaft und Souveränität

Bei der Geschichte vom Aufstieg Daniels am babylonischen Königshof sind Rückgriffe auf Josef zu erkennen, der in der biblischen Darstellung eine hervorgehobene Position am Hof des ägyptischen Pharaos erlangte und dort für seine Deutung von Träumen große Anerkennung fand. Diese „Erfolgsgeschichte" wiederholt sich im Daniel-Buch in Babylonien unter anderen Bedingungen und mit anderen Legenden. Die Botschaft ist eindeutig: In Zeiten der Anfechtung wie im babylonischen Exil oder angesichts der Bedrohung durch die Seleukiden können nur der Glaube an den einen Gott und die Treue zu ihm eine Rettung bringen. Nur so lassen sich existenzielle Bedrohungen überstehen.

Damit ist eine große Verheißung verbunden, betont der indische Theologe M.C. Thomas: „Jedes Kapitel des Daniel-Buches endet mit einer Bekräftigung von Gottes Herrschaft und Souveränität sowie ebenso Gottes Eintreten für die Armen und Unterdrückten. Selbst inmitten von Leiden und Unterdrückung gewährt Gott ihnen die Hoffnung auf das Heil. Die leidenden Menschen erfahren Gottes Gegenwart inmitten der Verfolgung."[137] Dies hat bereits den ersten Christinnen und Christen viel Mut und Hoffnung gegeben, sodass wir zum Beispiel das Motiv des Überlebens von Daniel in der Löwengrube häufiger in den frühchristlichen Malereien in den Katakomben von Rom finden.

---

[135] M.C. Thomas: The Book of Daniel: The Apocalypse with a Distinct Character for Liberative Praxis and Theological Vision, in: Asia Journal of Theology, 2/2005, S. 288.

[136] Ebenda.

[137] Ebenda, S. 300.

Aufstieg in königlichen Diensten

Kehren wir nun mit einem solchen Verständnis des Daniel-Buches zum ersten Kapitel zurück. Es erstaunt, wie milde König Nebukadnezar hier mit den besiegten Juden umging, jedenfalls mit einigen von ihnen. Er ließ die jungen Leute gründlich auf die Vertrauenspositionen königlicher Diener vorbereiten. Das ist von kritischen Theologinnen und Theologen im Süden der Welt interpretiert worden als Versuch, die Mitglieder der lokalen Eliten in das Herrschaftssystem einzubinden und sich ihre Fähigkeiten zunutze zu machen. Ohne Probleme war der gesellschaftliche Aufstieg in Babylon für die jungen jüdischen Männer nicht. Daniel war entschlossen, die jüdischen Reinheitsgebote einzuhalten und nicht durch Speisen und Wein des Königs unrein zu werden. Und Gott sorgte in dieser Geschichte dafür, dass der oberste Kämmerer gegenüber Daniel gnädig gestimmt war. Wenn auch zögernd stimmte er deshalb zu, dass Daniel und seine drei Freunde entgegen der königlichen Anordnung nichts von dessen Essen und Wein zu sich nehmen mussten. Stattdessen durften sie sich zunächst probeweise zehn Tage lang von Gemüse und Wasser ernähren. Anders als vom Kämmerer befürchtet, sahen Daniel und seine drei Freunde nach diesen zehn Tagen schöner und kräftiger aus als jene jungen Leute, die die königlichen Speisen gegessen hatten. Daraufhin durften sich Daniel und seine Freunde weiterhin von Gemüse ernähren. Es ging hier selbstverständlich nicht um die Frage der Vorzüge einer vegetarischen Ernährungsweise, sondern darum, durch die Beschränkung auf Gemüse die koscheren Speisevorschriften einzuhalten, vor allem die Vorschriften zum Verzehr erlaubter und nicht erlaubter Tiere sowie die Trennung von fleischigen, milchigen und neutralen Lebensmitteln. Dies war im realen Exil, wo die Verbote erst ihre verbindliche Gestalt annahmen, vermutlich noch kein reales Problem, wohl aber in der hellenistischen Herrschaftszeit, als das Daniel-Buch verfasst wurde.

Gott gab den vier jungen Leuten so viel Einsicht und Verstand, dass sie sich babylonische Schrift und Weisheiten rasch aneigneten. Daniel entwickelte außerdem die Fähigkeit, Gesichte und Träume zu lesen, was sich in den weiteren Geschichten des biblischen Buches als sehr nützlich erweisen sollte. Nach dem Ende der Ausbildungszeit mussten alle jungen Leute vor Nebukadnezar erscheinen, und es stellte sich heraus, dass niemand Daniel und seinen drei Freunden ebenbürtig war. Die Vier wurden deshalb zu Dienern des Königs berufen. Dass in der Geschichte der König selbst die Auswahl traf, hebt hervor, um welch eine Vertrauensstellung es sich handelte. Erst einmal fand die Geschichte von der Berufung Daniels und seiner Freunde an den königlichen Hof einen positiven Abschluss: „Und der König fand sie in allen Sachen, die er sie fragte, zehnmal klüger und verständiger als alle Zeichendeuter und Weisen in seinem ganzen Reich. Und Daniel blieb im Dienst bis ins erste Jahr des Königs Kyrus" (Daniel 1,19-20).

Vier Reiche, ein ratloser König und ein kluger Traumdeuter

Etwas verwirren kann es schon, dass wir uns am Anfang des zweiten Kapitels des Daniel-Buches im zweiten Herrschaftsjahr von Nebukadnezar wiederfinden, denn im ersten Kapitel hatte dieser bereits Jerusalem erobert und anschließend verschleppte junge Leute wie Daniel mehrere Jahre lang zu Dienern ausbilden lassen. Aber wir bewegen uns eben nicht in einer chronologisch präzise aufgebauten Darstellung eines historischen Geschehens, sondern in einer biblischen Erzählung, die uns den Glauben an den einen Gott näherbringen soll. Im zweiten Jahr seiner Herrschaft also hatte König Nebukadnezar einen Traum, der ihn erschreckte, als er aufwachte. Und wie in solchen Situationen üblich, ließ er seine Zeichendeuter, seine weisen Männer, seine Zauberer und Wahrsager rufen und sprach zu ihnen: „Ich habe einen Traum gehabt; der hat mich erschreckt, und ich wollte gerne wissen, was es mit dem Traum gewesen ist" (Daniel 2,3). Für den Fall, dass die Gelehrten den Traum nicht deuten könnten, kündigte der König an, sie in Stücke hacken und ihre Häuser in Schutthaufen verwandeln zu lassen. Dass alle Wahrsager und Traumdeuter trotz der Drohungen versagten, lag auch daran, dass der König ihnen verschwieg, was er geträumt hatte. Nebukadnezar befahl in dieser Geschichte, alle weisen Männer von Babylon umbringen zu lassen. Auch Daniel und seine drei Gefährten standen auf der Todesliste. Daniel konnte den Obersten der Leibwache aber überzeugen, ihn zum König zu führen, dann werde er den Traum deuten.

Daniel betete zu Gott, der ihm tatsächlich den Inhalt und die Bedeutung des Traums offenbarte. Daniel lobte dankbar den Gott des Himmels und pries ihn mit diesen Worten: „Er ändert Zeit und Stunde; er setzt Könige ab und setzt Könige ein; er gibt den Weisen ihre Weisheit und den Verständigen ihren Verstand" (Daniel 2,21). Zu beachten ist hier, dass Gott Zeit und Stunde ändert, denn es ist wahrscheinlich eine Anspielung auf die weit entwickelte babylonische Zeitberechnung und die Beobachtung der Himmelskörper. Daniel verkündete, dass Gott allen babylonischen Astronomen/Astrologen überlegen war und jederzeit die Regeln für den Lauf der Zeit und der Planeten ändern konnte.

Nach diesem Lobpreis Gottes ging Daniel zum Obersten der Leibwache und bat ihn, die Weisen des Reiches nicht wie befohlen auf der Stelle töten zu lassen. Dem König aber sagte Daniel, dass zwar die Gelehrten den Traum nicht deuten könnten: „Aber es ist ein Gott im Himmel, der kann Geheimnisse offenbaren. Der hat dem König Nebukadnezar kundgetan, was in künftigen Zeiten geschehen soll" (Daniel 2,28).

Daniel beschrieb den Traum des Königs mit diesen Worten: „Du, König, hattest einen Traum, und siehe, ein großes und hohes und hell glänzendes Bild stand vor dir, das war schrecklich anzusehen. Das Haupt dieses Bildes war von feinem Gold, seine Brust und seine Arme waren von Silber, sein Bauch und seine Lenden waren von Kupfer, seine Schenkel waren von Eisen, seine Füße waren teils von Eisen und teils von Ton. Das sahst du, bis ein Stein herunterkam, ohne Zutun von Menschenhänden; der traf das Bild an seinen Füßen, die von Eisen und Ton waren, und zermalmte sie. Da wurden miteinander zermalmt Eisen, Ton, Kupfer, Silber und Gold und wurden wie Spreu auf der Sommertenne, und der Wind verwehte sie, dass man sie nirgends mehr finden konnte. Der Stein aber, der das Bild zerschlug, wurde zu einem großen Berg, sodass er die ganze Welt füllte“ (Daniel 2,31-35).

Zu Beginn der Deutung des Traums machte Daniel deutlich, wem Nebukadnezar seine Macht verdankte: „Du, König, bist ein König aller Könige, dem der Gott des Himmels Königreich, Macht, Stärke und Ehre gegeben hat“ (Daniel 2,37). Gott allein hätte dem König alle Menschen und Tiere in die Hand gegeben und ihm alle Gewalt über sie verliehen. Nebukadnezar wäre das goldene Haupt in seinem Traum. Nach seinem würden ein zweites und ein drittes Königreich folgen, die schwächer sein würden, also aus Kupfer. Das vierte Reich aber würde hart wie Eisen sein und alles zermalmen und zerbrechen. Dass der König in diesem Teil des Traums Füße und Zehen teils aus Ton und teils aus Eisen hätte, bedeute, dass dies ein geteiltes Königreich sein werde mit einem starken und einem schwachen Teil. Dass sich im Traum dann Eisen und Ton vermengt hätten, würde besagen, dass die beiden Reiche durch Heiraten zusammenkommen würden. Aber so wie Ton und Eisen würden sich auch die beiden Reiche nicht miteinander verbinden. „Aber zur Zeit dieser Könige wird der Gott des Himmels ein Reich aufrichten, das nimmermehr zerstört wird; und sein Reich wird auf kein anderes Volk kommen. Es wird alle diese Königreiche zermalmen und zerstören; aber es selbst wird ewig bleiben, wie du ja gesehen hast, dass ein Stein ohne Zutun von Menschenhänden vom Berg herunterkam, der Eisen, Kupfer, Ton, Silber und Gold zermalmte. So hat der große Gott dem König kundgetan, was dereinst geschehen wird“ (Daniel 2,44-45).

Während mit dem ersten Reich eindeutig das babylonische Reich Nebukadnezars gemeint ist, erweist sich die Zuordnung der übrigen drei Reiche nicht ganz so eindeutig. Mit dem zweiten Königreich ist wahrscheinlich das Reich der Meder gemeint, denn nach dem Geschichtsverständnis Daniels (vgl. Daniel 6) trat es die direkte Nachfolge des babylonischen Reiches an, was zu den diversen historischen Ungenauigkeiten im Buch Daniel gehört. Tatsächlich war das Reich der Meder schon vor Babylonien von den Persern erobert worden und bestand danach nicht mehr. Das dritte

Reich war dieses persische Reich und das vierte Königreich wahrscheinlich das Reich von Alexander dem Großen, das nach seinem Tod in verschiedene Machtbereiche zerfiel. Am Ende des Traums zerbrach alles unter der Wucht des mächtigen Steins oder Felsens, ein Symbol für den Gott der Juden.[138]

Auffällig ist hier, dass der Text nicht wie frühere biblische Texte zugespitzt wird auf die Zerstörung Babylons. Im 2. Jahrhundert v. Chr. war dies kein herausragendes Thema für die Verfasser biblischer Texte mehr. Das Exil lag einige Jahrhunderte zurück, der Tempel war wieder aufgebaut worden, und Babylon hatte seine politische Bedeutung weitgehend verloren. Ansehen genoss die Stadt nur noch wegen ihrer Wissenschaft (vor allem wegen der Mathematik und Astronomie/Astrologie), die von den Griechen zum Teil übernommen worden war. Es galt nun nicht mehr, die Überlegenheit des jüdischen Gottes über die militärische Macht Babylons zu verkünden, sondern den Deutungsanspruch der Babylonier in Fragen von Religion, Astronomie und Traumdeutung zu bestreiten und die göttliche Überlegenheit sichtbar werden zu lassen.

Und das geschah in der Geschichte dann auch mit einem dramatischen Schluss. König Nebukadnezar fiel nach Daniels Traumdeutung auf sein Angesicht und warf sich nieder vor Daniel. Er befahl, ihm Speiseopfer und Räucheropfer darzubringen. Zu Daniel sprach der König: „Es ist kein Zweifel, euer Gott ist ein Gott über alle Götter und ein Herr über alle Könige, der Geheimnisse offenbaren kann, wie du dies Geheimnis hast offenbaren können“ (Daniel 2,47). Der König gab Daniel viele wertvolle Geschenke, machte ihn zum Fürsten über das ganze Land Babylon und setzte ihn als obersten aller Weisen des Landes ein. Der König hätte ihm auch die Herrschaft über einige Regionen von Babylonien übertragen, aber Daniel zog es vor, am Hof des Königs zu bleiben.

Daniel hatte in dieser Geschichte eindrucksvoll gezeigt, dass ein kluger jüdischer Mann mit göttlicher Hilfe allen babylonischen Traumdeutern und Wahrsagern weit überlegen war und sogar der König vor ihm niederfiel. Wir können uns an dieser Stelle an die Geschichte erinnern, wie Josef einen Traum des Pharaos deutete, woran vorher alle ägyptischen Traumdeuter gescheitert waren. In beiden Fällen ging es darum zu zeigen, dass Gott auch der Herr über die Träume ist und auserwählte Menschen dazu befähigen kann, diese Träume zu deuten. Angesichts der enorm großen Bedeutung, die man damals im Mittleren Osten und Nordafrika den Träumen und deren Deutung zumaß – und besonders Träumen von Königen und Pharaonen –, war das keine Marginalie. Der Gott der Bibel ist demnach nicht nur in der Lage, die Vernichtung feindlicher Armeen anzuordnen, sondern er kontrolliert auch die Welt der

[138] Vgl. Matthias Albani: Daniel, a. a. O., S. 79ff.

Träume. Er ist – so die Botschaft des Danielbuches – ein im umfassenden Sinne allmächtiger Gott. Historisch ist diese Geschichte nicht – vermutlich nicht einmal originär. Denn die Darstellung von den vier Weltreichen weist auffällige Ähnlichkeiten zu einer persischen Legende auf. Dies ist ein weiteres Beispiel dafür, wie stark biblische Texte von Legenden und religiösen Texten anderer Völker der Region beeinflusst worden sind. Und immer wurden diese Texte den eigenen Bedürfnissen angepasst.

Wer mag der König gewesen sein?

Offen bleiben muss nach dem gegenwärtigen Stand der theologischen Forschung, ob in dieser Geschichte tatsächlich König Nebukadnezar II. eine Hauptrolle zukam oder es eigentlich um einen seiner Nachfolger, König Nabonid, gehen sollte. Es kann kein Zweifel bestehen, dass Nebukadnezar II. eine ganze Reihe von Traum- und Sterndeutern beschäftigte. Man könnte ihm die Geschichte also zuordnen. Sehr unwahrscheinlich ist hingegen, dass dieser König seinen Traumdeutern den eigenen Traum vorenthielt und trotzdem eine Deutung erwartete. Aber dieser Vorbehalt gilt auch für König Nabonid – und jeden anderen halbwegs vernunftbegabten Herrscher. Dafür, dass Nabonid die Vorlage für den König in der Geschichte gebildet haben könnte, spricht aber, dass Träume in seinem Leben eine besondere Bedeutung besaßen. Er begründete seinen Herrschaftsanspruch damit, dass ihm der Gott Marduk im Traum die Macht übertragen hatte. Auch andere wichtige Entscheidungen dieses Königs beruhten darauf, dass er im Traum göttliche Weisungen empfangen haben wollte. Kommt hinzu: Anders als von Nebukadnezar ist von Nabonid überliefert, dass er massive Konflikte mit den Priestern und weisen Männern Babylons hatte. Der König wollte dem Sonnengott Sin einen hervorgehobenen Platz im Götterhimmel und in der Verehrung der Menschen einräumen, was auf den heftigen Widerstand der Marduk-Priesterschaft stieß. Dieser Konflikt könnte den Hintergrund dafür bilden, dass sich der König in der Daniel-Geschichte mit seinen Traumdeutern und weisen Männern überwarf. Allerdings spielt in der Daniel-Geschichte der Marduk-Konflikt von König Nabonid mit der Priesterschaft keine Rolle, sondern es geht um die Unfähigkeit der weisen Männer des Landes, einen Traum zu deuten. Auch hat König Nabonid keinen Massenmord an den weisen Männern seines Landes angeordnet, sondern ist wahrscheinlich – wie noch dargestellt werden wird – nicht zuletzt aufgrund des Konfliktes mit ihnen für ein Jahrzehnt in die Wüste ausgewichen.

Ich möchte es deshalb bei der Feststellung belassen, dass in dieser Legende ein babylonischer König eine wichtige Rolle spielt, den die Verfasser dieser Geschichte als Nebukadnezar bezeichnet haben. Und das war sehr wahrscheinlich kein Zufall. Nebukadnezar war auch in später verfassten alttestamentlichen Texten weiterhin das

Urbild eines despotischen Herrschers, dem alle Schlechtigkeiten – wie Morddrohungen gegen alle weisen Männer seines Reiches – zugetraut wurden. Wer Jerusalem erobert und zerstört hatte, von dem waren alle Verbrechen zu erwarten. Später haben die zahlreichen negativen Geschichten über diesen König in der Bibel das Bild vom despotischen orientalischen Herrscher geformt, das bis heute nachwirkt. Matthias Albani schreibt in seinem Daniel-Buch hierzu: „Offenbar ist das Nebukadnezarbild des Danielbuches, welches auch die christliche Sichtweise geprägt hat, ein polemisches Zerrbild. Der Nebukadnezar des Danielbuches ist nicht der historische König, sondern eine exemplarische Gestalt, der Despot *par excellence*."[139]

[139] Ebenda, S. 74.

Das wunderbare Überleben im Feuerofen

König Nebukadnezar mochte Daniel mit Geschenken und Macht überhäuft haben, er blieb der Feind der jüdischen Menschen, zumal er im dritten Kapital dieses biblischen Buches seine Hinwendung zum jüdischen Gott offenbar schon wieder vergessen hatte. Nun wird berichtet, dass der König ein großes goldenes Bild herstellen und es in der babylonischen Ebene Dura aufrichten ließ. Dass dieses Bild in der Erzählung sechzig Ellen lang und sechs Ellen breit war, nimmt die mathematischen Berechnungen der Babylonier auf, in denen die Zahlen 6 und 60 eine zentrale Bedeutung besaßen. Nebukadnezar versammelte alle Mächtigen seines Reiches, um zusammen mit ihnen das Bild zu weihen. Ein Herold des Königs, lesen wir in der Geschichte, verkündete überall im Land: „Es wird euch befohlen, ihr Völker und Leute aus so vielen verschiedenen Sprachen: Wenn ihr hören werdet den Schall der Posaunen, Trompeten, Harfen, Zithern, Flöten, Lauten und aller andern Instrumente, dann sollt ihr niederfallen und das goldene Bild anbeten, das der König Nebukadnezar hat aufrichten lassen. Wer aber dann nicht niederfällt und anbetet, der soll sofort in den glühenden Ofen geworfen werden“ (Daniel 3,4-6). Es sei angemerkt, dass hier auch Musikinstrumente erschallen, die aus der griechischen Zeit stammen, aber im Babylon Nebukadnezars noch unbekannt waren.[140]

Angelockt vom Schall der Instrumente kamen die Angehörigen der Völker des babylonischen Reiches zusammen und fielen vor dem goldenen Bild nieder. Aber es blieb nicht unbemerkt, dass die Juden fehlten. Das wurde umgehend dem König gemeldet, wobei die drei engen Freunde Daniels, also Schadrach, Meschach und Abed-Nego, namentlich genannt wurden. Der zornige Nebukadnezar ließ sie vor sich bringen und fragte sie, ob sie seinen Gott nicht ehren und das goldene Bild anbeten wollten. Noch einmal sollten die Instrumente erklingen, und wenn die Drei dann nicht vor dem Bild niederfallen und beten würden, sollten sie in den glühenden Ofen geworfen werden. Nebukadnezar fügte hinzu: „Lasst sehen, wer der Gott ist, der euch aus meiner Hand erretten könnte!“ (Daniel 3,15). Die drei jungen Juden ließen sich von ihrem Bekenntnis zu dem einen Gott nicht abbringen und waren deshalb nicht bereit, vor dem goldenen Götzenbild niederzufallen. Sie antworteten dem König, dass der Gott, den sie verehrten, sie aus dem glühenden Ofen erretten könnte, wenn er dies wollte.

Voller Grimm befahl der König, den Ofen siebenmal heißer als üblich anzuheizen, die drei Juden zu binden und sie danach in den glühenden Ofen zu werfen. Das Feuer wurde so sehr geschürt, dass die Männer, die die Drei in das Feuer warfen, selbst von

[140] Vgl. ebenda, S. 89.

den Flammen getötet wurden. „Aber die drei Männer, Schadrach, Meschach und Abed-Nego, fielen hinab in den glühenden Ofen, gebunden wie sie waren“ (Daniel 3,23). Nebukadnezar war entsetzt, als er nun vier Männer frei im Feuer umhergehen sah und zu erkennen meinte, der vierte sehe aus wie ein Sohn der Götter. Der König forderte die Männer auf, aus dem Feuer zu kommen, und musste feststellen, dass die Flammen weder ihnen noch ihrer Kleidung etwas zugefügt hatten. Daraufhin sprach Nebukadnezar: „Gelobt sei der Gott Schadrachs, Meschachs und Abed-Negos, der seinen Engel gesandt und seine Knechte errettet hat, die ihm vertraut und des Königs Gebot nicht gehalten haben, sondern ihren Leib preisgaben; denn sie wollten keinen andern Gott verehren und anbeten als allein ihren Gott!“ (Daniel 3,28). Und er fügte hinzu: „So sei nun dies mein Gebot: Wer unter allen Völkern und Leuten aus so vielen verschiedenen Sprachen den Gott Schadrachs, Meschachs und Abed-Negos lästert, der soll in Stücke gehauen und sein Haus zu einem Schutthaufen gemacht werden. Denn es gibt keinen andern Gott als den, der so erretten kann“ (Daniel 3,29). Der König gab den drei Männern einflussreiche Positionen in seinem Reich und verkündete allen Völkern: „Viel Friede zuvor! Es gefällt mir, die Zeichen und Wunder zu verkünden, die Gott der Höchste an mir getan hat. Denn seine Zeichen sind groß, und seine Wunder sind mächtig, und sein Reich ist ein ewiges Reich, und seine Herrschaft währet für und für“ (Daniel 3,31-33).

König Nebukadnezar erscheint hier – bis auf die Schlussszene – wieder einmal in denkbar schlechtem Licht, aber es spricht viel dafür, dass es in dieser Geschichte nicht primär um ihn ging, sondern dass er stellvertretend die Rolle des Bösewichtes zu spielen hatte. Als die Geschichten des Daniel-Buches im 2. Jh. v. Chr. aufgeschrieben wurden, wollten der Verfasser oder die Verfasser den jüdischen Zuhörerinnen und Zuhörern Mut machen zum Widerstand gegen hellenistische Herrscher, die Anpassung forderten und Zuwiderhandeln hart bestraften. Fromme Juden standen vor der Frage, wie sie auch unter massivem äußeren Druck ihrem Glauben treu bleiben konnten. Die Daniel-Geschichte war geeignet, ihre Bereitschaft zu Widerstand und notfalls zum Martyrium im Namen des einen, mächtigen Gottes zu stärken.

Heute besteht in der Theologie weitgehend Einigkeit darüber, dass dies eine fromme Legende ist. Aber wie wird sie den Gläubigen vermittelt? Eine Radioandacht, die am 5. März 2013 vom „Saarländischen Rundfunk“ ausgestrahlt wurde, hatte den Titel „Stalin und Nebukadnezar“. Darin wird anlässlich seines 60. Todestages das Leben von Josef Stalin kurz skizziert. Dann heißt es: „Ein bisschen erinnert mich diese wahre Geschichte an die biblische Erzählung von König Nebukadnezar (Daniel Kap. 1-4).“ Das Wort „Erzählung“ kann andeuten, dass es sich nicht um eine historisch stattgefundene Geschichte handelt. Ob das bei den Hörerinnen und Hörern so angekommen ist, muss offen bleiben, zumal in der weiteren Darstellung von dem legendarischen Charakter des Geschehens nichts mehr vorkommt, auch nicht bei der Erwähnung der Geschichte vom Feuerofen. Es scheint in jedem Fall problematisch, eine reale historische Person, Josef Stalin, mit dem König einer biblischen Legende in Beziehung zu setzen. Dies um so mehr, wenn es diesen König Nebukadnezar in der Geschichte Babyloniens tatsächlich gegeben hat, der nichts mit dem König in der Daniel-Geschichte gemein hat.

Nebukadnezar II. war der bedeutendste König in der Geschichte jenes Landes, aus dem im 20. Jahrhundert der Irak geworden ist. Sehr wahrscheinlich war dieser König nicht despotischer und auch nicht edler als andere bedeutende Könige der Geschichte. Ob er mehr mit Josef Stalin gemeinsam hatte als zum Beispiel König Herodes, müsste erst einmal gründlich untersucht werden. Wenn wir Anliegen wie Achtung und Respekt ernst nehmen, müssen wir sensibel mit den Menschen umgehen, die als „Fremdvölker“ in die biblischen Texte eingegangen sind. Deren Darstellung in biblischen Texten ist oft weder respektvoll noch historisch zutreffend. Viele heutige Archäologen und Altorientalisten sehen es als eine ihrer wichtigsten Aufgaben an, dem irakischen Volk in dem schwierigen Prozess der Nationenbildung zur Seite zu stehen. Sie wollen den Irakern ihre in vieler Hinsicht beeindruckende Historie in Erinnerung rufen und mit ihrer Forschung ein besseres Verständnis dieser Geschichte fördern. Christinnen und Christen haben allen Anlass, diesen Prozess ihrerseits zu unterstützen, statt zum Beispiel dem bedeutendsten König der Geschichte dieses Landes mit einem der brutalsten Despoten des 20. Jahrhunderts auf eine Stufe zu stellen. Zumindest sollten dann so viel Zeit und Sensibilität vorhanden sein, um unmissverständlich deutlich zu machen, dass der historische Nebukadnezar nichts mit dem Nebukadnezar gemein hat, der in den Daniel-Geschichten dargestellt wird. Selbst dann hätte ich noch große Zweifel, ob sich die Daniel-Geschichten mit ihrem Zerrbild von König Nebukadnezar für einen Vergleich mit heutigen Despoten eignen. Das historische Babylonien war in jedem Fall komplexer, als Schwarz-Weiß-Darstellungen dies erkennen lassen – und die heutige Welt ist es auch.

Ein wunderbarer Garten und die schöne Susanna

Im Stadtgebiet von Babylon und in der Umgebung gab es eine größere Anzahl von Gärten, nach antiker Überlieferung auch die Hängenden Gärten der Semiramis, die zu den sieben Weltwundern gezählt wurden. Der jüdische Schriftsteller Flavius Josephus beruft sich bei seiner Darstellung dieser Gartenanlage auf das heute nicht mehr verfügbare Werk „Babylonia" von Berossos, einem babylonischen Priester aus dem 3. Jh. v. Chr. Er führte die Hängenden Gärten auf König Nebukadnezar II. zurück. Dieser habe sie für seine aus Medien stammende Frau anlegen lassen, weil sie Heimweh nach den grünen Hügeln ihrer Heimat hatte. Es ist von begrünten Terrassen, überwucherten Säulengängen und vielen exotischen Blumen und Bäumen die Rede. Allerdings werden diese Hängenden Gärten von Herodot nicht erwähnt, obwohl er nur ein Jahrhundert nach dem babylonischen König lebte. Herodot hat allerdings Babylon nie selbst besucht, sondern war nur aus zweiter Hand über die Schönheit und Pracht der Stadt informiert. Er ist also kein zuverlässiger Gewährsmann.

Die deutschen Archäologen um Robert Koldeway, die Ende des 19. Jahrhunderts begannen, nach Spuren der antiken Stadt zu graben, machten sich auch auf die Suche nach den berühmten Gärten der Semiramis. Sie fanden beim Gelände des Südpalastes von Nebukadnezar II. die Überreste eines Gewölbebaus mit 14 überwölbten Räumen. Die Konstruktion aus gebrannten Ziegeln könnte stabil genug gewesen sein, um die Erdmassen und Bäume des Gartens zu tragen. Auch wiesen die archäologischen Funde gewisse Ähnlichkeiten mit den antiken Beschreibungen der Gartenanlage auf. Aber die ausgegrabene Anlage war bedeutend kleiner, als man das nach den antiken Darstellungen erwarten konnte, und lag zudem abseits vom Euphrat und seinem Wasser. Nachdenklich macht auch, dass die Hängenden Gärten in der ersten antiken Liste der Weltwunder aus dem 2. Jh. v. Chr. ohne Ortsangabe geführt werden.

Inzwischen hat die britische Archäologin Stephanie Dalley von der Universität Oxford viele Belege dafür gesammelt, dass sich die Gärten der Semiramis tatsächlich in der assyrischen Königsstadt Ninive befanden. Während keine babylonische Königin mit dem Namen Semiramis bekannt ist, gab es im 9. Jh. v. Chr. eine assyrische Königin Sammuramat, die von griechischen Historikern unter dem Namen Semiramis erwähnt wird. Nach dem Tod ihres Mannes Sanherib regierte sie vier Jahre lang für ihren minderjährigen Sohn das Land und erzielte in dieser Zeit einige wichtige militärische Erfolge. Noch Jahrhunderte später wurden in Assyrien verschiedene Legenden über sie erzählt. In der griechischen Überlieferung wurde sie dann allerdings zu einer unzüchtigen und mörderischen Frau, was bis in die Gegenwart fortwirkt. Diese Legenden gaben zum Beispiel Mitte der 1950er Jahre den Anstoß für den italienischen Monumentalfilm mit dem Titel „Semiramis – die Kurtisane von Babylon".

Um Wasser aus den Bergen für die Stadt Ninive und die berühmten Gärten zu leiten, hat König Sanherib ein aufwendiges System von Kanälen und Aquädukten bauen lassen, argumentiert Stephanie Dalley. Bei Grabungen in der Umgebung von Ninive sind Reste solcher Aquädukte gefunden worden. Es gibt also Gründe, das Weltwunder tatsächlich in Ninive zu suchen. Zur später falschen Zuordnung der Gärten könnte beigetragen haben, dass die Assyrer nach der Eroberung von Babylon ihre eigene Hauptstadt zum „neuen Babylon" erklärten. Die Debatte über die Thesen der britischen Forscherin dauert noch an.

Unstrittig ist, dass es in der Stadt Babylon beeindruckende Gärten gab, für die man Pflanzen aus der ganzen damals bekannten Welt holte. Die Gärten des Königs sollten ein Abbild der bewohnten Welt sein, um deren Schutz und Pflege sich der Herrscher von Babylon kümmerte. Die Gärten waren ein Symbol der Fruchtbarkeit, die das Land den Göttern und ihrem irdischen Vertreter, dem König, verdankte. Auch wird von großen Gärten der Tempel berichtet, die angelegt wurden, um die Götter jederzeit mit Obst und Gemüse versorgen zu können.

Die aus dem babylonischen Exil zurückgekehrten Juden haben in ihrer Heimat unbekannte Pflanzen wie die Rose aus Babylon mitgenommen, aber auch Kenntnisse über die Anlage und Pflege von Gärten. Der biblische Verfasser Kohelet hat die Anlage von Gärten im Jerusalem der Nachexilzeit so beschrieben: „Ich tat große Dinge: Ich baute mir Häuser, ich pflanzte mir Weinberge, ich machte mir Gärten und Lustgärten und pflanzte allerlei fruchtbare Bäume hinein; ich machte mir Teiche, daraus zu bewässern den Wald der grünenden Bäume" (Kohelet 2,4-6).

Die Geschichte von Susanna im Garten

In der Geschichte von Susanna im Buch Daniel wird von einem reichen jüdischen Mann mit dem Namen Jojakim erzählt, der in Babylon lebte und einen schönen Garten besaß. Seine Frau Susanna war sehr schön und sehr gottesfürchtig. Ihre frommen Eltern hatten sie nach dem Gesetz des Mose unterwiesen. Ihr Mann Jojakim war hoch angesehen in der Stadt, und jeden Vormittag kamen Menschen zu ihm, damit er ihre Streitigkeiten schlichtete. Nachmittags ging er dann mit seiner Frau durch ihren schönen Garten.

Als aber zwei Älteste aus dem Volk zu Richtern berufen wurden, begann das Unheil, denn sie waren voller Bosheit. Als sie Susanna durch ihren Garten gehen sahen, entbrannte ihre Begierde, und zwar so sehr, „dass sie nicht mehr zum Himmel aufsehen konnten und nicht mehr an gerechte Urteile dachten" (Vers 9, zitiert nach

Lutherbibel, Zusätze zum Buch Daniel). Täglich gingen sie nun wie zufällig an dem Garten vorbei, um die schöne Frau beobachten zu können. Zunächst verschwiegen sie einander ihre Gefühle, aber schließlich „bekannten sie beide ihre Begierde. Danach kamen sie miteinander überein, darauf zu warten, wann sie die Frau allein finden könnten" (Vers 14).

An einem heißen Tag kam Susanna von zwei Mägden begleitet in den Garten, um zu baden. Dort hatten sich die beiden Ältesten versteckt. Susanna gab ihren Mägden den Auftrag, den Garten zu verschließen und dann Öl und Salben zu holen. Diesen Augenblick nutzten die beiden Ältesten, kamen aus ihrem Versteck hervor und sagten zu der jungen Frau: „Siehe, der Garten ist zugeschlossen und niemand sieht uns, und wir sind in Liebe zu dir entbrannt; darum sei uns zu Willen! Willst du aber nicht, so werden wir dich beschuldigen, dass wir einen jungen Mann allein bei dir gefunden haben und dass du deine Mägde deshalb hinausgeschickt hast" (Vers 20-21). Susanna antwortete, sie wollte lieber unschuldig in den Händen der Männer sein, als sich gegen den Herrn zu versündigen. Sie schrie laut, und auch die beiden Ältesten schrieen sie an. Einer der beiden lief zur Tür des Gartens und öffnete sie. Die Leute in der Umgebung hatten das Geschrei gehört und kamen nun herbei, um zu sehen, was der Hausherrin widerfahren war. Die Ältesten erhoben sofort schwere Vorwürfe gegen Susanna.

Damit nicht genug, am nächsten Vormittag suchten sie den Ehemann Jojakim auf und ließen nach Susanna schicken, um ihre Vorwürfe vor dem Ehemann zu wiederholen. Susanna brachte ihre Eltern, ihre Kinder und weitere Verwandte mit, denn sie war sich bewusst, dass ihr im schlimmsten Falle eine Verurteilung zum Tode drohte. Die beiden Ältesten sagten: „Als wir beide allein im Garten umhergingen, kam sie hinein mit zwei Mägden und schloss den Garten zu und schickte die Mägde fort. Da kam ein junger Mann zu ihr, der sich versteckt hatte, und legte sich zu ihr. Als wir aber in einem Winkel im Garten solche Schande sahen, liefen wir eilends hinzu und fanden sie beieinander" (Verse 36-38). Der junge Mann wäre geflohen, und Susanna hätte sich geweigert, seinen Namen zu nennen. Das Volk glaubte den beiden Ältesten und Richtern, und Susanna wurde zum Tode verurteilt. „Sie aber schrie mit lauter Stimme: Herr, ewiger Gott, der du alle Heimlichkeiten kennst und alle Dinge zuvor weißt, ehe sie geschehen, du weißt, dass diese mich zu Unrecht beschuldigt haben. Und nun siehe, ich muss sterben, obwohl ich doch nicht begangen habe, was sie so bösartig gegen mich zusammengelogen haben" (Verse 42-43).

Gott erhörte sie, und als sie hingerichtet werden sollte, erweckte Gott den heiligen Geist in einem jungen Mann namens Daniel, und der sprach zur Menge: „Seid ihr Männer von Israel solche Narren, dass ihr eine Tochter Israels verdammt, ehe ihr die

Sache erforscht und Gewissheit erlangt habt?“ (Vers 48). Es wäre eine neue Gerichtsverhandlung erforderlich, denn die Frau würde zu Unrecht beschuldigt. Daniel nahm an dieser zweiten Verhandlung teil und verhörte die beiden Ältesten getrennt voneinander. Sie verstrickten sich in Widersprüche und wurden als falsche Zeugen entlarvt und für ihr Verbrechen hingerichtet. Damit war Susannas Unschuld bewiesen und ihre Ehre wiederhergestellt.

Susanna nahm kein Bad

Von dieser Erzählung gibt es zwei deutlich unterschiedene Versionen in griechischer Sprache, und unter Fachleuten wird noch debattiert, ob es eine weitere, ursprüngliche Fassung gegeben haben könnte, die wir heute nicht mehr kennen. Die ältere der beiden heute noch bekannten Fassungen der Geschichte könnte um das Jahr 120 v. Chr. entstanden sein, also in der Zeit der Hasmonäer-Herrschaft, in der in der jüdischen Gesellschaft darum gerungen wurde, wie man griechische kulturelle und soziale Einflüsse abwehren konnte.

Auffällig ist an der Geschichte, dass Susanna und ihr Mann ganz selbstverständlich als Teil der Oberschicht von Babylon vorgestellt werden, deren Wohlstand schon erkennbar wird an dem prächtigen Garten und der Tatsache, dass Susanna mindestens zwei Dienerinnen beschäftigte. Hier spiegelt sich wider, dass zumindest einzelne jüdische Familien in Babylon in der Zeit der persischen und griechischen Herrschaft zu Wohlstand und Einfluss gelangt waren. Aus der zwangsweisen Verschleppung war eine bewusst gewählte Diasporasituation geworden. Als die Susanna-Geschichte aufgeschrieben wurde, war dies bereits eine Selbstverständlichkeit und der Ausgangspunkt für die Geschichte. Und es war auch selbstverständlich, dass man seine Rechte vor Gericht einklagen konnte.

Die Rezeption dieser Geschichte in Kirche und Kunst ist bemerkenswert. In keiner der beiden Versionen der Geschichte ist davon die Rede, dass Susanna nackt war, als die beiden Richter aus dem Versteck hervortraten, und auch nicht davon, dass sie gerade ein Bad nahm. In Vers 17 sagt Susanna ihren Dienerinnen: „Holt mir Öl und Salben und schließt den Garten zu, damit ich baden kann!“ Sie lässt also Vorbereitungen treffen, um dann zu baden. Dieses Vorhaben kam aber nicht zum Abschluss, weil die beiden Männer auftauchten, bevor die Dienerinnen zurück waren. Das Bild von der nackt badenden Susanna entspringt also der Fantasie von Lesern. Die Geschichte müsste deshalb eigentlich nicht „Susanne im Bade“ oder „Susanna beim Bade“ heißen, sondern „Susanna im Garten“.

Die Geschichte von einer Frau, die überrascht wurde, als sie sich auf ein Bad vorbereitete, stieß auf Skepsis unter strenggläubigen Juden und fand keine Aufnahme in den Kanon der Hebräischen Bibel, zumal sie lediglich in griechischen Fassungen überliefert ist. Auch unter den Christinnen und Christen blieb die Geschichte von Susanna umstritten. In den katholischen Bibeln wurde sie als 13. Kapitel dem Daniel-Buch angefügt, weil gegen Ende der Geschichte Daniel auftritt. Martin Luther hat diese Geschichte nicht in seine Bibelübersetzung aufgenommen. In evangelischen Bibeln findet sie sich allenfalls im Anhang. Bereits in der frühen Kirchengeschichte wurde versucht, der Geschichte ihre erotischen Aspekte zu nehmen, um sie allegorisch zu deuten, so Matthias Albani, „wobei Susanna als Vorbild die christliche Kirche und die beiden gemeinen Alten die Juden und die Heiden versinnbildlichen sollen".[141]

Susanna auf der Leinwand

Über viele Jahrhunderte war die Susanna-Erzählung ein beliebtes biblisches Motiv für Maler, konnte diese Geschichte doch dazu genutzt werden, um weibliche Nacktheit darzustellen. Dem voyeuristischen Bedürfnis der Betrachter wurde Genüge getan, und es ließ sich jederzeit sagen, es handele sich ja um eine biblische Geschichte. Der Zurückhaltung der Theologen und Kirchenoberen hinsichtlich dieser Geschichte stand ein großes Interesse von Künstlern gegenüber, unter ihnen Rembrandt, Corinth und Rubens.

Bemerkenswerterweise ist aus früheren Jahrhunderten lediglich ein einziges Gemälde einer Malerin überliefert, in der die Susanna-Geschichte thematisiert wird. Es stammt von der italienischen Künstlerin Artemisia Gentileschi, die von 1593 bis 1653 lebte. Ihr Vater war Maler in Rom, und seine Tochter musste ihm schon früh als Aktmodell dienen. Als er das künstlerische Talent seiner Tochter erkannte, förderte der Vater sie nach Kräften. Er schickte sie zur Ausbildung zu seinem Freund und Kollegen Agostino Tassi, der allerdings die junge Frau vergewaltigte. Er brachte sie zunächst dadurch zum Schweigen, dass er ihr eine baldige Heirat ankündigte. Als Artemisia Gentileschi nach einigen Monaten merkte, dass er diese Zusage keineswegs einhalten wollte, verklagte sie ihn wegen der Vergewaltigung. Es kam – wie in der Geschichte von Susanna – zum Prozess, und auch die junge Italienerin musste erleben, dass das Wort einer Frau vor Gericht nicht viel galt und man ihr nicht glauben wollte. Sie musste sich gynäkologischen Untersuchungen unterziehen und wurde gefoltert, um zu überprüfen, ob sie die Wahrheit gesagt hatte. Der Vergewaltiger wurde schließlich verurteilt, aber lediglich zu acht Monaten Haft, und dies auch wegen eines weiteren Vergehens. Der Ruf der jungen Frau war durch den viel beachteten siebenmonatigen Prozess dauerhaft geschädigt. Ihr Vater verheiratete sie mit einem Maler in Florenz,

[141] Ebenda, S. 276.

der hohe Schulden bei dem Vater hatte, die ihm vermutlich als „Gegenleistung“ für die Heirat erlassen wurden.

Aufgrund dieser Erfahrungen stellt Artemisia Gentileschi die Susanna-Geschichte gänzlich anders dar als ihre männlichen Kollegen. Es wird überdeutlich, wie Susanna von den beiden alten Richtern belästigt wird. Ihre Scham ist durch ein Tuch bedeckt, und sie hat einen abwehrenden Gesichtsausdruck. Hier lockt nicht die Frau, wie auf manchen Susanna-Darstellungen von Malern, sondern hier sieht sie sich bedroht und wehrt die lüsterne Annäherung ab. Die Malerin ergreift Partei für Susanna, sicher auch ein Ergebnis des Prozesses, in dem sie selbst verleumdet und als Prostituierte hingestellt wurde. Diese Darstellung wird der Susanna in der biblischen Geschichte sehr viel gerechter als viele andere Gemälde.

Vom angedrohten Untergang der Stadt am Euphrat

Babylon war dem Untergang geweiht, ist eine in kirchlichen Kreisen weit verbreitete Auffassung. Diese Vorstellung geht zurück auf die Untergangsprophezeiungen des Alten Testaments und die apokalyptischen Visionen der Offenbarung des Johannes. Dabei wird aber leicht übersehen, dass Babylon mehr als zwei Jahrtausende lang eine durchaus bedeutende Stadt war und mit einer insgesamt etwa drei Jahrtausende dauernden Geschichte zu den am längsten bestehenden Städten der Weltgeschichte gehört. Die Lage am Euphrat begünstigte den Aufstieg der Stadt ebenso wie der zentrale Standort im Herzen Südmesopotamiens. Aber durch die zentrale Lage war Babylon stets von allen Seiten von Feinden und potenziellen Feinden umgeben. Wie andere mesopotamische Städte musste auch Babylon immer wieder mit Angriffen rechnen, und selbst die hohen und Furcht einflößenden Stadtmauern konnten nicht verhindern, dass es Feinden etwa ein Dutzend Mal gelang, die reiche Metropole zu erobern, zu plündern und zu verwüsten. Ähnlich war es vorher schon der sumerischen Großstadt Uruk ergangen, und auch die assyrische Hauptstadt Ninive fiel mehrfach in die Hand von Feinden. Militärstrategisch kann dies nicht verwundern. Wo stets feindliche Mächte von Ägypten über Kleinasien und Griechenland bis nach Persien auf eine günstige Gelegenheit warteten, ihren Einflussbereich um Mesopotamien zu erweitern, war es praktisch unmöglich, immer siegreich alle Feinde und Bündnisse von Feinden abzuwehren.

Babylon hat sich erstaunlich oft von solchen Niederlagen und Zerstörungen wieder erholt. Die Lehmziegel von Stadtmauer und Häusern mochten nicht für die Ewigkeit gebaut sein, aber sie ließen sich rasch erneuern und zu imposanten Höhen aufschichten. Das war einer der Gründe für die lange Existenz der „Steh-auf-Stadt" Babylon. Auch die Wirtschaftskraft dank ertragreicher Landwirtschaft am Euphrat und florierendem Handwerk in der Stadt darf nicht unterschätzt werden. Und da war schließlich der Mythos Babylon, der in doppelter Hinsicht eine große Wirkkraft entfaltete. Die Bewohner vertrauten auf die Gunst der Götter und die Macht ihres Stadtgottes Marduk. Er war im Glauben der Babylonier mit jedem militärischen Sieg der Stadt weiter nach oben im Götterhimmel aufgestiegen und zur Zeit von Nebukadnezar II. unbestritten an der Spitze der Götterhierarchie angekommen. Auf einen solchen Gott konnte man auch nach vorübergehenden Niederlagen bauen.

Der Mythos der Stadt wirkte aber auch nach außen. Als Religions-, Bildungs- und Wissenschaftszentrum genoss Babylon einen Ruf weit über Mesopotamien hinaus. Eine solche Stadt machte man auch als Sieger nicht einfach „platt" – oder doch nur in extremen Ausnahmefällen. Es war symptomatisch, dass die assyrischen Eroberer im

7. Jh. v. Chr. die eroberte Stadt verschonten, aber dafür eine gewaltige Zahl von Keilschrifttafeln raubten. Allerdings war die Wirkung dieses Raubzugs anders als von den assyrischen Herrschern erhofft. Das babylonische Wissen verbreitete sich über die neuen Bibliotheken in Ninive, und es entstand eine starke Nähe zum Denken, Glauben und Wissen Babylons. Als ein assyrischer König das rebellische Babylon dennoch dem Erdboden gleich gemacht hatte, war es sein Sohn, der dieses Sakrileg wieder gutmachte und die Stadt noch beeindruckender als früher wieder aufbauen ließ.

Der Mythos lebte auch dann noch weiter, als das babylonische Königreich längst untergegangen war. Und auch die Stadt existierte weit länger, als man dies nach den biblischen Verwünschungen hätte erwarten können. Ja beinahe wäre Babylon, wie noch zu erzählen sein wird, als prächtige Hauptstadt des Weltreiches von Alexander dem Großen zu neuer Blüte gelangt. Aber der Herrscher starb, bevor er seine Pläne verwirklichen konnte, und Babylon verlor weiter an Bedeutung. Es war dann eine Verkettung ungünstiger Umstände, die dieses Siechtum der Stadt beschleunigten und aus der Weltstadt ein unbedeutendes Dorf machten. Am Ende blieben nur noch die Erinnerung an den Mythos und ein archäologisches Grabungsgebiet gewaltiger Größe mit den Resten von vielen Hunderttausend Lehmziegeln. Und nach all dem wäre Babylon beinahe noch einmal neu erstanden, das war am Ende des 20. Jahrhunderts, und auch davon soll noch berichtet werden.

Babylon in der Offenbarung des Johannes

Die negative Darstellung Babylons im Alten Testament setzt sich im Neuen Testament und besonders in der Offenbarung des Johannes fort, zu einer Zeit, als das reale Babylon schon jede Bedeutung verloren hatte. Die Offenbarung des Johannes gilt mit ihren vielen Bildern, Metaphern, Symbolen und Visionen in Theologenkreisen als schwieriges biblisches Buch, um das in Gottesdienst und Bibelkreisen oft ein weiter Bogen gemacht wird. Dass dieses Buch von den utopisch orientierten und revolutionären Gruppen der Kirchengeschichte als Aufruf zu grundlegenden kirchlichen und gesellschaftlichen Veränderungen reklamiert wurde, hat es in etablierten Theologenkreisen nur noch suspekter gemacht. Heute sind viele Wissenschaftlerinnen und Wissenschaftler überzeugt, dass die Offenbarung des Johannes ein zentraler Text ist, wenn es um die Frage der Auseinandersetzung mit globalen Mächten geht, weil die Konflikte mit dem römischen Weltreich den historischen Hintergrund für die Prophezeiungen bilden.

Der Autor der Offenbarung, über den wir wenig wissen, schrieb sein Buch in der Verbannung auf der Insel Patmos (Offenbarung 1,9) und versuchte, den oft verzagten Jesusanhängern Mut zu machen, ohne die Schrecken der Gegenwart und die noch kommenden Schrecken zu verschweigen. Vor allem wohl, um die römischen Machthaber nicht noch mehr zu reizen, die die Jesusanhänger ohnehin als eine gefährliche religiöse Sekte betrachteten, ersetzte der Verfasser des biblischen Buches in seinem Text Rom durch Babylon. Dass im Text von der Stadt auf sieben Bergen gesprochen wird (Offenbarung 17,9), ist ein deutlicher Hinweis darauf, dass mit den Prophezeiungen tatsächlich Rom gemeint war.

Gleichzeitig gibt es Bezüge zum historischen Babylon. Im 16. Kapitel gießt der sechste Engel seine Schale aus auf den Euphrat, der daraufhin austrocknet (Offenbarung 16,12). Der Untergang Babylons wird als ein Ereignis verstanden, das bereits stattgefunden hat: „Und aus der großen Stadt wurden drei Teile, und die Städte der Heiden stürzten ein. Und Babylon, der großen, wurde gedacht vor Gott, dass ihr gegeben werde der Kelch mit dem Wein seines grimmigen Zorns“ (Offenbarung 16,19).

Babylon kommt auch am Anfang des 17. Kapitels vor, in dem das Bild von der Hure Babylon eine wichtige Rolle spielt. Johannes lässt einen der Engel sagen: „Komm, ich will dir zeigen das Gericht über die große Hure, die an vielen Wassern sitzt ...“ (Offenbarung 17,1). Und einige Verse später wird deutlich, wer diese große Hure ist: „Und ich sah eine Frau auf einem scharlachroten Tier sitzen, das war voll lästerlicher Namen und hatte sieben Häupter und zehn Hörner. Und die Frau war bekleidet mit Purpur und Scharlach und geschmückt mit Gold und Edelsteinen und Perlen und hatte einen goldenen Becher in der Hand, voll von Gräuel und Unreinheit ihrer Hurerei, und auf ihrer Stirn war geschrieben ein Name, ein Geheimnis: das große Babylon, die Mutter der Hurerei und aller Gräuel auf Erden“ (Offenbarung 17,3-5).

Der Engel verkündet anschließend: „Und er sprach zu mir: Die Wasser, die du gesehen hast, an denen die Hure sitzt, sind Völker und Scharen und Nationen und Sprachen“ (Offenbarung 17,15). Die Verwendung des Begriffs Hure macht deutlich, dass hier nicht die Völker und Nationen pauschal gemeint sind, wenn von Babylon die Rede ist, sondern nur jene Völker, die andere unterdrücken und ausbeuten. Im historischen Kontext von Johannes ist es das Römische Reich. Der „Hure Babylon“ wird die „Braut Jerusalem“ gegenübergestellt. Diese Braut heiratet das Lamm, nachdem Gott die Hure vernichtet hat. Die Braut wartet ab, bis dieser Sieg der himmlischen Heerscharen errungen ist, erwartet passiv ihren Bräutigam. Die Hure ihrerseits setzt sich gegen die Bestrafung durch den männlich auftretenden Gott nicht zur Wehr. So sind beide Frauen – wenn auch auf unterschiedliche Weise – den Männern untergeordnet.[142]

Im 18. Kapitel der Offenbarung wird erneut – und mit drastischen Formulierungen – an den Untergang Babylons erinnert, und ein Engel ruft mit mächtiger Stimme: „Sie

[142] Vgl. Ulrike Sals: Die Biographie der „Hure Babylon“, Tübingen 2004, S. 52.

ist gefallen, sie ist gefallen, Babylon, die Große, und ist eine Behausung der Teufel geworden und ein Gefängnis aller unreinen Geister und ein Gefängnis aller unreinen Vögel und ein Gefängnis aller unreinen und verhassten Tiere. Denn von dem Zorneswein ihrer Hurerei haben alle Völker getrunken, und die Könige auf Erden haben mit ihr Hurerei getrieben, und die Kaufleute auf Erden sind reich geworden von ihrer großen Üppigkeit" (Offenbarung 18,2-3). Die Sünden hätten bis an den Himmel gereicht, erfahren wir, und deshalb würden die Bewohner nun so viel Qual und Leid ertragen müssen, wie sie vorher Herrlichkeit und Üppigkeit genossen hatten. Dann wird eine Beziehung hergestellt zwischen den Plagen, unter denen Ägypten vor dem Exodus zu leiden hatte, und den Plagen Babylons: „Darum werden ihre Plagen an *einem* Tag kommen, Tod, Leid und Hunger, und mit Feuer wird sie verbrannt werden; denn stark ist Gott der Herr, der sie richtet" (Offenbarung 18,8).

Die Zerstörung Babylons wird von den Königen der Erde beweint und beklagt, die mit der Stadt „gehurt und geprasst" (Offenbarung 18,9) hatten. Voller Furcht würden sie fernab stehen und feststellen, dass die Stunde des Gerichts über die Stadt gekommen sei. Auch die Kaufleute der übrigen Welt würden weinen, weil ihnen nun niemand mehr ihre kostbaren Waren abkaufen würde. Es wird eine große Zahl von Gütern aufgezählt, die das Luxusleben in Babylon plastisch sichtbar machen, darunter feines Leinen, Purpur, Gold und Edelsteine. Man mag daraus den Neid gegenüber dem Reichtum von Babylon oder auch von Rom herauslesen. Aber damit ist nun Schluss: „... denn in *einer* Stunde ist verwüstet solcher Reichtum" (Offenbarung 18,17). Dass anschließend auch von der Klage der Schiffsherrn und Seefahrer auf dem Meer die Rede ist, spricht wiederum dafür, dass es in diesem biblischen Text eher um Rom als um das weit vom Meer entfernt gelegene Babylon geht. Am Ende dieses Abschnitts stellt der Verfasser der Offenbarung dem Elend der reichen Stadt die Hoffnung für die Gläubigen gegenüber: „Freue dich über sie, Himmel, und ihr Heiligen und Apostel und Propheten! Denn Gott hat sie gerichtet um euretwillen" (Offenbarung 18,20).

Die Offenbarung des Johannes knüpft direkt an das Buch Daniel und besonders an die apokalyptischen Vorstellungen in Daniel 7 an. In einem Traum Daniels steigen vier Ungeheuer aus dem Meer, von denen das erste mit Babylon identifiziert wird, ein Löwe, der Flügel hat wie ein Adler. Die drei anderen Ungeheuer symbolisieren Medien, Persien und Griechenland. Im 13. Kapitel der Offenbarung verschmelzen diese vier Tiere zu einem einzigen.

Die Gläubigen, die zuerst die Offenbarung des Johannes hörten und lasen, wussten vermutlich, dass Babylon eine Chiffre für Rom sein sollte und dass es dem Verfasser darum ging, das Römische Reich und seine allumfassenden Machtansprüche anzuprangern. Aber das Wissen über die „stellvertretende" Rolle der „Hure Babylon" trat danach viele Jahrhunderte in den Hintergrund, und die theologischen Einsichten der Neuzeit haben es nicht vermocht, das einseitig negative Bild von Babylon in den Kirchen und in der Gesellschaft zu korrigieren.

Die „Hure Babylon" in Berlin

„Es ist ein Weib, bekleidet mit Purpur und Scharlach und übergüldet mit edlen Steinen und Perlen und hat einen goldenen Becher auf der Hand. Sie lacht. An ihrer Stirn steht ihr Name geschrieben, ein Geheimnis, die große Babylon, die Mutter der Hurerei und aller Gräuel auf Erden. Sie hat das Blut der Heiligen getrunken, vom Blut der Heiligen ist sie trunken. Die Hure Babylon sitzt da, das Blut der Heiligen hat sie getrunken."[143] Das Berlin am Ende der 1920er Jahre erschien Franz Biberkopf nach jahrelangem Gefängnisaufenthalt so chaotisch und verwirrend wie den biblischen Autoren die antike Großstadt Babylon. Er fand sich dort nicht mehr zurecht. Die Stadt war für ihn, erfahren wir von Alfred Döblin in seinem Großstadtroman „Berlin Alexanderplatz", wie die „Hure Babylon", wie die apokalyptische Figur aus der Offenbarung des Johannes, die den baldigen Untergang einer aus den Fugen geratenen Welt symbolisierte.

Dass „Berlin Alexanderplatz" viele religiöse Motive enthält, ist kein Zufall, sondern spiegelt auch die religiöse Suche von Alfred Döblin wider, der 1878 in einer jüdischen Familie in Stettin geboren wurde. Sein Judesein bemerkte er mehr am Antisemitismus seiner Umgebung als am religiösen Leben seiner Familie. Er wurde Arzt, erlebte die Schrecken des Ersten Weltkriegs in einem Lazarett an der Westfront und praktizierte dann als Mediziner in einem Berliner Arbeiterviertel. Hier lernte er die soziale Realität der „Goldenen Zwanziger Jahre" kennen, die er in seinem apokalyptischen Roman verarbeitet hat, in dem das moderne Babylon an der Spree bei allem Schrecken auch eine Faszination besitzt.

Die „heile Welt" vor dem Chaos der Apokalypse, das war für den Kleinkriminellen Franz Biberkopf ausgerechnet die geordnete Welt des Gefängnisses Tegel. Die dunklen Seiten der Metropole Berlin der zwanziger Jahre werden sichtbar durch die Darstellung des vergeblichen Versuchs von Franz Biberkopf, sich in dieser rauen Welt zurechtzufinden: „Wind gibt es massenhaft am Alex, an der Ecke von Tietz zieht es lausig. Es gibt Wind, der pustet zwischen die Häuser rein und auf die Baugruben."[144]

---

[143] Alfred Döblin: Berlin Alexanderplatz, Frankfurt am Main 1980, S. 371.
[144] Ebenda, S. 239.

Immer wieder greift Döblin in seinem Roman auf biblische Bilder zurück. Neben Anspielungen auf die Offenbarung des Johannes, etwa durch das Bild der Posaune des Jüngsten Gerichts, werden auch die Schöpfungsgeschichte, die Hiobgeschichte und die Botschaft der Propheten einbezogen: „Sprach Jeremia, wir wollen Babylon heilen, aber es ließ sich nicht heilen. Verlasst es, wir wollen ein jeglicher nach seinem Lande ziehen. Das Schwert komme über die Kaldäer, über die Bewohner Babylons."[145] Die Nacherzählung biblischer Geschichten im Roman und die vielen direkten und indirekten Bibelzitate und biblischen Themen sind kein Beiwerk, sondern halten den Roman zusammen. In diesem Roman werden die Abschnitte aus der Lebensgeschichte von Franz Biberkopf immer wieder unterbrochen durch Zitate aus Schlagertexten, Zeitungsartikeln, Werbesprüchen und Verordnungen der 1920er Jahre, die die reale Stadt Berlin in den Roman einbeziehen. Diese „Montage" bedurfte in Alfred Döblins Roman einer interpretierenden, einordnenden Klammer, die biblische Texte – wie die Vertreibung von Adam und Eva aus dem Paradies – bildeten.

Textpassagen aus der Offenbarung des Johannes zur „Hure Babylon" werden ein halbes Dutzend Mal fast wörtlich in den Roman eingefügt. Fast zwei Jahrtausende, nachdem Johannes seine Apokalyse-Darstellung geschrieben hatte, waren seine Bilder noch so aktuell und stark geblieben, dass sie in einen Großstadtroman eingepasst werden konnten. Mögen Theologen auch längst herausgefunden haben, dass die biblische „Hure Babylon" eigentlich in Rom zu Hause war, so ist doch durch Döblins Roman für immer eine Verbindung zwischen den Großstädten an Euphrat und Spree hergestellt worden. Untergehen wird das Babylon des Romans nicht, jedenfalls nicht auf eine spektakuläre Weise, aber das Bedrohliche und das Bedrohte bestimmen das Leben in dieser Stadt. In diesem modernen Babylon scheitert Franz Biberkopf immer wieder. Dass er aus einem fahrenden Auto geworfen wird und einen Arm verliert, ist nur eines der Ereignisse, die dieses Scheitern erfahrbar machen. Am Ende stirbt Franz Biberkopf, erlebt den Endkampf der „Hure Babylon", erwacht zu neuem Leben und findet schließlich doch noch einen Platz in der Großstadt, als Hilfsportier in einer Fabrik.

Wenige Monate nach dem Erscheinen von „Berlin Alexanderplatz" begann die Weltwirtschaftskrise und zeigte, wie fragil das anscheinend „goldene" Stadtleben war. Drei Jahre später begann die Naziherrschaft. Alfred Döblin flüchtete nach dem Reichstagsbrand ins Nachbarland Frankreich und später in die USA. Die Apokalypse, die dann folgte, hat er aus dem Exil und anschließend als französischer Besatzungssoldat beobachtet. Literarisch konnte er nie an seinen erfolgreichen Vorkriegsroman anknüpfen. Er, der anders als andere Exilautoren gleich nach dem Krieg in die Heimat

[145] Ebenda, S. 22.

zurückkehrte, musste später die Bilanz ziehen: „Und als ich wiederkam – da kam ich nicht wieder." Den Satz hätte auch Franz Biberkopf sagen können. Im Alter erkrankte der tief enttäusche Schriftsteller an Parkinson, und, so erfahren wir von seinem Biografen Wilfried F. Schoeller, erlebte zudem ein „Verblassen seiner Frömmigkeit". Anders als von Franz Bieberkopf ist von seinem Schöpfer keine überraschende positive Wende am Ende des Lebensweges überliefert. Der Hiob der deutschen Literatur des 20. Jahrhunderts hat wenigstens seinem Romanhelden ein schönes Weiterleben zugeschrieben: „Es geht in die Freiheit, die Freiheit hinein, die alte Welt muss stürzen, wach auf, die Morgenluft."[146] Allerdings ahnen wir am Ende des Romans, dass der Weg aus der alten Welt in einen neuen Krieg führen wird. „Und Schritt gefasst und rechts und links und rechts und links, marschieren, marschieren, wir ziehen in den Krieg ..."[147] Ein himmlisches Jerusalem, wie in der Offenbarung des Johannes, fehlt in diesem Roman.

Die „Zurückgelassenen" und das Ende der Welt

Nun machen wir einen großen geografischen und auch religiösen Sprung. In den USA ist eine Buchreihe erschienen, die ebenfalls Babylon-Themen aus der Bibel und vor allem der Apokalypse aufgreift. Bietet sie ein „Panoptikum fundamentalistischer Urängste", wie ein Autor der Schweizer „Weltwoche" 2002 in einer Rezension urteilte?[148] Oder sind die Bücher „fesselnd von der ersten Seite an", wie ein Leser schrieb? Die zwölfteilige Buchreihe „Left Behind" (deutscher Titel: „Finale – die letzten Tage der Erde") erschien von 1995 an, erreichte mittlerweile eine Gesamtauflage von weit mehr als 50 Millionen Exemplaren und wurde in viele Sprachen übersetzt. Nach den Anschlägen vom 11. September 2001 stieg der Absatz vorübergehend auf das Doppelte.[149] Das Ende der Welt schien für viele US-Amerikaner nahe herbeigekommen, und „Left Behind" die dazu passende Lektüre zu sein. Die Autoren Tim LaHaye und Jerry Jenkins machen die Offenbarung des Johannes und weitere prophetische biblische Texte zur Grundlage ihrer Zukunftsromanreihe, an deren Ende die Wiederkehr Jesu steht.

Am Anfang der Geschichte steht der Transatlantikflug eines Jumbojets, aus dem auf zunächst unerklärliche Weise etwa hundert Passagiere spurlos verschwinden. Nur ihre Kleidungsstücke sind auf den Sitzen zurückgeblieben. Der Pilot kehrt daraufhin

---

[146] Ebenda, S. 677.

[147] Ebenda.

[148] Vgl. Martin Kilian: Der Bestseller, Die Weltwoche, 14/2002.

[149] Vgl. „Left Behind" author Jerry Jenkins on God and September 11, CCN, 3.10.2001.

um und landet mit seinem Flugzeug in den USA, wo das ganze Ausmaß des sonderbaren Geschehens sichtbar wird. Millionen Menschen sind vom Erdboden verschwunden. Das Rätsel löst sich für die Leserinnen und Leser bald auf. Die verschwundenen Menschen sind wiedergeborene Christinnen und Christen, die in den Himmel entrückt wurden, begleitet von den unschuldigen ungeborenen Föten. Sie alle hat Gott zu sich genommen. Die „Zurückgelassenen" sind Ungläubige, Alltagschristen, liberale Protestanten und Katholiken, denen es am rechten Glauben fehlt. Auch der Pilot des Jumbojets gehört zu ihnen, während seine tiefgläubige Frau und sein Sohn zu den von Gott in den Himmel „Entrückten" zählen. Der Pilot fragt sich in dem Roman, ob es „wirklich endgültig zu spät" für ihn ist. Aber nicht alle „Zurückgelassenen" sind für alle Zeiten verloren, erfahren wir. Allerdings durchleben sie erst einmal sieben Jahre des Schreckens und der gewaltigen Schlachten zwischen Gut und Böse. Wer sich von den Alltagschristen und den Juden zum wahren Glauben der wiedergeborenen Christen bekehrt, hat noch die Möglichkeit, am Heil teilzuhaben.

Der Gedanke einer solchen „Entrückung" findet sich nicht in der Bibel, sondern entstand in den 1830er Jahren in den USA. Ebenso wurden hier und in Großbritannien in der zweiten Hälfte des 19. und im 20. Jahrhundert mehrere einflussreiche Werke veröffentlicht, die die Visionen vom Untergang Babylons in Verbindung bringen mit dem bevorstehenden Ende einer sündigen Welt, so das Buch „The Two Babylons" von Alexander Hislop, in dem die katholische Kirche als Fortführung der heidnischen Religion von Babylon und insbesondere der Anbetung Nimrods erscheint. Auch wird eine direkte Linie von Belsazar bis zu den katholischen Päpsten gezogen. Dieses Buch wird immer noch verkauft und in einigen fundamentalistischen christlichen Kreisen intensiv studiert.

Zurück zu den „Zurückgelassenen" der Romanreihe. Sie sind mit dem Chaos konfrontiert, die das plötzliche Verschwinden der in den Himmel Entrückten ausgelöst hat. Zahlreiche Flugzeuge stürzen ab, weil die Piloten entschwebt sind, ebenso sind Autos ohne Fahrer durch die Städte gerast und haben zahllose Verkehrsunfälle ausgelöst. Nur eine Romanidee? Nicht ganz, denn an vielen US-Autos findet sich der Aufkleber „In case of Rapture, this car will be unmanned", im Falle der Entrückung wird dieses Auto unbesetzt sein.

Erstaunlicherweise arbeitet im Roman der Fernsehsender CNN noch, dort scheint es nur wenige nun fehlende wiedergeborene Christen gegeben zu haben. Die UNO schwingt sich in der Romanreihe unter Leitung eines rumänischen Despoten zur Weltregierung auf und verlegt ihren Sitz von New York in den Irak, in das neue Babylon. Der UN-Generalsekretär ist der personifizierte Antichrist, der bei einem Anschlag zwar stirbt, aber drei Tage später vom Teufel beseelt aufersteht. Hinter der negativen

Darstellung der Vereinten Nationen steht durchaus eine religiös-politische Tagesordnung von Tim LaHaye. In einer CNN-Sendung äußerte er 2005: „... es hat mehr Kriege gegeben seit der Bildung der Vereinten Nationen als in jeder anderen vergleichbaren Periode der Geschichte".[150] In dem CNN-Gespräch nannte er einen Grund, warum er diese Organisation so vehement ablehnt: „Bereits 1945, als sie die Vereinten Nationen starteten, habe ich als junger Prediger gesagt, dass sie scheitern werden, weil sie Gott absichtlich ausgeschlossen haben."

Die Prophezeiungen der Offenbarung des Johannes lassen sich im Roman ganz direkt gegen das wieder aufgebaute Babylon, dem neuen Sitz der UNO, richten. Und um das Ganze noch zu steigern, wird in der Romanreihe eine „Enigma-Babylon-Welteinheitsreligion" eingeführt, die an die heidnischen Kulte des alten Babylons anknüpft und von einem Kardinal geleitet wird (in einem anderen Buch bezeichnet Tim LaHaye den Katholizismus als „Babylonischen Mystizismus"). Damit sind die Fronten geklärt. Die letzte Schlacht gegen den Humanismus, den Tim LaHaye seit vielen Jahren ausficht, und alle Formen des Christentums, die nicht den Vorstellungen der fundamentalistischen Autoren der Romanreihe entsprechen, kann beginnen. Dass das Gute am Ende der Schlacht („Armageddon") siegt und der Pilot des Jumbojets und seine Frau wieder vereint werden, sollte niemanden überraschen.

Vielleicht ist das Gefährlichste an solchen christlichen Zukunftsromanen, dass die Welt krass in Gut und Böse aufgeteilt wird, und die Rollen klar verteilt sind: die wiedergeborenen Christinnen und Christen gegen den Rest der Welt. US-Politiker wie der frühere Präsident George W. Bush waren und sind von solchen Glaubensvorstellungen stark beeinflusst worden und meinten zum Beispiel, eine „Achse des Bösen" auf der Welt zu erkennen. Die zwei Irakkriege lassen sich aus der Sicht vieler wiedergeborener Christen in Verbindung bringen mit dem Kampf gegen Babylon in der Offenbarung des Johannes und im Alten Testament. Wenn Gott am Anfang der Romanreihe von Tim LaHaye viele Tausend Menschen bei Flugzeugabstürzen, Autounfällen und anderen Katastrophen umkommen lässt, weil er ganz plötzlich alle wahren Gläubigen entrückt, dann können im Kampf für das Gute offenbar „Kollateralschäden" hingenommen werden, und Nachsicht gegenüber den Bösen ist anscheinend ohnehin fehl am Platze.

Der bekannte deutsche Theologe Jürgen Moltmann hat die fundamentalistische Weltsicht und den Romanzyklus „Left Behind" so kritisiert: „Die Zukunft Christi findet auf Erden statt, nicht im Himmel. Es wäre also besser, die Glaubenden blieben der Erde auch in Katastrophen treu und würden sich nicht ins Jenseits flüchten. Der fromme Entrückungstraum dagegen enthält eine Resignation, die diese Erde der Ver-

[150] CNN Transcripts: America's Most Influencial Evangelicals, 1. 2. 2005.

nichtung preisgibt. Wer in seinem Glauben andere ‚zurücklässt', verlässt sie. Das kann weder eine gesegnete Hoffnung sein, noch etwas mit Liebe zu tun haben. Schließlich: Ein Gott, der nur darauf wartet, christliche Besatzungen aus ihren Flugzeugen zu ‚entrücken', damit diese abstürzen und Tausende Menschen getötet werden, kann kein Gott sein, dem man vertrauen kann. Das ist eher der üble Abgott einer krankhaften Weltverachtung."[151]

Tim LaHaye, der die inhaltlichen Schwerpunkte der Romanreihe entworfen hat, kennt sich im Kampf gegen liberal-protestantische und katholische Gedanken sowie gegen säkulare Tendenzen in den Vereinigten Staaten aus. Er studierte in den 1950er Jahren an der privaten „Bob Jones University", die zu dieser Zeit nicht nur ein fundamentalistisches Verständnis des Christentums verbreitete, sondern auch dadurch bekannt wurde, dass sie keine afro-amerikanischen Studenten aufnahm und Heiraten zwischen Menschen unterschiedlicher Rassen ablehnte, weil dies die Sache einer „Eine Welt Regierung" und damit des Antichristen fördern würde. Tim LaHaye wurde nach dem Studium zum Prediger der sehr konservativen „Southern Baptists" und neben dem Fernsehprediger Jerry Falwell einer der führenden Köpfe der evangelikalen politischen Bewegung „Moral Majority", die u. a. Ronald Reagan massiv unterstützt hat. Tim LaHaye hat als einer der Ko-Vorsitzenden des Wahlkampfteams des republikanischen Kandidaten Jack Kamp in den US-Vorwahlkampf 1987/88 eingegriffen, musste sich aber zurückziehen, nachdem seine heftigen antikatholischen und antisemitischen Attacken bekannt wurden und breite Empörung auslösten.

Aber sein Kampf gegen „Babylon" ging weiter und fand in der Buchreihe „Left Behind" einen Höhepunkt. Zu den Lesern dieser Bücher gehörte auch George W. Bush, der mit der Mehrheit der US-Amerikaner die Überzeugung teilt, dass die in der Offenbarung des Johannes angekündigte Endzeit begonnen hat. In welchem Maße die „Left Behind'"-Reihe diesen US-Präsidenten beeinflusst hat, im Irak einen Kampf gegen das Böse und den Erzfeind (Saddam Hussein) unter Einsatz massiver militärischer Mittel zu führen, lässt sich im Nachhinein schwer klären. Aber dass die apokalyptische Story von „Left Behind" eine beträchtliche religiöse, gesellschaftliche und politische Wirkung in den USA ausgeübt hat und ausübt, kann nicht ernsthaft bezweifelt werden. Der kommerzielle Bucherfolg war Anlass, auch einen Film, eine Kinderbuchreihe, eine Comicversion, ein Computerspiel und verschiedene andere Medien zu den „Zurückgelassenen" zu produzieren. Der Film zur Buchreihe wurde von einem katholischen Kritiker in den USA als „der schlechteste Film zur Entrückung, der jemals pro-

[151] Jürgen Moltmann: Die Endzeit hat begonnen, in: Die Zeit, 12.12.2002.

duziert wurde" bezeichnet.[152] Und die „Washington Post" schrieb: „Auf fast jeder Ebene ist dieser Film amateurhaft".[153]

Der Archäologe, der den Countdown bis zum Ende der Menschheit beschleunigt

Als Anschlussprojekt von Tim LaHaye erschien von 2003 an die Buchreihe „Babylon Rising". Auf dem Buchrücken der englischen Ausgabe des ersten Bandes wird angekündigt: „Babylon Rising macht uns bekannt mit einem großartigen Helden für unsere Zeit. Michael Murphy ist ein Hochschullehrer auf dem Gebiet der biblischen Prophetie, aber er gehört nicht zur behäbigen und konservativen Art von Hochschullehrern. Murphy ist ein Archäologe, der vor Ort Ausgrabungen durchführt, der Gefahren trotzt und furchtlos antiken Gegenständen aus biblischen Zeiten nachjagt und ihre Authentizität nachweist. Seine jüngste Entdeckung ist zugleich seine verblüffendste – aber sie wird ihn hineinschleudern lassen von einem Leben der Ausgrabungen in eine Konfrontation mit den Kräften des größten Bösen. Denn das neueste Geheimnis, das Michael Murphy enthüllt, beschleunigt den Countdown zu einer Zeit des Endes der ganzen Menschheit."

Michael Murphy, laut dem Vorwort „ein wahrer Held unserer Tage", kämpft noch einmal den in der Wirklichkeit längst verlorenen Kampf, die historische Exaktheit der ganzen Bibel mit den Mitteln der Archäologie zu beweisen – und, wir ahnen es, er siegt trotzdem und besiegt dabei die Mächte des Bösen. In die Handlung einbezogen ist geradezu notwendigerweise eine fantasiereiche Darstellung der Zerstörung Babylons, wie sie in biblischen Büchern prophezeit worden ist.

Der Archäologe gerät zunächst einmal in einen Kampf mit einem Löwen (ein Anklang an eine Daniel-Geschichte in der Bibel), den er schließlich besiegt. Derweil nimmt eine globale Verschwörung der „Sieben" ihren Lauf, und einer von ihnen verkündet: „Mit Sicherheit wird mit dem Plan von uns Sieben die wahre Macht von Babylon – die dunkle Macht von Babylon – neu erstehen."

Michael Murphy unterrichtet an einer Hochschule und will die Studentinnen und Studenten in Vorlesungen überzeugen, dass die Biblische Archäologie viele Beweise dafür gefunden hat, dass die biblischen Geschichten sich historisch genau so zugetragen haben, wie wir sie in der Bibel lesen. Bald darauf sucht und findet er nach verschiedenen gefährlichen Abenteuern als Archäologe im Irak die Teile einer Messingschlange des Mose (Numeri 21,9), die laut Roman als Kriegsbeute nach Babylon

---

[152] Carl E. Olson: The Worst Rapture Movie Ever Made, The Catholic World Report, 5.10.2014.
[153] Michael O'Sullivan: „Left Behind" movie review: Reboot costs more, adds Nicalas Cage to amateurish mix, The Washington Post, 2.10.2014.

gelangte. Der Romanheld entdeckt zusätzlich den goldenen Kopf einer Statue von Nebukadnezar. Die Handlung wird unterbrochen durch dramatische und – positiv formuliert – fantasievolle Erzählungen vom heroischen Auftreten von Daniel gegenüber dem mächtigen König Nebukadnezar.

Im Mittelpunkt des zweiten Bandes steht die Arche Noahs, und im dritten Band macht sich der Held der Romanreihe auf die Suche nach der Handschrift an der Wand in der Belsazar-Geschichte. Auch ein Mordversuch auf den Helden und ein geplanter Sprengstoffanschlag auf eine Brücke in New York sind in die abenteuerliche Geschichte verwoben. Dieser dritte Band trägt den Titel „The European Conspiracy", und darin werden ähnlich massive Vorwürfe gegen die Europäische Union erhoben wie in anderen Werken LaHayes gegen die UNO. Europa als Zentrum liberalen theologischen Denkens ist wiedergeborenen Christen in den USA suspekt und durchaus zu einer „Konspiration" fähig. Noch verwegener wird die Handlung im vierten Band, in dem der israelische Geheimdienst Mossad gemeinsam mit Murphy falsche Propheten enttarnt und das Böse bekämpft. Der Sieg gegen die bösen „Sieben" ist nun garantiert.

Der König, der in die Wüste zog

Der letzte König von Babylonien war zugleich derjenige, um den sich immer noch die größten Geheimnisse ranken. Nabonid wurde nach dem Jahr 609 v. Chr. geboren und war assyrischer Abstammung. In seiner Kindheit wurde das Assyrische Reich von den Truppen der Babylonier und Meder besiegt und verlor seine politische Selbstständigkeit. Nabonids Vater war Gouverneur von Harram, seine Mutter Adad-happe wahrscheinlich Priesterin des in Assyrien verehrten Mondgottes Sin. Auf jeden Fall huldigte sie diesem Gott, und ihr Sohn folgte dieser mütterlichen Tradition.

Wie bereits erwähnt, kam es nach dem Tod von Nebukadnezar II. zu heftigen Auseinandersetzungen um die politische Macht in Babylon, die nacheinander mit der Ermordung von drei Nachfolgern des Königs endeten. Nabonid hatte als höherer Beamter am Hof Nebukadnezars und seiner Nachfolger offenbar so geschickt agiert, dass es ihm gelang, 556 v. Chr. zum neuen König gekrönt zu werden. Da war er bereits fast 50 Jahre alt. Zu seinen ersten bedeutenden Leistungen gehörte es, keinem Mordkomplott am Königshof zum Opfer zu fallen und wieder stabile politische Verhältnisse in Babylonien zu schaffen. Da er nicht von Nebukadnezar abstammte, versuchte Nabonid, sich zu dessen legitimem Nachfolger zu stilisieren. Dafür nahm er seine Berufung durch den Gott Marduk und – dass musste die Bewohner Babylons überraschen – durch den Mondgott Sin für sich in Anspruch.

Im Gegensatz zu Nebukadnezar II. betrieb König Nabonid eine Politik der Dezentralisierung – bis hin zur systematischen Förderung örtlicher religiöser Traditionen. So ließ er in Assyrien alte Tempelheiligtümer wiederherstellen. Die Hauptstadt Babylon verlor dadurch allerdings etwas an politischer, wirtschaftlicher und auch religiöser Bedeutung. Letzteres löste den Zorn der Priester des Stadtgottes Marduk aus, zumal der König kein Geheimnis daraus machte, dass für ihn persönlich die Anbetung des Mondgottes Sin eine Herzensangelegenheit war. Da konnte es bei den Marduk-Priestern nur weiteren Groll auslösen, dass der König in den ersten Jahren seiner Herrschaft ihren Einfluss vor allem dadurch zurückdrängte, dass er Ländereien, die bisher im Besitz des Tempels Egasila waren, in königliches Land umwandelte. Das raubte den Tempelpriestern einen beträchtlichen Teil ihrer Einnahmen. Demgegenüber förderte er die Sin-Tempel finanziell großzügig und befreite sie von Steuern und Abgaben.

Die wissenschaftliche Auswertung zahlreicher Keilschrifttafeln aus der Regierungszeit von König Nabonid hat ergeben, dass es in Babylon nach Jahren des wirtschaftlichen Niedergangs zu einem neuen Aufschwung mit einer regen Bautätigkeit kam, von dem große Teile der Bevölkerung profitierten – aber eben nicht die Marduk-

Priester von Babylon. Sie mussten nun erleben, dass auch ihr religiöser Einfluss zu schwinden drohte, weil der König sich – angeblich oder tatsächlich – bemühte, die Götter Marduk und Sin zu einem neuen, alle Götter einbeziehenden Reichsgott zu vereinen. Dabei drohte die Marduk-Tradition gegenüber der Sin-Tradition immer stärker in den Hintergrund zu geraten.

Ein Jahrzehnt in der Wüstenstadt – die Suche nach den Gründen

Der Streit mit den Marduk-Priestern kann der Anlass dafür gewesen sein, dass König Nabonid 552 v. Chr. für ein Jahrzehnt seine Hauptstadt Babylon verließ und mit einem großen Heer in eine Wüstenstadt im heutigen Saudi-Arabien zog. Die jahrelange Abwesenheit des Königs aus Babylon lässt sich zweifelsfrei aus Keilschriftchroniken ablesen. Unter Altorientalisten wird aber darüber debattiert, ob es dafür auch andere Gründe als den Streit mit den Marduk-Priestern gegeben haben könnte. Warum zog der König in einen so weit entfernten und aus babylonischer Perspektive abgelegenen Ort? Dass er sein Reich dauerhaft bis dorthin ausdehnen wollte, ist als Grund für den langen Aufenthalt in der Wüstenstadt nicht plausibel. Es hätte in dem Falle gereicht, einen Feldzug durchzuführen, die Stadt zu erobern und dort eine Garnison zurückzulassen. Auch die Annahme, Nabonid habe versucht, die Weihrauchstraße zu kontrollieren, kann nicht wirklich erklären, weshalb er sich ein Jahrzehnt lang in einer eroberten Stadt aufgehalten und alle seine übrigen Verpflichtungen vernachlässigt hat. Zumal in jener Zeit die Bedrohung seines Reiches durch die Perser massiv wuchs. Und die These, er sei gerade vor diesem persischen Druck in die Wüste geflüchtet, ist deshalb nicht plausibel, weil dann unverständlich bleibt, warum Nabonid just in der Zeit nach Babylon zurückkehrte, als die Bedrohung immer akuter wurde und der König in seiner Wüstenresidenz sehr viel sicherer gelebt hätte. Es spricht deshalb viel dafür, dass König Nabonid vor allem aufgrund der Konflikte mit der Marduk-Priesterschaft freiwillig oder unter massivem Druck die Stadt Babylon verlassen hat und in die Wüste zog.

Eindeutig geklärt ist inzwischen immerhin, wo Nabonid sich in diesen Jahren aufgehalten hat. Er eroberte die große Oase Tayma, ein bedeutendes Handelszentrum an der Weihrauchstraße. Die Stadt befand sich mehr als 800 Kilometer von Babylon entfernt. Seit einigen Jahren führt das „Deutsche Archäologische Institut“ umfangreiche Grabungen in Tayma durch und hat zum Beispiel die Reste einer 15 Kilometer langen Stadtmauer und eines großen Tempels freigelegt. Eine zerbrochene Stele mit der Abbildung eines stehenden Königs im babylonischen Stil gilt als Beleg dafür, dass König Nabonid dort tatsächlich gelebt hat. Auch drei Astralsymbole – Mondsichel, Sonne und Stern – sind auf dieser Stele zu sehen, deutliche Hinweise auf Nabonid, gilt doch die Sonnenscheibe als Symbol des vom König besonders verehrten Sonnengottes Sin. Bisher sind allerdings noch keine Spuren einer Residenz Nabonids gefunden worden, obwohl der babylonische König sicher einen Palast in der Stadt errichten ließ, in der er ein Jahrzehnt lang wohnte.

Für die Zeit seiner Abwesenheit von Babylon setzte König Nabonid seinen Sohn Belsazar als Regenten ein. Er wurde berühmt durch die biblische Geschichte vom „Menetekel“, auf die ich im nächsten Kapitel eingehen werde. Da Belsazar kein König war, musste das jährliche Neujahrsfest in Babylon in der Zeit der Abwesenheit Nabonids ausfallen. Das wird den Zorn der Marduk-Priester und beträchtlicher Teile der Bevölkerung auf den König noch erhöht haben. Das Fest war gleichzeitig von herausragender religiöser Bedeutung und eine schöne Gelegenheit zum gemeinsamen Feiern.

Die Katastrophe nach der Rückkehr

542 v. Chr. kehrte Nabonid nach Babylon zurück und erfüllte wieder seine königlichen Pflichten – z.B. beim Neujahrsfest zur Verehrung des Gottes Marduk, aber die Priesterschaft blieb ihm gegenüber offenbar weiterhin feindselig eingestellt. Zu dieser Zeit war der Einfluss des persischen Reiches und seines Königs Kyros II. in der Region stark gewachsen, und seine Truppen bedrohten das babylonische Reich. Als es dem persischen König gelang, ein Bündnis mit den Medern zu schließen, war er stark genug, die babylonischen Truppen in einer Feldschlacht anzugreifen und vernichtend zu schlagen. Tausende babylonische Kriegsgefangene wurden bei einem Massaker ermordet. Kyros II. zog 539 v. Chr. vor die Tore von Babylon. Es gelang ihm offenbar, die Marduk-Priester und Teile der Bevölkerung auf seine Seite zu ziehen, sodass die Tore der Stadt geöffnet wurden und die persischen Truppen kampflos einziehen konnten. Nabonid wurde wahrscheinlich von den persischen Siegern gefangen genommen und in den heutigen Ostiran verbannt, wo er später starb. Die Sieger bemühten sich, alle Spuren seiner Herrschaft zu tilgen, indem sie die in seiner Regierungszeit entstandenen Gebäude abreißen und möglichst viele Keilschrifttafeln über diesen König zerstören ließen.

Die Marduk-Priester stellten ihre Sicht des Sturzes von Nabonid in einem Schmähgedicht dar, das erhalten geblieben ist. Darin wird der König als geisteskrank beschrieben. Auch soll er seine Untertanen so sehr ausgeplündert haben, dass sie Hunger litten.

Historisch zuverlässig ist diese Quelle natürlich ebenso wenig wie der „Kyros-Zylinder“, der die Geschichte des Sturzes des letzten babylonischen Königs aus der Perspektive der persischen Eroberer schildert. Nabonid wurde später auch von griechischen Historikern sehr negativ dargestellt, und daran haben dann die Verfasser des Daniel-Buches der Bibel angeknüpft. In den biblischen Texten wird Nabonid nicht beim Namen genannt, aber hinter einigen Darstellungen von Nebukadnezar wird König Nabonid vermutet.

Der Traum des Königs und seine Deutung durch Daniel

Im vierten Kapitel des Daniel-Buches wird von einem Traum von König Nebukadnezar berichtet, wobei heute allgemein angenommen wird, dass die Geschichte Anspielungen auf das Schicksal von König Nabonid enthält. Überraschenderweise kommt in diesem Kapitel der babylonische König selbst ausführlich zu Wort: „Ich, Nebukadnezar, hatte Ruhe in meinem Hause und lebte zufrieden in meinem Palast. Da hatte ich einen Traum, der erschreckte mich, und die Gedanken, die ich auf meinem Bett hatte, und die Gesichte, die ich gesehen hatte, beunruhigten mich" (Daniel 4.1-2). Der König befragte alle Zeichendeuter, Weisen, Gelehrten und Wahrsager zur Bedeutung seines Traums, aber keiner von ihnen konnte ihn deuten. Schließlich wurde Daniel um die Deutung jenes Traums gebeten, den der König laut biblischem Text so wiedergegeben hat: „Siehe, es stand ein Baum in der Mitte der Erde, der war sehr hoch. Und er wurde groß und mächtig und seine Höhe reichte bis an den Himmel, und er war zu sehen bis ans Ende der ganzen Erde. Sein Laub war dicht und seine Frucht reichlich, und er gab Nahrung für alle. Alle Tiere des Feldes fanden Schatten unter ihm und die Vögel des Himmels saßen auf seinen Ästen, und alles Fleisch nährte sich von ihm. Und ich sah ein Gesicht auf meinem Bett, und siehe, ein heiliger Wächter fuhr vom Himmel herab. Der rief laut und sprach: Haut den Baum um und schlagt ihm die Äste weg, streift ihm das Laub ab und zerstreut seine Frucht, dass die Tiere, die unter ihm liegen, weglaufen und die Vögel von seinen Zweigen fliehen. Doch lasst den Stock mit seinen Wurzeln in der Erde bleiben; er soll in eisernen und ehernen Ketten auf dem Felde im Grase und unter dem Tau des Himmels liegen und nass werden und soll sein Teil haben mit den Tieren am Gras auf der Erde. Und das menschliche Herz soll von ihm genommen und ein tierisches Herz ihm gegeben werden, und sieben Zeiten sollen über ihn hingehen. Dies ist im Rat der Wächter beschlossen und ist Gebot der Heiligen, damit die Lebenden erkennen, dass der Höchste Gewalt hat über die Königreiche der Menschen und sie geben kann, wem er will, und einen Niedrigen darüber setzen" (Daniel 4,7-14).

Daniel deutete den Traum so, dass der Baum der mächtige König selbst war. Dass der Baum nach dem Ratschlag des Höchsten abgehauen und zerstört werden sollte, bedeute, dass der König aus der Gemeinschaft der Menschen verstoßen werden würde. Er müsste bei den Tieren des Feldes leben und Gras fressen „und sieben Zeiten werden über dich hingehen, bis du erkennst, dass der Höchste Gewalt hat über die Königreiche der Menschen und sie gibt, wem er will“ (Daniel 4,22).

Dass in dem Traum gesagt wurde, man solle dennoch den Stock des Baumes mit seinen Wurzeln übrig lassen, bedeute, dass das Reich des Königs erhalten bleiben würde, sobald er erkannt hätte, dass der Himmel die Gewalt über ihn hat. Daniel gab dem König den Rat, seine Sünden und Missetaten hinter sich zu lassen durch Gerechtigkeit und Wohltaten für die Armen. Aber der König hörte nicht auf den Traumdeuter, und so griff Gott selbst in das Geschehen ein. „Denn nach zwölf Monaten, als der König auf dem Dach des königlichen Palastes in Babel sich erging, hob er an und sprach: Das ist das große Babel, das ich erbaut habe zur Königsstadt durch meine große Macht zu Ehren meiner Herrlichkeit. Ehe noch der König diese Worte ausgeredet hatte, kam eine Stimme vom Himmel: Dir, König Nebukadnezar, wird gesagt: Dein Königreich ist dir genommen, man wird dich aus der Gemeinschaft der Menschen verstoßen und du sollst bei den Tieren des Feldes bleiben; Gras wird man dich fressen lassen wie die Rinder, und sieben Zeiten sollen hingehen, bis du erkennst, dass der Höchste Gewalt hat über die Königreiche der Menschen und sie gibt, wem er will“ (Daniel 4,26-29).

Im gleichen Augenblick, heißt es im Buch Daniel, wurde Nebukadnezar aus der Gemeinschaft der Menschen verstoßen und fraß Gras wie die Rinder. Nachdem die „sieben Zeiten“ zu Ende waren, richtete der König seine Augen zum Himmel, bekam seinen Verstand zurück und lobte den Höchsten: „Ich pries und ehrte den, der ewig lebt, dessen Gewalt ewig ist und dessen Reich für und für währt ...“ (Daniel 4,31). Der König regierte von nun an in noch größerer Herrlichkeit. „Darum lobe, ehre und preise ich, Nebukadnezar, den König des Himmels; denn all sein Tun ist Wahrheit, und seine Wege sind recht, und wer stolz ist, den kann er demütigen“ (Daniel 4,34).

Diese Geschichte weist Ähnlichkeiten mit der Traumdeutungsgeschichte in Daniel 2 auf, die wir bereits kennen gelernt haben. Aber es gibt signifikante Unterschiede, vor allem nach der Deutung des Traums durch Daniel. Während der König in Daniel 2 durch die Traumdeutung zur Umkehr und zum Glauben an den einen Gott veranlasst wird, zeigt sich der König in Daniel 4 uneinsichtig. Es bedarf erst einer längeren Zeit des Wahnsinns, bis er seinen Blick nach oben richtet und den König des Himmels als seinen Herrn erkennt. Der babylonische König, der in der Geschichte den Namen Nebukadnezar trägt, wird heute mit König Nabonid in Verbindung gebracht, weil gewisse Ähnlichkeiten zu entdecken sind. Nabonid wurde von seinen Gegnern, den Marduk-Priestern, in einer Schmähschrift vorgeworfen, er sei wahnsinnig geworden. Auch lässt sich die längere Zeit, in der der König in der Geschichte seine Amtsgeschäfte nicht wahrnehmen konnte, weil er zum Tier geworden war, als Anknüpfung an die historische Tatsache deuten, dass sich König Nabonid zehn Jahre lang nicht in Babylon, sondern in einer Wüstenstadt aufhielt. Professor Matthias Albani deutet in seinem Daniel-Buch die „animalische Erniedrigung" des Königs so: „... entscheidend ist wohl, dass die Existenzweise des Königs als Gras fressendes Weidetier den Zustand totaler Machtlosigkeit und Demütigung zum Ausdruck bringen soll. Es ist im Wortsinne ein ‚Dahinvegetieren'."[154]

Der Königsname Nebukadnezar wäre, wenn eigentlich König Nabonid das historische Vorbild bildet, lediglich in die Geschichte eingeführt worden, weil er der „Bösewicht" par excellence biblischer Geschichten war. In dieser Geschichte wird er als starrsinnig dargestellt, denn er weigert sich, die Botschaft des Traums, den Daniel für ihn interpretiert, ernst zu nehmen. Auffällig ist die starke Betonung Gottes als Weltenlenker, der auch über Aufstieg und Fall der Herrscher der Weltreiche entscheidet. Das ist die zentrale Botschaft dieser Geschichte.

Der britische Altorientalist Irving L. Finkel erinnert daran, dass Nabonid nicht nur durch die Marduk-Priester diffamiert wurde, sondern auch durch den persischen Babylon-Eroberer Kyros. „Die außerordentliche Schmähung, durch die Nabonid zu einem nie verziehenen Geächteten wurde, übertrug sich später auf den wesentlich klangvolleren Namen seines großen Vorgängers Nebukadnezar und fand somit Eingang in das Buch Daniel und in zahlreiche spätere jüdische Schriften. Beschleunigt wurde dieser Prozess durch die Feindseligkeit, die Letzterem aufgrund seiner Eroberung Jerusalems, der Zerstörung des Tempels und der Deportation der besiegten Bevölkerung ins eigene Reich entgegenschlug.[155]

---

[154] Mattias Albani: Daniel, a. a. O., S. 111.

[155] Irving L. Finkel: Nebukadnezars Wahn und die Sünden des Nabonid, in: Babylon Mythos, a. a. O., S. 210.

Belsazar – kein König und doch weltberühmt

Er gehört zu den bekanntesten und berüchtigtsten antiken Herrschern. Aber verlässliche historische Informationen über Belsazar sind bisher rar, und man muss hoffen, dass die weitere Übersetzung und wissenschaftliche Auswertung von Keilschrifttexten dies ändern wird. Als gesichert ist anzusehen, dass Belsazar ein Sohn von König Nabonid war, denn dies wird in einer Keilschriftchronik über die Herrschaft von König Nabonid ausdrücklich erwähnt. Auch ist belegt, dass Belsazar von seinem Vater als Regent eingesetzt wurde, als Nabonid 552 v. Chr. für zehn Jahre Babylon verließ und in die Wüstenstadt Tayma zog. Darüber, was Belsazar in dieser Regentschaftszeit tat, wissen wir bisher leider kaum etwas. Auf keinen Fall hat Belsazar den Königstitel geführt, und nachdem Nabonid 542 v. Chr. aus der Wüste zurückgekehrt war, hat dieser sein königliches Amt noch drei Jahre ausgeübt, bis persische Truppen in Babylon einzogen.

Bisher übersetzte Keilschifttexte sagen nichts darüber, wie Belsazar gestorben ist. Manche Fachleute vermuten, dass er bei der persischen Besetzung von Babylon getötet wurde. Andere verweisen darauf, dass er in den Keilschrifttexten nach der Rückkehr von König Nabonid aus der Wüste nicht mehr erwähnt wird, und vertreten die These, er sei zum Zeitpunkt der persischen Eroberung der Stadt bereits verstorben gewesen. Die Menetekelgeschichte der Bibel, an deren Ende Belsazar getötet wird, gilt bei einer wissenschaftlichen Betrachtungsweise als nicht historisch. Ein solch einschneidendes Ereignis wäre sicher in den babylonischen Geschichtsdarstellungen notiert worden.

Belsazar, ein Herrscher „soff sich voll“

Sie gehört zu den besonders dramatischen Geschichten der Bibel, die Geschichte vom Gastmahl des Königs Belsazar. Martin Luther hat den Anfang dieser biblischen Geschichte in seiner manchmal drastischen Sprache so übersetzt: „König Belsazar machte ein herrliches Mahl für seine tausend Mächtigen und soff sich voll mit ihnen“ (Daniel 5,1). Der betrunkene König, erfahren wir in der Geschichte, wurde übermütig und ließ die goldenen und silbernen Gefäße bringen, die „sein Vater“ Nebukadnezar aus dem Tempel in Jerusalem geraubt hatte, um daraus mit seinen Mächtigen, seinen Frauen und Nebenfrauen zu trinken. Auch wer die Geschichte noch nicht kennen sollte, ahnt hier, dass das nicht gut gehen konnte. Dass die versammelten Babylonier beim Trinken „die goldenen, silbernen, ehernen, eisernen, hölzernen und steinernen Götter“ lobten, besiegelte das Schicksal des Königs: „Im gleichen Augenblick gingen hervor Finger wie von einer Menschenhand, die schrieben gegenüber dem Leuchter auf die getünchte Wand in dem königlichen Saal. Und der König erblickte die Hand, die da schrieb. Da entfärbte sich der König und seine Gedanken erschreckten ihn, sodass er wie gelähmt war und ihm die Beine zitterten" (Daniel 5,5-6).

Der erschrockene König ließ die Weisen, Gelehrten und Wahrsager des Reiches holen und versprach ihnen großen Reichtum und Macht, wenn sie die Schrift deuten könnten. Aber keiner von ihnen vermochte die Schrift zu deuten, was den König noch mehr erschreckte, ihm und seinen Mächtigen „wurde angst und bange". Die Königsmutter machte daraufhin den Vorschlag, einen Zeichendeuter, Weisen, Gelehrten und Wahrsager mit einem überragenden Geist zu holen, Daniel, in der Geschichte ein Gefangener aus Juda. Belsazar ließ ihn rufen und forderte ihn auf, die Schrift zu deuten. Daniel verzichtete auf die angebotenen Geschenke für die Deutung der Schrift, legte sie aber aus. Zunächst einmal erinnerte Daniel an den Aufstieg und tiefen Fall von Nebukadnezar, der vom königlichen Thron gestoßen und aus der Gemeinschaft der Menschen verstoßen wurde, „bis er lernte, dass Gott der Höchste Gewalt hat über die Königreiche der Menschen und sie gibt, wem er will" (Daniel 5,21).

Daniel wiederholte also in knapper Form die Geschichte, die wir bereits aus dem 4. Kapitel dieses biblischen Buches kennen. Dann prangerte er den frevelhaften Umgang von Belsazar mit den Gefäßen aus dem Tempel in Jerusalem an. Nun erreicht die Geschichte ihren dramatischen Höhepunkt, denn Daniel deutete die aramäische Schrift an der Wand: „So aber lautet die Schrift, die dort geschrieben steht: *Mene mene tekel u-parsin.* Und sie bedeutet dies: *Mene,* das ist, Gott hat dein Königtum *gezählt* und beendet. *Tekel,* das ist, man hat dich auf der Waage *gewogen* und zu leicht befunden. *Peres,* das ist, dein Reich ist *zerteilt* und den Medern und *Persern* gegeben" (Daniel 5,25-28). Das aramäische Original des Spruches, wie Daniel es überliefert, lässt verschiedene und signifikant voneinander abweichende Deutungen zu, die immer wieder von Theologen diskutiert worden sind. Aber da es sich hier um eine Erzählung handelt und nicht um einen historischen Text, können wir auch einfach der Interpretation folgen, die der Verfasser des Daniel-Buches in seine Geschichte eingebaut hat. Der historische Belsazar hätte die Feinheiten der Interpretationsmöglichkeiten ohnehin nicht verstanden, weil er wahrscheinlich kein Aramäisch lesen und verstehen konnte.

Belsazar reagiert in der biblischen Geschichte auf die Deutung des Spruches durch Daniel anders, als man erwarten würde. Er beschimpft Daniel nicht und lässt ihn ob der schlechten Vorhersagen auch nicht in den Kerker werfen, sondern ordnet an, ihn mit Purpur zu kleiden, ihm eine goldene Kette um den Hals zu hängen und ihm ein Drittel des Königreiches zu geben. Belsazar selbst hat diese Großzügigkeit nicht mehr geholfen, denn er wurde noch in derselben Nacht getötet.

Mit dem historischen Geschehen in Babylon hat diese Geschichte wenig, ja gar nichts zu tun, wenn wir einmal davon absehen, dass es Belsazar tatsächlich gegeben hat. Er war kein König, sondern Regent, und er war auch kein Sohn von König Nebukadnezar. Manche Theologen wollen die historische Exaktheit der Bibel damit „retten", dass sie sich eine weite Auslegung des Sohnbegriffes zueigen machen und damit auch einen Enkel unter den Begriff Sohn fassen. Dafür gibt es durchaus Argumente. Schwierig wird die Argumentationslinie aber, wenn es gilt, eine solche Verwandtschaftslinie herzustellen. Es wird behauptet, dass König Nabonid eine Tochter von Nebukadnezar II. geheiratet habe und Belsazar somit ein Enkel dieses Herrschers sei. Historische Belege gibt es dafür nicht. Im Gegenteil. Wenn Nabonid tatsächlich eine Tochter von Nebukadnezar geheiratet hätte, gäbe es keinen Grund, dies bei seinen intensiven Versuchen, sich zum legitimen Nachfolger von Nebukadnezar zu stilisieren, unerwähnt zu lassen. Von einer solchen Verwandtschaftsbeziehung ist in den apologetischen Texten für Nabonid aber nirgendwo die Rede. Sagen wir es deutlich: Eine solche Behauptung zur „Rettung" der historischen Authentizität der biblischen Geschichte ist völlig unglaubwürdig.

Wie ein Herrscher erst die Fassung und dann das Leben verlor

Die dramatische Geschichte von Belsazar und der Schrift an der Wand hat immer wieder Dichter, Komponisten und Maler inspiriert. Die berühmteste Belsazar-Ballade stammt von Heinrich Heine und entstand etwa 1820. Später ist sie in seine Sammlung „Buch der Lieder" aufgenommen worden. Heinrich Heine folgt in der Ballade zunächst der Darstellung im Daniel-Buch und steigert die Dramatik des Geschehens noch weiter.

Am Anfang von Daniel 5 reicht ein Vers, um zu beschreiben, dass Belsazar mit den Mächtigen seines Reiches bei einem Mahl zusammen sitzt und sich betrinkt. Heinrich Heine erweitert diesen kurzen Bericht auf sechs Verse und beginnt sein Gedicht mit den Zeilen:

> *Die Mitternacht zog näher schon;*
> *In stummer Ruh lag Babylon.*

Aber von dieser Ruhe ist im Schloss des Königs nichts zu spüren, denn hier klirren die Becher und jauchzen die Knechte. Auch das Herbeiholen der goldenen Geräte aus dem Jerusalemer Tempel wird von Heine sehr viel ausführlicher und dramatischer geschildert als in der Bibel. Dort lässt Belsazar das Tempelgerät kommen, während er bei Heinrich Heine zusätzlich „die Gottheit mit sündigem Wort" lästert. Als getrunken wird, loben Belsazar und die Seinen im Daniel-Buch ihre Götter. Bei Heinrich Heine ruft der König mit schäumendem Mund:

> *„Jehovah! dir künd ich auf ewig Hohn –*
> *Ich bin der König von Babylon!"*

Nach diesen Worten erscheint die Schrift an der Wand, und nun sitzt der König der Ballade „mit schlotternden Knien und totenblass" da. Interessanterweise verzichtet Heinrich Heine in seinem Gedicht dann aber auf den Auftritt von Daniel. Er erwähnt noch, dass die Magier des Königs die Flammenschrift an der Wand nicht deuten können, und lässt dann im letzten Vers der Ballade Belsazar durch seine Knechte umbringen. Dieser Mord bleibt ohne den Auftritt Daniels recht unmotiviert, und auch nach der Lektüre verschiedener Interpretationen der Ballade habe ich keine wirklich plausible Erklärung dafür gefunden. Dessen ungeachtet wird die Ballade im gymnasialen Unterricht häufig gelesen, und zu ihrem Bekanntheitsgrad hat auch beigetragen, dass Heines „Belsazar" von Robert Schumann vertont worden ist.

Immer wieder aufgeführt wird das Oratorium „Belshazzar" von Georg Friedrich Händel, eines der vielen Oratorien, in deren Mittelpunkt dieser Komponist biblische Gestalten wie Saul, Samson und Esther gestellt hat. Die Uraufführung des Belsazar-Oratoriums fand am 27. März 1745 in London statt, erhielt aber zunächst so wenig Zuspruch, dass es nach drei Aufführungen vom Spielplan abgesetzt wurde. Erst eine Neufassung des Oratoriums wurde vom Publikum positiver aufgenommen. Das Libretto von Charles Jennens basiert vor allem auf dem 5. Kapitel des Daniel-Buches. Es wurden aber auch Texte von Jeremia und Jesaja sowie von Herodot hinzugezogen.

Im Oratorium nimmt Nitrocis als Königsmutter eine Schlüsselstellung ein. Der Name dieser Königsmutter ist nur bei Herodot und nicht in der Bibel überliefert. Der Tübinger Altorientalist Wolfgang Röllig hat sich ausführlich mit Nitocris (oder Nitokris) beschäftigt,[156] die unter diesem Namen nicht auf den Keilschrifttafeln Babylons zu finden ist. Es spricht viel dafür, dass mit dieser Königsmutter bei Herodot die Mutter von König Nabonid, Adad-guppi, gemeint war, die als Anhängerin des Mondgottes Sin einen großen Einfluss auf den Sohn ausübte. Die historische Nitocris wäre dann die Großmutter von Belsazar gewesen, aber um historische Verwandtschaftsbeziehungen geht es in dem Oratorium nicht. Nitocris ist hier die Mutter des Königs Belsazar, und überraschenderweise glaubt sie an den einen Gott, den Exiljuden ihr nahe gebracht haben. Er ist für sie der einzige Gott, dessen Reich ewig währt. Zu ih-

---

[156] Wolfgang Röllig: Nitokris von Babylon, in: R. Stiehl u. H.E. Stier (Hrsg.): Beiträge zur Alten Geschichte und deren Nachleben, Berlin 1969, S.127ff.

ren Vertrauten gehört der jüdische Seher Daniel, der sie zu beruhigen versucht, als ihr Sohn Belsazar nicht auf sie hört, sondern sein sündiges Leben fortsetzt.

Im Oratorium belagern die persischen Truppen von König Kyros während der Herrschaftszeit Belsazars die Stadt Babylon. Zunächst gelingt es ihnen nicht, die Stadtmauern zu überwinden, was ihnen den Spott von Belsazar und seiner Gefolgsleute einträgt. In der Stadt sieht Daniel den Sieg von Kyros voraus und ebenso die daraus entstehende Möglichkeit für eine Rückkehr der Juden in ihre Heimat – Grund genug, Kyros in einem Rezitativ als Befreier Israels zu preisen. Belsazar feiert derweil mit seinen Kumpanen ein rauschendes Fest und missbraucht die Schalen aus dem Jerusalemer Tempel als Weinkelche. Seine Mutter versucht vergeblich, ihn von dem frevelhaften Handeln abzubringen.

Während Belsazar durch das Menetekel seine göttliche Bestrafung angedroht bekommt, nutzen die persischen Truppen einen Schwachpunkt in den Verteidigungslinien von Babylon, dringen in die Stadt ein und erobern sie. Die persischen Soldaten erreichen rasch den Palast des Königs, wo sie wegen der Trunkenheit der Wachen auf keinen Widerstand stoßen. Belsazar wird getötet, und Kyros verspricht Daniel, dass die Juden in ihre Heimat zurückkehren können und er für den Wiederaufbau von Jerusalem sorgen wird. Am Ende des Oratoriums steht der jubelnde Gesang „Sei von mir gepriesen, o Gott, mein Herr!“.

Auch in der Malerei war die dramatische Geschichte von König Belsazar immer wieder ein beliebtes Motiv. Das berühmteste Gemälde von Belsazar im Augenblick des Erscheinens der Schrift an der Wand hat Rembrandt van Rijn 1635 geschaffen. Wir sehen auf dem Bild die erschrockenen Gesichter der Feiernden und auch Belsazar selbst schwant nichts Gutes, auch wenn er die Schrift nicht entziffern kann. Anders als verschiedene andere Maler bildet Rembrandt das Menetekel ab und wählte hierfür hebräische Buchstaben. Das Gemälde hängt heute in der „National Gallery“ in London.

Auch für die Kommentierung der aktuellen Politik kann der babylonische Regent herangezogen werden. In einer Glosse in der „Welt“ vom Mai 2009 wird nach einem Volksentscheid für die Wiedereinführung des Religionsunterrichts in Berlin eine Verbindung zwischen dem Regierenden Bürgermeister Klaus Wowereit und Belsazar hergestellt. Der Bürgermeister hatte die gescheiterte Initiative nicht unterstützt und musste sich in der Glosse gefallen lassen, mit dem babylonischen Herrscher verglichen zu werden: „Belsazar, ein ähnlich feierfreudiger Regent wie Wowereit, saß mit seinem Tross um Mitternacht beim Gastmahl ...“[157] Mit Belsazar nahm es ein schlimmes Ende. „Das wünscht Klaus Wowereit keiner. Heutzutage genügt es ja schon,

---

[157] Matthias Heine: Ist Wowereit Belsazar?, in: Die Welt, 7. 5. 2009.

wenn die Knechte und Knechtinnen, so wie gerade geschehen, ganz zivilisiert die Fraktion wechseln und die Mehrheit der rot-roten Koalition in Berlin dadurch auf eine Stimme Vorsprung schrumpft." In der Glosse wird auch die Vermutung geäußert, dass der Bürgermeister, wenn er Religionsunterricht gehabt hätte, die biblische Geschichte von Belsazar kennen würde. Hier muss hinzugefügt werden: Wenn der Verfasser der Glosse sich mit den historischen Hintergründen der biblischen Geschichte befasst hätte, wäre ihm nicht entgangen, dass es doch nicht ganz so einfach ist, den ganz realen Klaus Wowereit mit der Gestalt in einer biblischen Legende auf eine Ebene zu stellen. Dass die Flammenschrift nie real an einer babylonischen Wand erschien, erfahren wir in der Glosse nicht. Hat der Verfasser in seinem Religionsunterricht nicht aufgepasst oder wurde die nicht ganz nebensächliche Tatsache dort übergangen? Eine Werbung für einen zeitgemäßen Religionsunterricht ist die Glosse so leider nicht.

Aber warum trägt seit einigen Jahren ein deutscher Wermut den Namen „Belsazar"? Ein Vertreter der Herstellerfirma hat es gegenüber der Fachzeitschrift „Mixology Magazin"[158] verraten. Als man einen Namen für einen neuen Wermut suchte, ging man zurück in die Geschichte der Wermut-Rezepturen und stieß auf einen Sixtus Balthasar. Man erwog, den Wermut Balthasar zu nennen, aber der Name wäre rechtlich nicht zu schützen gewesen, und so kam man auf den Gedanken, den Namen Belsazar zu wählen, der als Grundform von Balthasar eingeordnet wurde und der sich als Markenname schützen ließ. Der „Belsazar Vermouth" erinnert seither an jenen Herrscher, der der Legende nach übermäßigem Alkoholgenuss erst seine Fassung und dann sein Leben verlor.

Die vier Reiche und ihr Ende

Noch ein weiteres Mal wird die Herrschaftszeit Belsazars zum Thema eines Kapitels im Daniel-Buch. Am Anfang des 7. Kapitels, das den Übergang von den Erzählungen zu den Visionen markiert, lesen wir: „Im ersten Jahr Belsazars, des Königs von Babel, hatte Daniel einen Traum und Gesichte auf seinem Bett; und er schrieb den Traum auf und dies ist sein Inhalt ..." (Daniel 7,1). Noch einmal wird der Untergang Babylons zum Thema. Die Reiche, von denen im 2. Kapitel des Daniel-Buches die Rede war, sollten nicht von Dauer sein, sondern waren dem Untergang geweiht. Das erfuhr Daniel in einer Vision, lesen wir im 7. Kapitel dieses biblischen Buches: „Ich, Daniel, sah ein Gesicht in der Nacht, und siehe, die vier Winde unter dem Himmel wühlten

[158] Vgl. Marco Beier: Belsazar Vermouth Red. Was kann der deutsche Wermut?, Mixology online, 15.1.2014.

das große Meer auf. Und vier große Tiere stiegen herauf aus dem Meer, ein jedes anders als das andere“ (Daniel 7,2-3). Das erste dieser Tiere ähnelte einem Löwen, der Flügel hatte wie ein Adler. Aber im Traum wurden ihm die Flügel genommen. Das Tier, das Babylon symbolisierte, wurde auf zwei Füße gestellt wie ein Mensch und ihm wurde ein menschliches Herz gegeben.

Das zweite Tier glich einem Bären und wird mit dem Reich der Meder und der Perser in Verbindung gebracht. Das dritte Tier glich einem Panther, hatte aber vier Köpfe sowie vier Flügel auf seinem Rücken, und dieses Tier stand in dem Traum wahrscheinlich für das Reich von Alexander dem Großen. Und dann erschien das vierte Tier, vermutlich das Reich der Römer. „Danach sah ich in diesem Gesicht in der Nacht, und siehe, ein viertes Tier war furchtbar und schrecklich und sehr stark und hatte große eiserne Zähne, fraß um sich und zermalmte, und was übrig blieb, zertrat es mit seinen Füßen. Es war auch ganz anders als die vorigen Tiere und hatte zehn Hörner“ (Daniel 7,7). Aber dieses vierte Tier wurde getötet, und „mit der Macht der andern Tiere war es auch aus; denn es war ihnen Zeit und Stunde bestimmt, wie lang ein jedes leben sollte“ (Daniel 7,12). Und prophetisch heißt es dann im vorletzten Vers des Kapitels: „Aber das Reich und die Macht und die Gewalt über die Königreiche unter dem ganzen Himmel wird dem Volk der Heiligen des Höchsten gegeben werden, dessen Reich ewig ist, und alle Mächte werden ihm dienen und gehorchen“ (Daniel 7,27).

Nach einer anderen Interpretation sind die vier Reiche anders zuzuordnen. Danach bleibt das erste Reich das babylonische, das zweite Reich ist das der Meder, getrennt davon folgt das Reich der Perser und dann das der Griechen. Das Römische Reich hat in dieser Zählung also keinen Platz. In jedem Fall steht Babylon am Anfang einer Liste der großen weltlichen Reiche, die zerstört werden. Als das Daniel-Buch geschrieben wurde, war Babylon bereits von den Persern und dann von den Truppen Alexanders des Großen erobert worden. Die Ankündigung des Untergangs des babylonischen Reiches war also keine Vorhersage, sondern beschrieb bereits Geschehenes.

Die Eroberung der Stadt Babylon durch die Perser

539 v. Chr. gelang es den Truppen des persischen Herrschers Kyros II., die Stadt Babylon einzunehmen. Der griechische Geschichtsschreiber Herodot liefert eine fantasiereiche Beschreibung dieser Eroberung. Dabei spielte der bereits erwähnte Stausee am Euphrat oberhalb der Stadt eine wichtige Rolle. König Kyros ließ laut Herodot nämlich den Euphrat kurzfristig in den See umleiten, sodass der Fluss im Stadtgebiet weitgehend trocken war. Die persischen Truppen drangen nun durch das Flussbett vor, und weil die Stadt hier weniger stark befestigt war, gelang die Eroberung rasch.

Heute wissen wir, dass alles ganz anders verlaufen ist und Babylon kampflos in die Hände der Perser fiel. Die Umstände der Kapitulation sind bisher nicht restlos geklärt, aber viele Historiker nehmen an, dass die Marduk-Priester so zornig über das Verhalten von König Nabonid waren, dass sie und ihre Anhänger sich auf die Seite der Perser stellten. Gleichzeitig hatte der König offenbar die Unterstützung größerer Teile des Volkes verloren, sodass die Stadttore geöffnet wurden, als die persischen Truppen anrückten. Der persische König betrieb eine kluge Besatzungspolitik, indem er die Priester ebenso wie die Staatsangestellten in ihren Ämtern beließ, die wirtschaftliche Betätigung der Bewohner der Stadt nicht behinderte und Babylon zumindest eine gewisse Bedeutung als Hauptstadt einer Provinz gab. Auch blühte Babylon noch einmal als Zentrum der Gelehrsamkeit und der Wissenschaft auf, wobei wichtige neue Impulse von persischen Zuwanderern ausgingen.

Das persische Reich war drei- bis viermal so groß wie das babylonische Reich zur Zeit seiner größten Ausdehnung. Dieses Großreich war nur zusammenzuhalten, wenn den einzelnen Völkern ein gewisser Grad von Eigenständigkeit zugebilligt wurde. Ebenso galt es, stabile politische und soziale Verhältnisse zu gewährleisten, was die persischen Könige vor allem dadurch erreichten, dass sie kooperationsbereite lokale Eliten in ihr Herrschaftssystem integrierten. Auch wurden die lokalen Tempel gefördert, wenn dies als geeignete Maßnahme erschien, die Loyalität gegenüber dem persischen Reich zu fördern.

Der Prophet Esra stärkt den Einfluss der Rückkehrer aus Babylon

Der Prophet Esra beschreibt, wie der persische König – in Erfüllung eines Auftrags Gottes – den Juden erlaubte, in ihre Heimat zurückzukehren: „Im ersten Jahr des Kyrus, des Königs von Persien, erweckte der HERR – damit erfüllt würde das Wort des HERRN, das durch den Mund Jeremias gesprochen war – den Geist des Kyrus, des Königs von Persien, dass er in seinem ganzen Königreich mündlich und auch schriftlich verkünden ließ: So spricht Kyrus, der König von Persien: Der HERR, der Gott des

Himmels, hat mir alle Königreiche der Erde gegeben, und er hat mir befohlen, ihm ein Haus zu Jerusalem in Juda zu bauen" (Esra 1,1-2). Die Juden im Exil werden in diesem biblischen Text von König Kyros aufgefordert, nach Jerusalem zu ziehen und das Haus des Herrn, also den Tempel, wieder aufzubauen. Im 6. Kapitel des Buches Esra wird der Befehl von König Kyrus zum Wiederaufbau des Tempels noch einmal aufgenommen, und hier gibt der persische König sogar Anweisungen, wie der neue Tempel aussehen soll: „... seine Höhe sechzig Ellen und seine Breite auch sechzig Ellen und drei Schichten von behauenen Steinen und eine Schicht von Holz, und die Mittel sollen vom Hause des Königs gegeben werden" (Esra 6,3-4). Erwähnt wird auch eine Anordnung des Königs, die von Nebukadnezar geraubten goldenen und silbernen Geräte aus dem Tempel von Jerusalem zurückzugeben, damit sie wieder in den Tempel gebracht werden könnten. Der Anspruch der Rückkehrer aus dem Exil, den Tempel im Auftrag Gottes und im Auftrag des Königs von Persien wieder aufzubauen, verlieh den Zurückkehrenden eine herausragende Autorität bei diesem Bauvorhaben und damit auch im neuen Tempel, ebenso bei der theologischen Festlegung der Grundlagen des Glaubens an den einen Gott. Das wird dadurch bekräftigt, dass in Esra 2 die Familien aufgelistet werden, die aus dem Exil zurückkehrten. In Esra 8 finden wir dann eine weitere Auflistung der Familien. Diesen Familien – das wird deutlich – kam eine hervorgehobene Stellung beim Wiederaufbau des Landes zu.

Esra beanspruchte für sich selbst eine führende Stellung im neuen Jerusalem und beim Wiederaufbau des Tempels. Er war ein hochgebildeter Priester und führte seine Abstammung auf Aaron zurück, also bis in die israelitische Frühgeschichte. Auch stammte er in der Darstellung des Esra-Buches von bedeutenden Priestern am Tempel von Jerusalem ab. Er nahm in sein Buch eine Abschrift eines Briefes auf, den er vom persischen König Artahsasta erhalten haben wollte, „dem König aller Könige". In dem Brief lesen wir: „Und nun, von mir ist befohlen worden, dass alle, die von dem Volk Israel und den Priestern und Leviten in meinem Reich willig sind, nach Jerusalem zu ziehen, mit dir ziehen können, weil du vom König und seinen sieben Räten gesandt bist, um aufgrund des Gesetzes deines Gottes, das in deiner Hand ist, nachzuforschen, wie es in Juda und Jerusalem steht, und hinzubringen Silber und Gold, das der König und seine Räte freiwillig geben dem Gott Israels, dessen Wohnung zu Jerusalem ist, und was du sonst an Silber und Gold erhältst in der ganzen Landschaft Babel samt dem, was das Volk und die Priester freiwillig geben für das Haus ihres Gottes zu Jerusalem" (Esra 7,13-16). Es folgen weitere Anweisungen für den Umgang mit dem Geld, verbunden mit der Ankündigung, dass bei Bedarf weitere Finanzmittel aus den Schatzhäusern des Königs zur Verfügung stehen würden. So großzügig waren die persischen Herrscher höchstwahrscheinlich nicht, aber sie hatten zweifellos ein Interesse daran, die sozialen und – verknüpft damit – auch die religiösen Verhältnisse in den Ländern ihres Herrschaftsgebietes zu stabilisieren. Einem Mann wie Esra kam im Rahmen einer solchen Politik durchaus eine wichtige Rolle zu, zumal er und andere Exiljuden sich loyal gegenüber den persischen Herrschern zeigten, die es ihnen ermöglichten, nach Jerusalem heimzukehren.

Esra erhielt in dem Brief nach biblischer Überlieferung auch die Autorität, Richter und Rechtspfleger einzusetzen und jene zu bestrafen, die sich nicht an das Gesetz Gottes und des Königs halten würden. Esra nutzte seine Autorität, erfahren wir in diesem biblischen Buch, um in Jerusalem für geordnete religiöse Verhältnisse zu sorgen und dabei den Einfluss der aus Babylonien zurückgekehrten Juden zu stärken. Er bekämpfte zudem Mischehen zwischen Juden und Angehörigen anderer Völker. Auch wurde den Bewohnern des früheren Nordreiches, die wegen der Heiraten mit zugezogenen Menschen aus anderen Völkern nicht mehr als wahre Juden galten, die Mitwirkung am Neubau des Tempels verwehrt. Die Samaritaner wurden also faktisch aus der religiösen Gemeinschaft ausgeschlossen, was Konflikte auslöste, von denen noch im Neuen Testament mehrfach die Rede ist.

Es gibt erhebliche Zweifel daran, dass die Briefe des persischen Königs und seiner Beamten, die im Esra- und auch im Nehemia-Buch zitiert werden, authentisch sind, denn das verwendete Aramäisch weist Eigenheiten auf, die auf die frühe hellenistische Zeit hindeuten. Thomas Hieke schreibt in einem Beitrag über die beiden biblischen Bücher: „... erweisen sich diese ‚Briefe' als Fiktionen, die somit nicht als Schreiben persischer Könige und Beamter aufzufassen sind, sondern als geschickte literarische Stilelemente, die eine bestimmte Sicht von Welt, Gott und Geschichte vermitteln wollen, mithin ‚Theologie treiben'."[159] Entstanden sind die Texte vermutlich etwa im 3. Jh. v. Chr.

Zu den Leistungen des biblischen Verfassers Esra gehört es, wesentlich dazu beigetragen zu haben, dass die Tora als Sammlung religiöser Texte des Judentums eine feste Gestalt annahm und zur verbindlichen Glaubensgrundlage wurde. Esra genoss im Jerusalem der Nachexilzeit ein so hohes Ansehen, dass er als „zweiter Mose" bezeichnet wurde, was auch im späteren Babylonischen Talmud nachzulesen ist.

Der gepriesene Förderer eines „dunklen Kultes"

Kehren wir noch einmal zurück zu König Kyros. Dass er den Marduk-Kult förderte, kann natürlich Fragen für diejenigen Christen aufwerfen, die den persischen König als

---

[159] Thomas Hieke: Esra-Nehemia-Buch, www.bibelwissenschaft.de (November 2005).

von Gott gesandten Retter verstehen und gleichzeitig die babylonische Religion als zutiefst heidnisch brandmarken. Das muss besonders für den schon mehrfach zitierten Werner Keller gelten, der in seinem Buch „Und die Bibel hat doch recht“ die babylonische Religion als „dunklen Kult“ verunglimpft und in Verbindung mit der Prostitution gebracht hatte. Nun lesen wir: „Nach seinem Einzug in Babylon lässt Kyros sofort die Bilder und Schreine der volkstümlichen Gottheiten wiederherstellen.“[160]

Aus massiv attackierten heidnischen Göttern sind hier also „volkstümliche Gottheiten“ geworden, weil dies gerade passt, um ein uneingeschränkt positives Bild von König Kyros zu zeichnen. Man wird eine solche leicht durchschaubare „Neugewichtung“ wohl nur als plumpen Versuch bezeichnen können, ein tatsächliches historisches Geschehen mit vielen Grautönen in eine Schwarz-Weiß-Geschichte umzudeuten. Sei hinzugefügt, dass die Bildnisse und Schreine der „volkstümlichen Gottheiten“ während der Herrschaftszeit des babylonischen Königs Nabonid keineswegs zerstört worden waren. Die Vernachlässigung des Kults reichte, um die Marduk-Priester gegen den König aufzubringen. Und die babylonischen Kriegsgefangenen, die nach einer Schlacht im Norden Babyloniens auf Befehl von Kyros II. zu Tausenden niedergemetzelt wurden? Sie fehlen in der Darstellung von Werner Keller. Eine solche historische Tatsache passte nicht zum Bild von einem „Herrscher der Toleranz“.[161] Über diesen König lesen wir: „Die Bibel bewahrt ihn als den Lichtbringer im Gedächtnis. Sein beispiellos rascher, glänzender Aufstieg ist durch keine Gewalttat befleckt. Seine kluge, weitherzige Politik macht ihn zu einer der sympathischen Gestalten des Alten Orients. Die widerwärtigen Eigenschaften orientalischer Herrscher vor ihm, die despotische Grausamkeit, ist diesem Perser fremd.“[162] Es gibt Zitate, die mich sprachlos machen angesichts des Ausmaßes von Ignoranz (in diesem Falle über den historischen Kyros II.) und Böswilligkeit (in diesem Falle gegen orientalische Herrscher).

König Kyros hat sich schließlich doch nicht als eine solche Lichtgestalt erwiesen, wie viele Juden im babylonischen Exil gehofft hatten. Nicht nur förderte er den Marduk-Kult auf vielfältige Weise, sondern er unterstützte die Rückkehr der verschleppten Juden in die Heimat nur in geringem Umfang und den Wiederaufbau des Tempels in Jerusalem sehr wahrscheinlich gar nicht. Zwar war in seiner Herrschaftszeit eine Rückkehr der Exiljuden grundsätzlich möglich, aber ohne eine staatliche Förderung war der Weg in eine kriegszerstörte Heimat, in der andere sich das eigene Land und Vermögen angeeignet hatten, für die meisten Juden in Babylonien keine attraktive Perspektive. Erst unter den Nachfolgern Kambyses und vor allem Darius

---

[160] Werner Keller: Und die Bibel hat doch recht, a. a. O., S. 335.

[161] Ebenda.

[162] Ebenda, S. 333.

wurden eine Rückkehr größerer Exilgruppen und der Beginn des Wiederaufbaus des Tempels in bedeutendem Umfang gefördert. Die Hoffnungen im Esra-Buch für eine rasche Rückkehr großer Exilgruppen in die Heimat und den schnellen Wiederaufbau des Tempels erfüllten sich unter König Kyros also nicht.

Umstritten: Die „erste Charta der Menschenrechte"

König Kyros II. wurde 1971 vom Schah von Persien zur Lichtgestalt der persischen Geschichte stilisiert, um bei den pompösen Feiern von 2.500 Jahren Monarchie in Persien eine Linie von dem antiken Herrscher zum nun herrschenden Schah zu ziehen. Im Rahmen dieser Propagandafeiern wurde den Vereinten Nationen feierlich eine Kopie des „Kyros-Zylinders" überreicht. Der Text stellte nach Darstellung der iranischen Führung um den Schah die „erste Charta der Menschenrechte" dar, und gern sah dieser iranische Monarch sich in der Tradition als Verteidiger der Menschenrechte. Eine solche Propaganda war um so wichtiger, als er Anfang der 1970er Jahre im eigenen Land und international zu Recht für eine große Zahl von Menschenrechtsverletzungen verantwortlich gemacht wurde. Deshalb ist die Leitung der Vereinten Nationen in New York immer wieder dafür kritisiert worden, dass sie die Darstellung der iranischen Führung ungeprüft übernahm. Der damalige UN-Generalsekretär sprach von einer „antiken Deklaration der Menschenrechte" und ließ den Keilschrifttext in alle offiziellen UN-Sprachen übersetzen. Die Kopie des Zylinders ist weiterhin in einer Schauvitrine im UNO-Gebäude in New York ausgestellt. Das Original befindet sich im Britischen Museum.

Genauere historische Überprüfungen ergaben, dass es sich beim „Kyros-Zylinder" eindeutig um einen Propagandatext des militärisch erfolgreichen persischen Königs handelt, der wenig mit den tatsächlichen politischen und sozialen Verhältnissen im damaligen persischen Reich zu tun hatte. Kyros II. war zweifelsohne ein genialer Feldherr und Politiker, der aus kleinen Anfängen ein riesiges Reich zusammenfügte, aber er war keineswegs ein früher Verfechter dessen, was wir heute unter Menschenrechten verstehen. Nicht nur führte Kyros II. fast drei Jahrzehnte lang Kriege, sondern er bestrafte Unbotmäßigkeit auch mit dem Abschneiden von Nasen und Ohren sowie in gravierenderen Fällen damit, dass die Betroffenen bis auf den Kopf im Wüstensand eingegraben wurden und dann qualvoll unter der sengenden Sonne litten, bis sie schließlich starben.

Im Rückblick ist eindeutig, dass der Schah von Persien 1971 eine antike Propagandaschrift für die eigene Propaganda nutzte. Er war damit überaus erfolgreich, und auch in Deutschland erschien aus diesem Anlass eine Festschrift mit Geleitworten des Bundeskanzlers und des Bundespräsidenten. Geholfen haben die Jubelfeiern und die geschickt lancierte Propaganda um die „Menschenrechtserklärung“ dem Schah nicht, denn er wurde bald darauf gestürzt und aus dem Iran vertrieben.

Die Debatte um den angeblichen Menschenrechts-Zylinder von Kyros II. könnte ein Anlass für die Kirchen sein, das einseitig positive Bild dieses antiken Herrschers zu korrigieren und seine Darstellung in biblischen Texten als zeitgeschichtlich verständliche Aussagen von Menschen zu interpretieren, deren Exilszeit dank dieses Herrschers ihrem Ende entgegenging. Das Überdenken ist schon deshalb naheliegend, weil im Text des Zylinders ein Rechenschaftsbericht des Königs enthalten ist, in dem es über seinen Aufenthalt in Babylon heißt: „Tag für Tag kümmere ich mich um die Verehrung von Marduk.“ Das ist jener Gott, über den wir in der Bibel und in der christlichen Literatur eine große Anzahl von Schmähungen finden.

Daniel in der Löwengrube

Wir kehren an dieser Stelle noch einmal in die Welt des Daniel-Buches zurück. In der zeitlichen Abfolge der Daniel-Geschichten übernahm Darius aus Medien die Herrschaft über das schmählich untergegangene Babylonien. Vorbild für den Darius in dieser Geschichte war aber wahrscheinlich der persische König Darius I. Der König Darius der biblischen Geschichte setzte Daniel als einen von drei Fürsten ein, denen gegenüber die 120 Statthalter Rechenschaft ablegen sollten, „damit der König der Mühe enthoben wäre“ (Daniel 6,3). Daniel übertraf die übrigen Fürsten und Statthalter, und der König dachte daran, ihn zu seinem Stellvertreter im ganzen Königreich zu berufen. Das löste die Missgunst der anderen Fürsten und Statthalter aus, und sie suchten, zunächst allerdings vergeblich, nach einem Vergehen von Daniel und einen Grund, gegen ihn Anklage zu erheben. Schließlich schmiedeten sie den Plan, Daniel wegen seiner Gottesverehrung vor dem König anzuklagen.

Sie gingen zum König und sprachen: „Es haben die Fürsten des Königreichs, die Würdenträger, die Statthalter, die Räte und Befehlshaber alle gedacht, es solle ein königlicher Befehl gegeben und ein strenges Gebot erlassen werden, dass jeder, der in dreißig Tagen etwas bitten wird von irgendeinem Gott oder Menschen außer von dir, dem König, allein, zu den Löwen in die Grube geworfen werden soll“ (Daniel 6,8). König Darius ließ tatsächlich ein Gebot verkünden. „Als nun Daniel erfuhr, dass ein solches Gebot ergangen war, ging er hinein in sein Haus. Er hatte aber an seinem Obergemach offene Fenster nach Jerusalem, und er fiel dreimal am Tag auf seine Knie, betete, lobte und dankte seinem Gott, wie er es auch vorher zu tun pflegte“ (Daniel 6,11). Darauf hatten seine Gegner nur gewartet, und sie berichteten dem Herrscher: „O König, hast du nicht ein Gebot erlassen, dass jeder, der in dreißig Tagen etwas bitten würde von irgendeinem Gott oder Menschen außer von dir, dem

König, allein, zu den Löwen in die Grube geworfen werden solle?" (Daniel 6,13). Der König antwortete: „Das ist wahr, und das Gesetz der Meder und Perser kann niemand aufheben." Nun wurde dem König berichtet, dass Daniel drei Mal am Tag zu seinem Gott betete. Der König war daraufhin betrübt und bemühte sich, Daniels Leben zu retten. Aber die Fürsten und Statthalter drangen darauf, dass dieses wie alle Gesetze der Meder und Perser eingehalten werden müsste. Da blieb dem König in dieser Geschichte nichts übrig, als Daniel in die Grube der Löwen werfen zu lassen.

Früh am nächsten Morgen ging der König eilig zur Löwengrube und rief Daniel „mit angstvoller Stimme": „Daniel, du Knecht des lebendigen Gottes, hat dich dein Gott, dem du ohne Unterlass dienst, auch erretten können von den Löwen?" (Daniel 6,21). Daniel lebte, pries den König und sprach: „Mein Gott hat seinen Engel gesandt, der den Löwen den Rachen zugehalten hat, sodass sie mir kein Leid antun konnten; denn vor ihm bin ich unschuldig, und auch gegen dich, mein König, habe ich nichts Böses getan" (Daniel 6,23).

Der erfreute König ließ Daniel aus der Löwengrube ziehen und die Männer, die Daniel angeklagt hatten, zu den Löwen werfen, ebenso ihre Kinder und Frauen. „Und ehe sie den Boden erreichten, ergriffen die Löwen sie und zermalmten alle ihre Knochen" (Daniel 6,25). König Darius ließ allen Völkern und Menschen auf der ganzen Erde schreiben und verkünden: „Das ist mein Befehl, dass man in meinem ganzen Königreich den Gott Daniels fürchten und sich vor ihm scheuen soll. Denn er ist der lebendige Gott, der ewig bleibt, und sein Reich ist unvergänglich, und seine Herrschaft hat kein Ende. Er ist ein Retter und Nothelfer, und er tut Zeichen und Wunder im Himmel und auf Erden. Der hat Daniel von den Löwen errettet" (Daniel 6,27-28). Daniel aber erhielt eine große Macht im Reich des Darius und danach auch im Reich von Kyros von Persien, denn in der Daniel-Geschichte folgte – wie erwähnt – auf das Reich der Meder das Reich der Perser.

Der Versuch, die historische Authentizität dieser Geschichte zu beweisen, muss schon daran scheitern, dass – wie erwähnt – Darius kein König der Meder, sondern der Perser war. Der persische König Darius hat nicht verlangt, von allen angebetet zu werden, während der Glaube an andere Götter hart bestraft werden würde. Ein solches Gesetz hätte sich auch gegen alle Anhänger der persischen Religion gerichtet – und selbst wenn man das für möglich halten sollte, wäre undenkbar, dass von einem solchen Gesetz der Meder und Perser nichts, absolut gar nichts in den zeitgenössischen Quellen aus der Zeit von Darius I. zu finden ist. Auch ist auszuschließen, dass der persische König (oder ein König der Meder) verkündet hat, dass man im ganzen Königreich „den Gott Daniels fürchten" sollte. Sei noch erwähnt, dass es höchst unwahrscheinlich ist, dass der historische Darius I. sich von seinen Untergebenen so in die Enge treiben ließ, dass er seinen fähigsten Mitarbeiter den Löwen vorwarf. Ein mächtiger König hätte sich problemlos über selbst erlassene Gesetze hinweggesetzt. Die Gesetze der Meder und Perser banden ganz gewiss nicht einen Darius I. Wir beschäftigen uns hier, um noch einmal Matthias Albani zu zitieren, mit einer Legende, „die zur Treue gegenüber Gott mahnt und zeigen soll, dass Gott der wahre Herrscher über die Weltmächte ist, dass er seine Gläubigen aus aussichtslosen Situationen zu retten vermag".[163] Problematisch bleibt in dieser Geschichte das Bild eines orientalischen Herrschers, so Matthias Albani: „Es ist eine gutmütige, etwas dümmliche Sultansfigur, die zwar Macht hat, aber zu keinen eigenen Entschlüssen fähig ist und somit ganz von den intriganten Ratgebern gelenkt werden kann."[164] Liest man die Geschichte heute ohne Vorkenntnisse, kann sie also durchaus Vorurteile gegen die Welt des Orients und seine Herrscher auslösen oder bekräftigen.

Eine dramatische Geschichte für den Kindergottesdienst

Die Geschichte von Daniel und der Löwengrube scheint wie geschaffen für den Kindergottesdienst zu sein, voller Dramatik, voller Gottvertrauen und mit einem Happy End (jedenfalls für Daniel, und dass seine Widersacher und deren Familien den Löwen vorgeworfen werden, verschweigt man in Nacherzählungen für Kinder häufig lieber). Zu diesen lebendigen Geschichten passt das Gemälde „Daniel in der Löwengrube" von Peter Paul Rubens, das etwa in der Zeit von 1614 bis 1616 entstand und den Augenblick zeigt, als die Höhle wieder geöffnet wird und das Tageslicht die Szene beleuchtet. Der dankbar betende Daniel ist umgeben von naturalistisch dargestellten lebensgroßen Löwen, die friedlich dastehen und daliegen, denen man ihre potenzielle Gefährlichkeit aber ansieht. Das Wunderbare an dieser Geschichte – war der Maler offenkundig überzeugt – wird erst deutlich, wenn die Gefährlichkeit der Löwen real erscheint, ebenso aber ihr friedliches Verhalten in dieser einen Situation. Mehrere Löwen blicken die Betrachter an und nehmen sie mit hinein in das Bildgeschehen. Dass Peter Paul Rubens in der Lage war, die Löwen Anfang des 17. Jahrhunderts so realistisch darzustellen, lag daran, dass er sie in der königlichen Menagerie in Brüssel genau hat beobachten können.

Liest man pädagogische Anleitungen für Kindergottesdienst und Religionsunterricht, so wird deutlich, dass den Kindern selten vermittelt wird, dass es sich bei dem biblischen Text von Daniel in der Löwengrube um eine Glaubensgeschichte handelt. Sie sollte Menschen in bedrohlichen Situationen den Mut machen, für ihren Glauben

---

[163] Matthias Albani: Daniel, a. a. O., S. 140.
[164] Ebenda, S. 143.

einzustehen und an ihm festzuhalten. Demgegenüber ging es dem Verfasser nicht darum, ein tatsächliches historisches Geschehen in Babylon möglichst genau wiederzugeben. Eine pädagogische Herausforderung besteht darin, nicht den Eindruck zu erwecken, dass Daniel tatsächlich in eine Löwengrube geworfen wurde, und gleichzeitig deutlich zu machen, dass diese Geschichte kein Märchen ist, sondern uns vermittelt, wie Menschen ihren vertrauensvollen Weg mit Gott in eine dramatische Geschichte gefasst haben.

Aber ist das nötig? Warum sollten Kinder nicht glauben, dass das, was diese mehr als 2.000 Jahre alte Geschichte erzählt, sich damals wirklich so zugetragen hat? Die Gegenfrage muss lauten: Was geschieht, wenn diese Kinder älter werden? Werden sie sich an die Geschichte von Daniel so erinnern wie an die Geschichte von Hänsel und Gretel? Sie werden vermutlich Zweifel bekommen, ob dieser Daniel wirklich gelebt und die Begegnung mit den Löwen überlebt hat – und sie werden mit solchen Zweifeln häufig allein dastehen. Gerade die Geschichte von Daniel und den Löwen bietet sich dafür an, Kindern behutsam nahezubringen, dass es tiefere Wahrheiten gibt, als jene, die in Geschichtsbüchern stehen – dass Menschen von alters her ihren Glauben in Geschichten zum Ausdruck gebracht haben, die uns bis heute berühren und uns das göttliche Geheimnis nahebringen. Erfreulich deshalb, dass in einem Erzählvorschlag der Reformierten Kirchen in Bern-Jura-Solothurn zu „Daniel in der Löwengrube" ausdrücklich von einer „Legende" gesprochen wird, die in schwierigen Zeiten Mut machen kann.[165]

[165] Reformierte Kirchen in Bern-Jura-Solothurn: Daniel in der Löwengrube, S. 1.

Rückkehr oder Bleiben im Exil – die jüdische Diasporagemeinschaft in Babylon

Dass König Kyros II. es den nach Babylon verschleppten Juden erlaubte, in ihre Heimat zurückzukehren, hat ihm für immer einen ehrenvollen Platz in der Bibel gesichert. Von dieser Möglichkeit machte allerdings zunächst nur eine Minderheit der jüdischen Exilbevölkerung in Babylonien Gebrauch. Die Rückkehr größerer Gruppen erfolgte erst dann, als eine gewisse Unterstützung des persischen Staates für diese Rückkehr unter den Nachfolgern von Kyros II. und besonders unter König Darius gewährt wurde. Das Risiko der Rückkehr für die Menschen im Exil trotz staatlicher Unterstützung hat Rainer Albertz in seinem Buch über die Exilszeit so skizziert: „Es bedeutete auf der einen Seite Aufgabe der gesicherten beruflichen Existenz und finanzielle Einbußen beim Verkauf des Besitzes. Auf der anderen Seite war es durchaus offen, wieweit alle Eigentumsansprüche an Grund und Häusern angesichts der von den Babyloniern und von Gedalja vorgenommenen Besitz-Umverteilungen durchgesetzt werden konnten." Außerdem war es für die Heimkehrer unwahrscheinlich, „von den Daheimgebliebenen mit offenen Armen empfangen und aufgenommen zu werden, zumal die wirtschaftliche Lage in Palästina ärmlich war".[166]

Besonders jüdische Familien, die im Exil wirtschaftlich Fuß gefasst hatten, blieben in Babylonien, sodass über viele Jahrhunderte große jüdische Diasporagemeinschaften an Euphrat und Tigris existierten, die auch theologisch einen bedeutenden Einfluss auf das Judentum ausübten. Andere jüdische Bewohner von Babylonien zogen sogar in die entgegengesetzte Richtung und bauten bis hin ins heutige Usbekistan jüdische Gemeinschaften auf.

In Palästina mussten sich die Zurückgekehrten und die Daheimgebliebenen neu arrangieren und sich um einen Interessensausgleich bemühen. Gleichzeitig galt es, die jüdische Religionsgemeinschaft auf eine neue Grundlage zu stellen: mit Tempel, aber ohne König, mit unterschiedlichsten theologischen Richtungen, aber einem erstarkten Monotheismus, mit einer im Exil wichtiger gewordenen Familienfrömmigkeit, aber auch mit einer Priesterschaft, die in Zeiten der fehlenden politischen Unabhängigkeit die gemeinsame religiöse Lehre und Praxis als Bindeglied betonte, mit einer gemeinsamen Heimat Juda, aber gleichzeitig auch einem religiös legitimen Leben in der Diaspora. Es gab viel zu bedenken, viel zu regeln. Und da war es naheliegend, das Gemeinsame zu betonen und all das abzulehnen, was unter dem Stichwort „Babylon" zusammengefasst war.

---

[166] Rainer Albertz: Die Exilszeit, a. a. O., S. 108.

Jeremia: der Zorn auf Babylon

Im Buch Jeremia sind die Ankündigungen des Untergangs von Babylon in den Kapiteln 50 und 51 konzentriert. Nirgends sonst in der Bibel wird der Hass auf die Stadt am Euphrat und das von ihren Königen beherrschte Land so gebündelt wie in diesen Bibelabschnitten. Das ist der „rote Faden“ in einem prophetischen Text, der durch unterschiedlichste Darstellungsformen und diverse Brüche gekennzeichnet ist. Ulrike Sals schreibt in ihrer Dissertation über Babylon in der Bibel zu diesem Text: „Kriegstumult und das deshalb gegenwärtige Chaos ist in Sprache gefasst. Deshalb gibt es nahezu keine ordnende Kraft im Text ...“[167] Thematisch geht es immer wieder um die Zerstörung Babylons durch Gottes Eingreifen. Diese Zerstörung wird mehrfach mit Variationen beschrieben, stets bestimmt durch große Brutalität und die totale Vernichtung der Stadt.

Das Durcheinander von Themen und Darstellungsformen ohne erkennbare Übergänge hat Theologen immer wieder zu neuen Strukturierungs- und Interpretationsversuchen veranlasst. Am überzeugendsten für mich bleiben jene Interpretationen, die einen tiefen Hass auf Babylon als das vorherrschende Thema dieser beiden Kapitel des Jeremia-Buches identifizieren. In keinem anderen biblischen Text fällt der Name Babel so häufig wie hier. Weitergehende Interpretationen werden dadurch erschwert, dass umstritten ist, wann dieser biblische Text verfasst wurde. Viele Fachleute gehen vom 6. Jh. v. Chr. aus und sind überzeugt, dass zu diesem Zeitpunkt Babylon bereits von den persischen Truppen unter Kyros II. besetzt worden war. Aber stringente Beweise dafür, dass die Eroberung Babylons gerade stattgefunden hat oder unmittelbar bevorsteht, finden sich in dem sehr vielschichtigen Text nicht. Dabei ist auch im Blick zu behalten, dass die persischen Truppen durch die offenen Tore in Babylon eingezogen sind und dass sie die Stadt keineswegs auf brutalste Weise zerstört haben, wie man dies nach der Lektüre der Kapitel 50 und 51 des Jeremia-Buches erwarten könnte. Fest steht, dass diese Kapitel nicht von jenem Propheten Jeremia verfasst worden sind, der in Jerusalem vor den Folgen einer militärischen Konfrontation mit den Babyloniern gewarnt hatte, denn seither war mehr als ein halbes Jahrhundert vergangen.

Am Anfang des 50. Kapitels lässt Gott durch Jeremia verkünden, dass Babylon eingenommen wurde und die Götzenbilder zerschmettert sind. „Denn es zieht von Norden ein Volk heran gegen sie, das ihr Land zur Wüste macht, sodass niemand darin wohnen wird, sondern Menschen und Vieh daraus fliehen werden“ (Jeremia 50,3). Die Menschen aus Israel und Juda erhalten den göttlichen Auftrag, aus Babylonien zu

[167] Ulrike Sals: Die Biographie der „Hure Babylon“, a. a. O., S. 387.

fliehen. Der Herr werde die Juden in ihre Heimat zurückführen, lesen wir bei Jeremia. Denn dem Land der Babylonier droht Schlimmes: „Und das Chaldäerland soll ein Raub werden; alle, die es berauben, sollen satt werden, spricht der HERR“ (Jeremia 50,10). Deshalb erhalten die Juden den Auftrag: „Zieh aus von dort, mein Volk, und rette ein jeder sein Leben vor dem grimmigen Zorn des HERRN!“ (Jeremia 51,45).

Es folgen weitere Ankündigungen des drohenden Untergangs, und wir lesen zum Beispiel: „Es ist ein Kriegsgeschrei im Lande und großer Jammer ... Wie ist Babel zum Bild des Entsetzens geworden unter allen Völkern“ (Jeremia 50,22-23). Die Bestrafung Babylons wird mit der Zerstörung des Tempels in Jerusalem begründet: „Man hört ein Geschrei der Flüchtige und derer, die entronnen sind aus dem Lande Babel, dass sie verkünden zu Zion die Vergeltung des HERRN, unseres Gottes, die Vergeltung für seinen Tempel“ (Jeremia 50,28). Einige Verse weiter wird daran erinnert, dass die Menschen aus Israel und Juda unter Gewalt und Unrecht gelitten hatten und als Gefangene weggeführt worden waren. Deshalb sollte nun das Schwert über die Babylonier und ihre Herrscher kommen. Die Männer würden angesichts der Bedrohung durch das Schwert zu Weibern werden. Die Wasser würden versiegen und die Wüstentiere und wilden Hunde in der von Menschen unbewohnten Stadt leben, wird prophezeit. „Gleichwie Gott Sodom und Gomorra samt ihren Nachbarn zerstört hat, spricht der HERR, soll niemand darin wohnen noch ein Mensch darin hausen“ (Jeremia 50,40). Es folgen weitere Ankündigungen des Untergangs von Babylon. Neben feindlichen Truppen sollten auch Dürren, Flutwellen und Erdbeben das Ende der Stadt herbeiführen.

Das Gemeinsame am 50. und 51. Kapitel des Jeremia-Buches bleibt der abgrundtiefe Hass auf Babylon und die Ankündigung der Vernichtung der Stadt durch Feinde aus dem Norden, die im göttlichen Auftrag handeln. Damit verknüpft sind Schmähungen gegen die babylonischen Götter als leblose Götzen. Nicht überlesen werden sollte dieser Vers: „Du, Babel, warst mein Hammer, meine Kriegswaffe; durch dich habe ich Völker zerschmettert und Königreiche zerstört“ (Jeremia 51,20). Hier taucht erneut die Überzeugung auf, dass die Babylonier nur als Instrument Gottes das Königreich Juda erobern konnten. Dieser Auftrag ist nun erfüllt: „Aber nun will ich Babel und allen Bewohnern von Chaldäa vergelten alle ihre Bosheit, die sie an Zion begangen haben, vor euren Augen, spricht der HERR“ (Jeremia 51,24). Martialisch verkündet Gott in der Überlieferung von Jeremia: „Heiligt die Völker zum Kampf gegen die Stadt Babel!“ (Jeremia 51,27). Und in Vers 35 lesen wir: „‚Nun aber komme über Babel der Frevel, der an mir begangen ist und an meinem Fleische‘, spricht die Einwohnerin von Zion, ‚und mein Blut komme über die Bewohner von Chaldäa‘, spricht Jerusalem.“

Ulrike Sals diagnostiziert hier einen „Propagandatext zur Entsolidarisierung mit Babel und zur Solidarisierung mit Jerusalem/Zion“.[168] Die Entscheidung für Jerusalem war in der Zeit des Umbruchs am Ende des Exils die Entscheidung für eine Rückkehr in die zerstörte Heimat. Die Brandmarkung Babylons in diesem Jeremia-Text kann historisch also nicht zuletzt die Aufgabe gehabt haben, die Exiljuden für die mühsame Reise in eine Heimat zu gewinnen, eine Heimat, die niemand aus den lebenden Generationen noch kannte. Da bedurfte es schon starker Argumente, um die Menschen zu motivieren, alles aufzugeben und sich auf den Weg in ein unbekanntes Land zu machen. Dem Leben in einer Stadt, die dem Untergang geweiht war, wird die verheißungsvolle Zukunft in Jerusalem entgegengestellt. Wer blieb, so die Botschaft der „Jeremia-Prophezeiung“, die nicht von Jeremia stammt, musste damit rechnen, beim drohenden Untergang Babylons mit vernichtet zu werden.

Jesaja: Der rächende Gott

„Gottes Gericht über Babel“ lautet die Überschrift von Jesaja 13 in der Lutherbibel. Und dieses Gericht wird sehr hart sein, ist der Verfasser dieses Bibeltextes überzeugt: „Denn siehe, des HERRN Tag kommt grausam, zornig, grimmig, die Erde zu verwüsten und die Sünder von ihr zu vertilgen“ (Jesaja 13,9). Diese und einige weitere Ankündigungen des Untergangs von Babylon im Buch Jesaja stammen aus der Nachexilzeit, sind also nachträglich eingefügt worden. Wir lesen mit dem 13. Kapitel des Jesaja-Buches also nach Auffassung der meisten zeitgenössischen Vertreter der alttestamentlichen Theologie keine prophetischen Vorhersagen für eine nahe Zukunft, sondern einen Text, der im Wissen über das historische Geschehen verfasst wurde. Nur eine Minderheit der Fachleute vertritt die Auffassung, der Text sei nach dem Tod von König Nebukadnezar II. entstanden, in den Zeiten von Nachfolgekonflikten und einer Bedrohung durch benachbarte Reiche. In jedem Fall war der historische Jesaja, von dem der erste Teil des Jesaja-Buches stammt, und der etwa sieben Jahrzehnte vorher in Jerusalem als Prophet gewirkt hatte, nicht der Verfasser dieses biblischen Textes.

An Jesaja 13 fällt auf, dass es bei der Vernichtung Babylons nicht lediglich um ein Ereignis von lokaler, sondern von wahrhaft globaler Bedeutung geht, denn Gott wird kommen, um die Erde zu verwüsten und die Sünder zu vertilgen. Das wird in den folgenden Versen noch bekräftigt: „Denn die Sterne am Himmel und sein Orion scheinen nicht hell, die Sonne geht finster auf, und der Mond gibt keinen Schein. Ich will den Erdkreis heimsuchen um seiner Bosheit willen und die Gottlosen um ihrer Missetat willen und will dem Hochmut der Stolzen ein Ende machen und die Hoffart

---

[168] Ebenda, S. 421.

der Gewaltigen demütigen ..." (Jesaja 13,10-11). Es wird hier eine Bestrafung angekündigt, die den ganzen Globus, ja das ganze Universum erschüttert und allenfalls noch mit der vorangegangenen Sintflut zu vergleichen ist. Babylon steht hier stellvertretend für eine sündige Menschheit, der die Bestrafung durch Gott droht. Einer global bedeutenden Stadt wird ein Untergang von kosmischen Ausmaßen angekündigt.[169]

Die göttliche Strafe trifft in erster Linie die Bewohner der Stadt Babylon, und deshalb lesen wir einige Verse später die Drohung: „Wer da gefunden wird, wird erstochen, und wen man aufgreift, wird durchs Schwert fallen. Es sollen auch ihre Kinder vor ihren Augen zerschmettert, ihre Häuser geplündert und ihre Frauen geschändet werden" (Jesaja 13,15-16). Babel wird von den Medern bekämpft und hat keine Zukunft mehr, erfahren wir: „So soll Babel, das schönste unter den Königreichen, die herrliche Pracht der Chaldäer, zerstört werden von Gott wie Sodom und Gomorra, dass man hinfort nicht mehr da wohne noch jemand da bleibe für und für ..." (Jesaja 13,19-20). Im Blick auf die tatsächliche weitere Geschichte der Stadt stellt der Berliner Theologieprofessor Peter Welten nüchtern fest: „Angesichts der noch lange nach 539 andauernden Blüte Babylons und ihres späten, erst allmählichen Verschwindens, ist ein Babylonbild, wie es Jes 13 begegnet, nur noch losgelöst von jeder Historie zu verstehen."[170] Und nachdem er weitere Babel-Texte beleuchtet hat, kommt der Theologe zum Ergebnis: „Ein Weg wird sichtbar – ein Weg vom historischen Babylon zu Babylon als Chiffre für jedwede Weltmacht, ein Weg, bereits erkennbar innerhalb der hebräischen Bibel. Was hier zu beobachten ist, setzt sich im Neuen Testament fort."[171]

Es folgen in den nächsten Kapiteln des Jesaja-Buches neue Verwünschungen gegen andere Fremdvölker und fremde Städte, von Assur über Damaskus bis Ägypten, aber Babel nimmt eine hervorgehobene Rolle ein und wird nicht zufällig zuerst genannt. Dass es sich nicht um leere Drohungen handelt, bekräftigt ein Späher im 21. Jesaja-Kapitel: „Und siehe, da kommen Männer, ein Zug von Wagen mit Rossen; die heben an und sprechen: Gefallen ist Babel, es ist gefallen, und alle Bilder seiner Götter sind zu Boden geschlagen" (Jesaja 21,9).

Ein Gott, der brutalste Gewalt verbreitet, hat sich in diesem biblischen Text durchgesetzt – aber ist dies der Gott, zu dem wir heute beten, oder der Gott, auf den zornige Menschen im babylonischen Exil gehofft haben? Gerade angesichts der Verwünschungen und Drohungen mit dem Untergang Babylons stellt sich die Frage nach dem

---

[169] Vgl. Ulrike Sals: Die Biographie der Hure Babylon, a. a. O., S. 238ff.

[170] Peter Welten: Babylon und Berlin, in: Berliner Theologische Zeitschrift, 2/98, S. 242.

[171] Ebenda, S. 244.

Gottesverständnis. Können wir die sehr unterschiedlichen Gottesverständnisse, die uns in der Bibel begegnen, addieren, also den liebenden, den Gewalt verbreitenden, den gnädigen, den rächenden Gott ... um so zu einem umfassenden Gottesverständnis zu gelangen – oder müssen wir zurückhaltend gegenüber Gottesverständnissen sein, die diesen Gott in Verbindung bringen mit eigenen Rachevorstellungen von Menschen? Es tauchen beunruhigende und verunsichernde Fragen auf, wenn wir uns mit Babylon und seiner Darstellung in der Bibel beschäftigen.

Und schon in biblischen Zeiten entstand für die Verfasser des Jesaja-Buches ein Problem: Die persischen Truppen kamen zwar von Norden, aber sie zogen im Jahre 539 v. Chr. kampflos in Babylon ein. Die gewaltige Schlacht zwischen den von Gott unterstützten Eroberern und den Babyloniern um die Stadt fand nicht statt. Babylon ging nicht derart spektakulär wie Sodom in einer früheren biblischen Geschichte unter. Diese Erfahrung, schreibt Ulrike Sals, spiegelt sich im zweiten Teil des 13. Kapitels wider: „Wenn schon die Stadt nicht zerstörbar war, sollen wenigstens alle Einwohner und Einwohnerinnen sterben (V. 14-18), wenn schon die Stadt nicht verwüstet werden kann, dann sollen wenigstens die Wüstentiere die Stadt in Besitz nehmen (V. 20-22).“[172]

Biblische Prophezeiungen und die Irakkriege

Welche aktuelle Bedeutung die Zerstörungsankündigungen in Jesaja 13 (und Jeremia 50-51) gewinnen können, zeigt ein Buch des Schweizer Theologen Roger Liebi, in dem er sich mit Israel und dem Irak beschäftigt. Der Autor hat an einer von der Erweckungsbewegung geprägten theologischen Hochschule in den USA promoviert und an einer privaten theologischen Hochschule in Basel unterrichtet. Roger Liebi ist Verfasser zahlreicher Bücher, in denen er nachweisen will, dass die biblischen Prophezeiungen genauso in Erfüllung gehen werden, wie sie angekündigt wurden. Immer neu sieht und interpretiert er Zeichen der Zeit, so in einem Buch über die „Rockmusik“, dessen Untertitel lautet: „Ausdruck einer Jugend in einem sterbenden Zeitalter“.

Roger Liebi vertritt in seinem erwähnten Buch zu den biblischen Prophezeiungen über Babylon die Position: „Das Gericht von Kyros war gewissermaßen ein kleiner Vorbote, ein Vorgeschmack der endgültigen Verwüstung.“[173] Das Buch erschien nach dem ersten, aber vor dem zweiten Golfkrieg. Im Vorwort zu einer späteren Auflage schreibt Roger Liebi: „Die erste Auflage des vorliegenden Buches erschien 1993. Be-

[172] Ulrike Sals: Die Biographie der „Hure Babylon“, a. a. O., S. 248.
[173] Roger Liebi: Israel und das Schicksal des Irak, Unruheherd Nahost im Licht der Bibel, 6. Auflage, Berneck 2003, S. 56.

reits damals habe ich aufgrund der Weissagungen in Jesaja 13-14 und Jeremia 50-51 darauf hingewiesen, dass der Golfkrieg lediglich ein Vorbote einer noch viel schlimmeren Katastrophe war, die über das einstige Land Babylonien kommen soll. 100 000 Luftangriffe mächtigster und modernster Armeen der Welt haben zwar ein fürchterliches Desaster angerichtet, doch die Voraussage, dass dieses Land so verwüstet werden soll, dass es in Ewigkeit nicht mehr bewohnt werden kann, warten noch auf ihre Erfüllung."[174] Der Autor ist überzeugt, dass diese „Erfüllung" kommen wird: „Zuletzt aber wird der Untergang Babyloniens kommen."[175] Der Grund für diese Gewissheit: „Die Propheten der Bibel haben ausführlich über die Zukunft gesprochen ... Viele Hunderte von detaillierten biblischen Prophezeiungen sind bereits nachweislich in Erfüllung gegangen ... Die bereits erfüllte Prophetie ist eine Garantie dafür, dass die Weissagungen, die sich auf einen für uns noch zukünftigen Zeitpunkt beziehen, mit gleicher überwältigender Präzision in Erfüllung gehen werden."[176]

Ein Abschnitt des Buches von Roger Liebi trägt die Überschrift: „Internationale Hilfe ohne Sinn und Zweck". Dort lesen wir in den ersten Zeilen: „Die Verwüstung des Irak wird so total und endgültig sein, dass selbst internationale humanitäre Hilfe völlig aussichtslos sein wird."[177] Zur Begründung zitiert der Autor die Verse 8 und 9 von Jesaja 51. Mit biblischen Versen jegliche humanitäre Hilfe für sinn- und zwecklos zu erklären, stellt zweifellos eine ganz eigene Qualität einer Bibelauslegung dar. Wenn man überzeugt ist, dass mit dem baldigen totalen Untergang des Irak zu rechnen sei, hat die Argumentation eine gewisse innere Logik, aber es ist eine Logik, die sehr weit entfernt ist von Jesu Botschaft des Friedens, der Nächstenliebe und der Geschwisterlichkeit.

Wer nun denken mag, solche Vernichtungsfantasien würden lediglich den Irak betreffen, täuscht sich. In dem Buch von Roger Liebi lesen wir auch: „Die Opfer des Golfkrieges waren nicht Menschen mit größerer Schuld als z. B. die Menschen des Westens. Es gibt schlicht keinen Menschen, der nicht auch den Tod verdient hätte."[178] Die Verwünschungen gegen Babylonien münden hier ganz direkt in einen Angriff auf die Menschheit, jedenfalls auf all jene Menschen, die sich den Glaubensüberzeugungen des Verfassers nicht anschließen wollen. Wer noch Zweifel hat, dass biblische Verwünschungen gegen Babylon bis heute eine politische Wirkung entfalten können, der möge in das Buch von Roger Liebi schauen.

---

[174] Ebenda, S. 9.
[175] Ebenda, S. 11.
[176] Ebenda, S. 13f.
[177] Ebenda, S. 85.
[178] Ebenda, S. 91.

Es muss hinzugefügt werden, dass in den USA eine größere Zahl von Büchern erschienen ist, die einen direkten Zusammenhang von biblischen Prophezeiungen und aktuellen politischen und militärischen Konflikten im Irak herstellen. Dazu gehört das Buch „The Rise of Babylon – Sign of the End Times“ von Charles H. Dyer. Auch in der Argumentation dieses Autors kommt Jesaja 13 und Jeremia 50-51 eine große Bedeutung zu. „Das Urteil über Babylon wird als Katalysator dienen, in dem andere Ereignisse der Endzeit kulminieren ...“[179] Das Babylon in dieser Endzeit zerstört werden wird, steht für den fundamentalistischen Theologen fest.

Ein Spottlied auf den König von Babylon

Kehren wir nach diesem Ausflug in die Welt des christlichen Fundamentalismus zurück zu Jesaja. Auf den König von Babel wird nach der Darstellung des Jesaja-Buches nach seinem Tod ein Spottlied gesungen, ein Lied, das sich vermutlich nicht nur auf den einen König bezieht, sondern auch andere Herrscher im Blick hat. Aber in dem Lied geht es eben zunächst einmal um den babylonischen König Nebukadnezar, der entgegen allen Prophezeiungen nicht brutal ermordet wurde, sondern friedlich auf dem Höhepunkt seiner Macht starb. Wenigstens nachträglich sollte der König gedemütigt und ihm ein Platz im Himmel verwehrt werden. Statt wie erhofft in den Himmel zu steigen, wird dem König vorhergesagt: „Wie bist du vom Himmel gefallen, du schöner Morgenstern! Wie wurdest du zu Boden geschlagen, der du alle Völker niederschlugst“ (Jesaja 14,12). Und zur Bekräftigung heißt es einige Verse später: „Ja, hinunter zu den Toten fuhrst du, zur tiefsten Grube“ (Jesaja 14,15).

In der christlichen Tradition wurde diese Szene zum Schlüsseltext dafür, dass die Widersacher Gottes in der Hölle landen. So hat Augustinus die Auffassung vertreten, dass der „Teufel unter dem Bilde eines Fürsten von Babylon“ auftrete.[180] Die Bilder des Teufels und der Herrscher von Babylon verschmelzen bei Augustinus und anderen Kirchenvätern. Das hat selbstverständlich nicht unerheblich zum negativen Bild von Babylon und seiner Herrscher in den christlichen Kirchen beigetragen.

Und noch einmal wird Babylon zerstört, im 21. Kapitel des Jesaja-Buches. Dieser Bibelabschnitt hat den Theologen immer wieder Kopfzerbrechen bereitet, weil jegliche Kohärenz fehlt und nicht einmal klar ist, wer in diesem Text spricht. Manche Fachleute vermuten, der Text sei nur lückenhaft überliefert worden, andere versuchen, den Verweis auf Elam und Medien als Grundlage für eine historische Einordnung zu nutzen. In Vers 2 heißt es nämlich: „Mir ist eine harte Offenbarung ange-

[179] Charles H. Dyer: The rise of Babylon – Sign of the End Times“, Wheaton 1991, S. 182.
[180] Vgl. Ulrike Sals: Die Biographie der „Hure Babylon“, a. a. O., S. 266.

zeigt: ‚Der Räuber raubt, und der Verwüster verwüstet. Elam, zieh herauf! Medien, belagere! Ich will allem Seufzen ein Ende machen.'" Aber weder Elam noch Medien, sondern die Truppen des persischen Königs haben Babylon besetzt. Deshalb fällt eine historische Einordnung des Textes schwer, und vielleicht kann man ihn am besten verstehen, wenn man ihn auf dem Hintergrund von Jesaja 13 liest. So wird erklärlich, warum es in den Versen 6 und 7 heißt, dass Gott den Auftrag gegeben hat, Wächter aufzustellen, um mitzubekommen, wann sich ein Zug von Rössern und Pferden, Eseln und Kamelen in Bewegung setzt. Es geht auf dem Hintergrund von Jesaja 13 offenkundig darum, den Zug der Menschen aus dem zerstörten Babylon nicht zu verpassen. Deshalb heißt es im 21. Kapitel dann: „Da rief der Späher: Herr, ich stehe auf der Warte bei Tage immerdar und stelle mich auf meine Wacht jede Nacht. Und siehe, da kommen Männer, ein Zug von Wagen mit Rossen; die heben an und sprechen: Gefallen ist Babel, es ist gefallen, und alle Bilder seiner Götter sind zu Boden geschlagen" (Jesaja 21,8-9).

Vertrauen auf einen mächtigen Gott

Den verschleppten Juden kündigte Deutero-Jesaja, also der Verfasser der Kapitel 40 bis 55 des Jesaja-Buches, die Heimkehr aus Babylon an: „Die Elenden und Armen suchen Wasser und es ist nichts da, ihre Zunge verdorrt vor Durst. Aber ich, der HERR, will sie erhören; ich, der Gott Israels, will sie nicht verlassen. Ich will Wasserbäche auf den Höhen öffnen und Quellen mitten auf den Feldern und will die Wüste zu Wasserstellen machen und das dürre Land zu Wasserquellen" (Jesaja 41,17-18).

Und er fügte die Verheißung hinzu: „Ich will in der Wüste wachsen lassen Zedern, Akazien, Myrten und Ölbäume; ich will in der Steppe pflanzen miteinander Zypressen, Buchsbaum und Kiefern, damit man zugleich sehe und erkenne und merke und verstehe: Des HERRN Hand hat dies getan, und der Heilige Israels hat es geschaffen" (Jesaja 41,19-20).

Das große Thema von Deutero-Jesaja ist, den scheinbar ohnmächtigen Gott in der Zeit der Eroberung des Nord- und des Südreiches als den wahren Herren der Welt zu proklamieren. Er hat sein Volk zwar bestraft, aber führt es nun in die Heimat zurück, wo er ihm ein blühendes Land verspricht. Dafür wird von den Juden der Glaube an den einen Gott und nur diesen Gott gefordert. Zwar verehren auch die Babylonier einen Gott, Marduk, aber es ist Gott, der andere Götter nicht ausschließt, sondern einbezieht. Demgegenüber ist der jüdische Glaube an den einen Gott stärker denn je von einem exklusiven Monotheismus bestimmt. Beide Religionen gehen von der universalen Herrschaft ihres Gottes aus. Der Unterschied ist religionsgeschichtlich gut erklärlich. Während die Babylonier alle in ihren Vielvölkerstaat einbeziehen wollten, kam es den Juden darauf an, als Volk zu überleben und die eigene religiöse und soziale Identität zu wahren.

Nicht nur für die Juden, sondern auch für die Babylonier entstanden Probleme, wenn sich ihr Gott scheinbar als machtlos erwies – und interessanterweise fanden sie für diese Anfechtung die gleiche Antwort. Die Marduk-Statue wurde im Laufe der Geschichte Babylons gleich dreimal verschleppt, nachdem die Stadt von Hethitern, Assyrern und Elamitern erobert worden war. Die Babylonier verstanden dies, so der Alttestamentler Jürgen van Oorschot, „als souveräne Aktion des Geschichtenlenkers Marduk ... Auf seinen Befehl hin erfolgte Deportation und Rückkehr nach Babylon."[181] Die scheinbare Ohnmacht Marduks angesichts der Eroberung der Stadt und des Raubes der Statue wird also als Zeichen seiner uneingeschränkten Macht gedeutet. Auch in der Marduk-Überlieferung war bis zur Rückkehr (wie für das jüdische Exil) eine Zeit von 70 Jahren vorgesehen, die dann Marduk in seiner souveränen Macht verkürzte. Ein fremder Herrscher diente bei der Verwirklichung der göttlichen Pläne Marduks als „Knecht". Jürgen von Oorschat weist darauf hin, dass die Zerstörung Babylons im Jahre 689 v. Chr. auf einer Stele von König Nabonid als Strafe Marduks über sein Volk dargestellt wurde.[182] Spannend auch, dass die Herrschaft des persischen Königs Kyros II. über Babylon im Rahmen des Marduk-Glaubens als souveränes Handeln dieses Gottes erscheint. Diese Interpretation des Geschehens wurde dadurch erleichtert, dass Kyros II. den Glauben an Marduk förderte. Es ist bemerkenswert, dass sowohl Babylonier als auch Juden die Besetzung Babylons durch die Truppen des persischen Königs als Ergebnis des souveränen Handelns ihres jeweiligen Gottes wahrnahmen.

Aber zwei souveräne göttliche Herren der Geschichte konnte es nicht geben. Entsprechend wichtig blieb für Deutero-Jesaja die Abgrenzung von Babylon und dessen Religion. Die Stadt wird noch einmal mit Schmähungen bedacht. „Herunter, Jungfrau, du Tochter Babel, setze dich in den Staub! Setze dich auf die Erde, wo kein Thron ist, du Tochter der Chaldäer. Man wird nicht mehr zu dir sagen: ‚Du Zarte und Verwöhnte'. Nimm die Mühle und mahle Mehl, decke auf deinen Schleier! Hebe die Schleppe, entblöße den Schenkel, wate durchs Wasser, dass deine Blöße aufgedeckt und deine Schande gesehen werde! Ich will mich rächen, unerbittlich, spricht unser Erlöser; der heißt der HERR Zebaoth, der Heilige Israels" (Jesaja 47,1-4). Der Verfasser der Offenbarung des Johannes kannte diese Verse und hat sich vermutlich von ihnen zur Dar-

---

[181] Jürgen van Oorschot: Vom altorientalischen Geschichtsherrn zum *deus creator et iusificans* – Die Entwicklung der Geschichtstheologie im Raum der deuterojesanischen Prophetien, in: J. F. Diehl u. a. (Hrsg.): „Einen Altar von Erde mache mir ...", Festschrift für Diethelm Conrad, Waltrop 2003, S. 200.

[182] Vgl. ebenda.

stellung von Babylon als Frau und den Schmähungen der „Hure Babylon" anregen lassen. Dass die Angriffe auf Babylon mit der Erniedrigung einer Frau verbunden werden, hat wesentlich zur Gegenüberstellung der heilsbringenden Frauen wie Zion (und für die Christen besonders der Jesusmutter Maria) und der sündigen Frauen, die zur Strafe ihre „Blöße aufdecken" müssen, beigetragen.

Der schmähende Text dient auch dazu, theologisch zu deuten, warum die Babylonier zunächst das Instrument Gottes zur Bestrafung Judas waren und später dafür mit ihrem Untergang bestraft werden sollten: „Als ich über mein Volk zornig war und mein Erbe entheiligte, gab ich sie in deine Hand; aber du erwiesest ihnen keine Barmherzigkeit, auch über die Alten machtest du dein Joch allzu schwer" (Jesaja 47,6). Den Babyloniern wird außerdem vorgeworfen, in Wollust und falscher Sicherheit gelebt zu haben. „Denn du hast dich auf deine Bosheit verlassen, als du dachtest: Niemand sieht mich! Deine Weisheit und Kunst hat dich verleitet, dass du in deinem Herzen sprachst: Ich bin's, und sonst keine" (Jesaja 47,10). Nun sei die Zeit für die Juden gekommen, in ihre Heimat zurückzukehren: „Der HERR hat unsere Gerechtigkeit ans Licht gebracht. Kommt, lasst uns in Zion erzählen die Werke des HERRN, unseres Gottes" (Jeremia 51,10).

Der persische König Kyros (oder Kyrus) wird im Jesaja-Buch als der gepriesen, der die Rückkehr der Juden in die Heimat ermöglicht hat. „So spricht der HERR zu seinem Gesalbten, zu Kyrus, den ich bei seiner rechten Hand ergriff, dass ich Völker vor ihm unterwerfe und Königen das Schwert abgürte, damit vor ihm Türen geöffnet werden und Tore nicht verschlossen bleiben: Ich will vor dir hergehen und das Bergland eben machen, ich will die ehernen Türen zerschlagen und die eisernen Riegel zerbrechen und will dir heimliche Schätze geben und verborgene Kleinode, damit du erkennst, dass ich der HERR bin, der dich beim Namen ruft, der Gott Israels" (Jesaja 45,1-3).

Dass nun von den Exiljuden die Rückkehr in die Heimat gefordert war, haben mehrere Propheten betont, allen voran Sacharja. Er verkündet in einer Vision: „Auf, auf! Flieht aus dem Lande des Nordens!, spricht der HERR; denn ich habe euch in die vier Winde unter dem Himmel zerstreut, spricht der HERR. Auf, Zion, die du wohnst bei der Tochter Babel, entrinne" (Sacharja 2,10-11). Verknüpft ist dies mit der Verheißung für das jüdische Volk: „Freue dich und sei fröhlich, du Tochter Zion! Denn siehe, ich komme und will bei dir wohnen, spricht der HERR" (Sacharja 2,14).

Warten auf die Rache Gottes

Angesichts der zahlreichen Verwünschungen und Vernichtungsfantasien gegen Babylon oder Babel war die tatsächliche Machtübernahme der Perser in der Stadt unter König Kyros 539 v. Chr. geradezu enttäuschend, und das spiegelt sich auch im Jesaja-Buch wider. Die Stadt ging nicht in Flammen auf, es wurden weder Männer noch

Frauen noch Kinder auf brutale Weise ermordet – sondern die Bewohner von Babylon kapitulierten, öffneten die Tore der Stadt und sollen sogar den neuen Herren zugejubelt haben. Die Juden, die in Babylon und seiner Umgebung wohnten, waren wahrscheinlich froh, dass es bei der persischen Machtübernahme in der Stadt zu keinen Massakern kam. Weil die Perser anschließend Babylon zu einer der vier königlichen Residenzstädte machten, sank die Stadt nicht zur Bedeutungslosigkeit herab. Aber wie stand es nun mit den Ankündigungen des Eingreifen Gottes und der schweren Bestrafung der Bewohner Babylons für ihre Missetaten, wie sie von den Propheten immer wieder angekündigt worden waren? Zwar schlugen die Perser später einige Aufstände der Babylonier mit Gewalt nieder, aber auch dieses Geschehen war weit entfernt von dem, was jüdische Propheten als göttliche Rache an den babylonischen Feinden erwartet hatten.

Dennoch wurden die Verwünschungen und Vernichtungsdrohungen gegen Babylon auch und gerade nach der Rückkehr der Exiljuden aus Babylonien immer wieder in gottesdienstlichen Versammlungen und im Alltag betont.[183] Man hoffte weiter auf die Rache Gottes an den Bewohnern Babels und wollte zugleich die in Babylonien zurückgebliebenen Juden veranlassen, dem Land den Rücken zu kehren, das Gott vernichten werde. Der Hass, so eine vielfache Erfahrung in politischen Auseinandersetzungen (und auch in persönlichen Beziehungen), endet nicht mit dem Ende der Unrechtssituation, sondern setzt sich fort, bis die Täter einer gerechten Strafe zugeführt sind. Ohne eigene Machtoptionen, dieses Ziel voranzutreiben, hofften viele Juden darauf, dass die Perser als verlängerter Arm Gottes endlich die Babylonier hart bestrafen und vernichten würden. Das trug sicher dazu bei, dass die persischen Herrscher auf eine loyale jüdische Bevölkerung vertrauen konnten.

Die Verfasser einer Ergänzung des Jesaja-Buches machten den persischen König Darius zum neuen Hoffnungsträger, nachdem sie erlebt hatten, dass Kyros nicht wie erwartet Babylon vernichtet, die jüdische Rückkehr massiv gefördert und den Neubau des Tempels aktiv unterstützt hatte. Die Prophezeiung lautete nun: „Er soll meine Stadt wieder aufbauen und meine Gefangenen loslassen, nicht um Geld und nicht um Geschenke, spricht der HERR Zebaoth" (Jesaja 45,13). Dazu noch einmal Rainer Albertz über die Verfasser dieses Textes: „Konkret lautete ihre unglaubliche, neue Botschaft: Darius, der persische König, der sich gerade des Thrones bemächtigt hatte, würde auch Israel aus seiner babylonischen Gefangenschaft befreien."[184] Wie vorher schon Kyros sollte nun Darius bei diesem Vorgehen ein Instrument in der Hand Gottes sein.

---

[183] Vgl. Rainer Albertz: Die Exilszeit, a. a. O., S. 156.

[184] Ebenda, S. 304.

Die Perser und der Glaube an den einen Gott

Mit der Übernahme der Herrschaft in Babylon und ganz Babylonien durch die Perser sahen die Exiljuden sich plötzlich auch mit für sie ganz neuen religiösen Vorstellungen konfrontiert. In der Zarathustra-Religion der Perser kam dem Gott Ahura Mazda eine zentrale Rolle zu. Der „Gott der Weisheit" stand unangefochten als „der" Gott über allen anderen Göttern. Deshalb konnten die Perser auch gelassen auf andere religiöse Vorstellungen reagieren: Die herausragende religiöse Position von Ahura Mazda blieb für sie stets garantiert. Der Archäologe Professor Frantz Grenet schreibt über den Umgang der persischen Herrscher mit Fremdreligionen: „Die Religionen aus der Zeit vor der persischen Eroberung konnten sich in ihrer Vielfalt weiter entfalten."[185] Verfolgt wurden lediglich abweichende Kulte innerhalb der eigenen persischen religiösen Gemeinschaft.

Ähnlichkeiten der persischen Glaubensvorstellungen mit dem jüdischen Monotheismus sind eindeutig erkennbar. Es wäre unsinnig, anzunehmen, dass die jüdischen Theologen das Gottesverständnis der Perser übernommen haben, aber dass es vor allem den gelehrten Juden der babylonischen Diaspora bekannt war, ist unstrittig. Sowohl die persische als auch die jüdische Religion gehören zu den ersten „Buchreligionen", in denen heilige Männer – Zarathustra und Mose – göttliche Botschaften und Weisungen erhielten, die zu den Grundlagen der Religionen wurden. Und in beiden Religionen kommt dabei der Unterscheidung von Gut und Böse sowie von Rein und Unrein eine zentrale Rolle zu. Dass in beiden Religionen ein bildloser Gott verehrt wird, der ein ausschließlicher Gott ist, fällt ebenfalls auf. Helga Kaiser, Redakteurin der katholischen Zeitschrift „Welt und Umwelt der Bibel", hat im Editorial einer Ausgabe über die Perser festgestellt: „... auch wenn sich die persische Epoche in den biblischen Schriften und archäologisch in Palästina eher versteckt, ist es gerade diese Epoche, in der die Judäer, die an den Gott JHWH glaubten, begannen, ihre mündlich überlieferten Traditionen ganz neu zu deuten und aufzuschreiben. Die Judäer erfanden sich als jüdische Glaubensgemeinschaft gewissermaßen neu. In den nun entstandenen Bibeltexten drückt sich auch ein neues Denken über Gott aus: Man ist sich sicher, dass es nur *einen* Gott gibt."[186]

Neben dem Glauben an einen, einzigen Gott und weiteren Ähnlichkeiten bestehen auch Unterschiede zwischen persischer und jüdischer Religion, die hier nicht im Ein-

---

[185] Frantz Grenet: Viele Völker, viele Götter, Religionen im persischen Großreich, in: Welt und Umwelt der Bibel, 3/2011, S. 37.

[186] Helga Kaiser: Editorial, Die Herrschaft der Perser, Welt und Umwelt der Bibel, 3/2011, S 1.

zelnen dargestellt werden können. Babylon bildet auf jeden Fall die Brücke zwischen den beiden Religionen und ihren zum Teil recht ähnlichen Antworten auf die grundlegenden religiösen Fragen der Menschen des Mittleren Ostens im 5. und 4. Jh. v. Chr. Der Alttestamentler Professor Gerstenberger betont: „... es lohnt sich, beide Religionen als Produkte einer Zeitepoche zu begreifen. Nur so sind auffällige Ähnlichkeiten der geistigen Einstellungen und theologischen Begriffsbildung verständlich. Weil es nur einen einzigen (guten) Gott gibt, der sich durch seinen Propheten kundtut und eine radikale, lebenslange Entscheidung für ihn selbst fordert, deshalb bleibt das Heil bei seiner auserwählten Gemeinde – davon waren Zarathustrier und Juden gleichermaßen überzeugt."[187]

Die jüdischen Denker im babylonischen Exil zogen aus ihrem konsequenten Monotheismus und aus der Überzeugung, dass Gott die ganze Welt beherrscht, auch den Schluss, den Fremdvölkern einen neuen Platz in ihrer Glaubenswelt einzuräumen. Diesen Völkern wurde nun nicht mehr immer aufs Neue der Untergang angekündigt, sondern sie erhielten ihren Platz im Heilsplan Gottes, wenn sie ihn als den einzigen wahren Gott anerkannten: „Wendet euch zu mir, so werdet ihr gerettet, aller Welt Enden; denn ich bin Gott, und sonst keiner mehr. Ich habe bei mir selbst geschworen, und Gerechtigkeit ist ausgegangen aus meinem Munde, ein Wort, bei dem es bleiben soll: Mir sollen sich alle Knie beugen und alle Zungen schwören und sagen: Im HERRN habe ich Gerechtigkeit und Stärke. Aber alle, die ihm widerstehen, werden zu ihm kommen und beschämt werden" (Jesaja 45,22-24). Diese Ausweitung der Heilszusage auf andere Völker würde nicht unbedingt gleich auf die ungeteilte Zustimmung des jüdischen Volkes stoßen, war den Verfassern dieser Verse bewusst. Sie fügten einen Vers hinzu, der die besondere Rolle Israels im Heilsplan Gottes herausstellte: „Im HERRN wird gerecht werden Israels ganzes Geschlecht und wird sich seiner rühmen" (Jesaja 45,25).

Mit Rainer Albertz lässt sich die Bedeutung der Exilszeit für die drei monotheistischen Weltreligionen so zusammenfassen: „Ohne die Exilserfahrung hätte es in Israel nie die Entdeckung des Monotheismus im strengen Sinne des Wortes gegeben, ohne sie wäre von Israel nie die Grenze der Nationalreligion überschritten und ohne sie wäre aus seiner Mitte nie die Idee einer weltweiten Mission geboren. Das heißt: Ohne das Exil Israels gäbe es das Judentum, das Christentum und auch den Islam nicht in ihrer unverwechselbaren Form, in der wir diese drei Weltreligionen kennen."[188]

---

[187] Erhard S. Gerstenberger: Ausgerechnet die Perser, in: Welt und Umwelt der Bibel, 3/2011, S. 33.

[188] Rainer Albertz: Die Exilszeit, a. a. O., S. 324.

Verheißungen für die Völker – und Drohungen gegen Babylon

Die Verheißungen für die Völker der Welt gingen einher mit weiteren Angriffen auf Babylon und die babylonischen Götter. Gleich im ersten Vers des Kapitels 46 des Jesaja-Buches ist davon die Rede, dass die babylonischen Götter Bel (Marduk) und Neto zusammengebrochen und gefallen seien. Im nächsten Vers lesen wir: „Die Götzen sind gefallen und alle zusammengebrochen und müssen in die Gefangenschaft gehen." Den babylonischen Göttern wird also das gewünscht, was die Judäer nach der Eroberung Jerusalems durch die Babylonier erlitten hatten.

Zwei Strafexpeditionen der Truppen des persischen Königs Darius gegen Babylon haben vermutlich die Hoffnung vieler Juden genährt, dass die Babylonier doch noch hart bestraft werden würden. Der Alttestamentler Rainer Albertz schreibt über diese Situation: „Endlich schien JHWH dem neubabylonischen Reich all das Leid, all die Verwüstung und Ausbeutung, die es zu verantworten hatte, heimzuzahlen!"[189] Dass die harte Bestrafung und die Vernichtung Babylons und Babyloniens trotzdem ausblieben, wird wahrscheinlich von den vielen Juden, die im babylonischen Exil geblieben waren und von der Strafe mit betroffen gewesen wären, nicht bedauert worden sein. Gott mochte die frevelhaften Babylonier von den gottestreuen Exiljuden unterscheiden, aber dass feindliche Truppen, die plündernd und brandschatzend durchs Land gezogen wären, diesen Unterschied beachtet hätten, war nicht anzunehmen.

Jüdische Existenz in Babylon in der nachexilischen Zeit

Die Juden, die in Babylonien geblieben waren, standen in intensivem Austausch mit ihren Glaubensgeschwistern in der Heimat, wozu vor allem Pilgerreisen nach Jerusalem beitrugen. An der Spitze der jüdischen Diasporagemeinschaft in Babylonien stand ein Exilarch. Er beanspruchte eine Abstammung von König David und trat selbstbewusst gegenüber den religiösen Autoritäten in Jerusalem auf. Es entwickelte sich ein Konkurrenzverhältnis, das zum Beispiel darin zum Ausdruck kam, dass die babylonischen Juden das 18-Bitten-Gebet zu einem 19-Bitten-Gebet erweiterten. Sie fügten nichts hinzu, teilten aber die 14. Bitte um den Wiederaufbau Jerusalems und das Kommen des Messias aus dem Hause Davids in zwei Bitten auf. Dr. Klaus Herrmann hat als Mitarbeiter des Instituts für Judaistik der FU Berlin 2008 zu den Ursachen dieser Teilung geschrieben: „Zweifellos sollte damit die zentrale Rolle des Exilarchen in der Leitung des wirtschaftlichen und sozialen Lebens der jüdischen Gemeinden in

[189] Ebenda, S. 310.

Babylonien gestärkt werden, der als Davidide geradezu messianische Ansprüche stellte und nun nicht mehr in einer einzigen Bitte mit Jerusalem direkt verbunden ist."[190]

Bekannt geworden ist das babylonische Judentum vor allem durch den „Babylonische Talmud", in dem die Einsichten und Glaubensüberzeugungen jüdischer Gelehrter zusammengefasst wurden. Dieses im weltweiten Judentum weit verbreitete Buch zeugt von dem hohen Stand theologischer Reflexion des babylonischen Diasporajudentums. In den theologischen Reflexionen der Diasporatheologen spielte eine wichtige Rolle, die überwiegend ausgesprochen negativen Aussagen über Babel in den fünf Büchern der Tora und anderen biblischen Büchern aus der Perspektive von Gläubigen neu zu interpretieren, die in Babylonien vorwiegend positive Erfahrungen gemacht hatten und für die dieses Land zur Heimat geworden war. Im „Babylonischen Talmud", der im 5./6. Jh. n. Chr. entstand, werden jene Babylon-Erwähnungen in der Tora hervorgehoben, die Babylonien neutral oder positiv darstellen. So wird betont, dass nach der Überlieferung die Flüsse Euphrat und Tigris durch den Garten Eden flossen. Auch stammte Abraham aus Mesopotamien und machte sich von hier aus auf den Weg nach Kanaan.

Es ließ sich allerdings nicht wegargumentieren, dass das babylonische Exil in den biblischen Texten als göttliche Strafe dargestellt wurde. Aber die jüdischen Rabbiner in Babylon argumentierten, dass dieses Land zwar nicht an Israel heranreichen würde, aber unter allen Diasporaländern eine hervorgehobene Stellung besitze. Auch wurde betont, das Leben in Babylonien sei friedlicher als in Israel. Manch ein israelischer Jude äußerte sich trotzdem negativ über seine babylonischen Glaubensgeschwister und bezeichnete sie als dumm. Für andere antike Diasporajuden hingegen galten die babylonischen Juden als Vorbild für eine gelungene Integration in eine fremde Gesellschaft, ohne die eigene Identität aufzugeben. Daran knüpften viele Juden in Europa an, und das erklärt, warum sich hier der „Babylonische Talmud" einer so großen Beliebtheit erfreut hat. Als vom 19. Jahrhundert an die zionistische Bewegung innerhalb des europäischen Judentums eine immer größere Bedeutung gewann, verloren die positiven Aussagen über das Leben im Exil an Interesse und Überzeugungskraft. Es gab aber auch eine Gegenbewegung, vor allem im Reformjudentum, die die religiöse Bedeutung eines Lebens in der Diaspora hervorhob.

Das babylonische Judentum durchlebte in den ersten Jahrhunderten n. Chr. auch Phasen der Verfolgung, die in der Zerstörung ihrer Siedlungen und der Ermordung eines Exilarchen gipfelten. Die Eroberung Mesopotamiens durch arabisch-muslimische Armeen im 7. Jahrhundert eröffnete den Juden eine längere Phase relativ großer Ent-

---

[190] Klaus Herrmann: „An den Wassern Babels saßen wir", Babylon aus der Sicht des Judentums, in: Babylon Wahrheit, a. a. O., S. 529.

faltungsmöglichkeiten. Bagdad wurde zum neuen Zentrum der Diasporajuden der Region, auch wenn das dortige Judentum später an Bedeutung verlor. Im 17. Jahrhundert wurde Mesopotamien ein Teil des Osmanischen Reiches und nach dessen Niederlage im Ersten Weltkrieg von britischen Truppen besetzt. Mit den wachsenden zionistischen Siedlungsbestrebungen in Palästina wuchsen die arabisch-jüdischen Spannungen, und dies wirkte sich auch im Irak aus. Die jüdische Minderheit wurde Opfer von Morden und Plünderungen. Nach der Gründung des Staates Israel wurden 1950 und 1951 insgesamt mehr als 100.000 irakische Juden mit einer Luftbrücke nach Tel Aviv geflogen.[191] Am Ende des 20. Jahrhunderts lebten nur noch etwa 100 ältere jüdische Menschen im Irak, und diese Zahl dürfte seither weiter gesunken sein. Mehr als zweieinhalb Jahrtausende jüdischer Präsenz an Euphrat und Tigris fanden vorerst ein Ende.

Die archäologischen Funde in Babylon und den anderen mesopotamischen Städten ab Mitte des 19. Jahrhunderts wurden von gläubigen Juden – wie von gläubigen Christen – mit großem Interesse verfolgt. Jüdische Archäologen und Assyrologen beteiligten sich an Ausgrabungen und mehr noch an der religiösen Interpretation der Forschungsergebnisse. Zunächst sahen viele in den Grabungsergebnissen eine Bestätigung der Bibel, kamen doch viele Orte wieder zum Vorschein, die in den biblischen Geschichten erwähnt werden. Nach der Entzifferung von Keilschrifttexten zeigten sich allerdings auch Ähnlichkeiten zwischen mesopotamischen Epen und biblischen Texten. Der „Babel-Bibel-Streit“, über den ich schon berichtet habe, wurde auch im deutschen Judentum diskutiert, wobei die Abwertung des Alten Testaments durch Friedrich Delitzsch und seine Mitstreiter das Judentum ganz direkt traf und deshalb vehement zurückgewiesen und argumentativ bekämpft wurde.

[191] Vgl. ebenda, S. 531.

Die großen Pläne von Alexander dem Großen

Wir kehren noch einmal zur Geschichte des antiken Babylons zurück, in eine Zeit, als die Stadt beinahe eine neue Blüte erlebt hätte. Im 4. Jh. v. Chr. veränderten sich die politischen Gewichte in Mesopotamien und seinen Nachbarregionen erneut dramatisch. Alexander der Große besiegte die Perser und dehnte sein Herrschaftsgebiet bis an die Grenze Indiens aus. Am Anfang seines wirklich kometenhaften Aufstiegs war er lediglich König von Makedonien gewesen, das allerdings bereits sein Vater Philipp II. zur führenden politischen und militärischen Macht in Griechenland gemacht hatte. Der Sohn Alexander erhielt eine herausragende Bildung, zu der sogar der berühmte Philosoph Aristoteles beitrug. Diese umfassende Bildung erleichterte nicht nur den politischen und militärischen Erfolg des Königs, sondern war auch die Grundlage für seinen Ruf als herausragender Herrscher. Mit 20 Jahren bestieg Alexander 336 v. Chr. den Thron und weitete durch erfolgreiche Feldzüge sein Reich rasch auf ganz Griechenland und angrenzende Gebiete aus. 334 v. Chr., also nur zwei Jahre nach seinem Machtantritt, begann Alexander einen Feldzug gegen das Reich der Perser, zu dieser Zeit eine Weltmacht, deren Territorium von Kleinasien bis Ägypten, von Zentralasien bis Palästina reichte. Es gelang den zahlenmäßig unterlegenen Truppen Alexanders, den Gegnern in zahlreichen Schlachten verlustreiche Niederlagen zuzufügen, was durch interne Konflikte innerhalb der militärischen Führung der Perser begünstigt wurde.

Im Jahre 331 v. Chr. erreichte Alexander mit seinen Truppen die Stadt Babylon. Was dort geschah, hat der griechische Historiker Arrian so beschrieben: „Als er von der Stadt nicht mehr weit entfernt war, führte er die Armee in Schlachtordnung aufgestellt, und die Babylonier kamen ihm mit allem Volk entgegen, dazu ihren Priestern und Gemeindevorstehern, und alle brachten Geschenke. Sie übergaben ihm die Stadt, Burg und Schätze …“[192]

Kurz vorher hatten die persischen Truppen unter König Dareios panikartig die Stadt verlassen. Selbst die Kriegskasse und die militärische Ausrüstung sollen den Truppen Alexanders in die Hände gefallen sein. Der Einzug Alexanders in Babylon durch das Ischtar-Tor gilt als Höhepunkt seines Siegeszuges und wurde von seinen Anhängern immer neu beschrieben. In der traditionsreichen Stadt Babylon ließ Alexander sich zum „König von Asien“ ausrufen. Anschließend gelang es dem Herrscher, das Kernland der Perser und deren Hauptstadt Persepolis zu erobern und bis nach Indien vorzudringen.

---

[192] Zitiert nach: Rupert Gebhard u. a.: Alexander der Große, Darmstadt 2013, S. 71.

Im Februar 323 v. Chr. kehrte Alexander an der Spitze seiner Truppen nach Babylon zurück, um von hier aus die Arabische Halbinsel zu erobern. Babylon hatte damals schon geraume Zeit seine einstige politische und militärische Bedeutung verloren – aber was weiterlebte, war der Mythos dieser Stadt. Und diesen Mythos wollte der Herrscher des neuen Weltreiches nutzen. Alexander der Große hatte ein untrügliches Gespür für Selbstinszenierungen. Dies ist ablesbar an Münzen, Gemälden und Gesängen seiner Zeit. Er war entschlossen, den Mythos Babylon zur Abrundung des eigenen Ruhms einzusetzen und die Stadt zur prächtigen Hauptstadt seines Reiches auszubauen. So ließ er zum Beispiel die Reste des berühmten Turms abtragen, um ihn an gleicher Stelle neu entstehen zu lassen. Aber dieser Turmbau wurde nie verwirklicht, weil Alexander am 10. Juni 323 v. Chr. starb, bevor mit dem Bau begonnen werden konnte. Wodurch der König im Alter von nur 34 Jahren im Palast von Nebukadnezar II. in Babylon ums Leben kam, ist bis heute umstritten. Es könnte das West-Nil-Fieber gewesen sein – oder wurde er vergiftet? Gewiss ist, dass der König nach einem einwöchigen qualvollen Krankenlager verschied. Schon in der Antike wurde Alexander zu einem Mythos, bewundert wegen seiner großen militärischen Erfolge, gehasst wegen seines brutalen Umgangs mit besiegten Feinden und bedauert wegen seines qualvollen Todes.

In den Konflikten um seine Nachfolge zerfiel das Reich. Im „Babylonischen Krieg" von 311 bis 309 v. Chr. spielten die Babylonier selbst keine Rolle mehr. Vielmehr bekämpften sich rivalisierende Feldherren des verstorbenen Königs, wobei Seleukos Nikator seine Herrschaft über Babylon und große Teile Mesopotamiens verteidigen konnte. Er schaffte es sogar, seinen Machtbereich bis an den Indus auszudehnen. Aber weder ihm noch den anderen „Diadochen" gelang es, das gesamte frühere Reich Alexanders unter ihre Kontrolle zu bringen.

Für Babylon war der Tod von Alexander dem Großen in doppelter Hinsicht eine Katastrophe. Der Ausbau zur Hauptstadt eines riesigen Reiches wurde abrupt gestoppt, bevor er richtig begonnen hatte, und zusätzlich kam es zu einer verheerenden Wirtschaftskrise, wie die Auswertung von Hunderten Keilschrifttexten aus dieser Zeit ergeben hat. Ein Auslöser einer massiven Inflation war vermutlich, dass die Silbermenge in der Stadt plötzlich gewaltig anstieg durch die Kriegskasse, die Alexander mit nach Babylon brachte. Er und vor allem seine Diadochen gaben viel Geld aus, um ihren gewaltigen Militärapparat zu bezahlen. Ein beträchtlicher Teil des Silbers wurde zum Kauf von Lebensmitteln für die Truppen eingesetzt, sodass die Preise in die Höhe schossen. Die Wirtschaftskrise zog sich über Jahre hin und gilt als Beweis dafür, dass die Marktgesetze von Angebot und Nachfrage schon damals wirksam waren und unter ungünstigen Bedingungen eine länger anhaltende Inflation auslösen konnten.

Nach dem Ende dieses Nachfragebooms und des Abzugs eines großen Teils der Truppen wurde es auch nicht einfacher für die Bewohner Babylons, denn von den großen Edelmetallschätzen war inzwischen kaum noch etwas übrig und die Stadt verarmte. Statt zur Hauptstadt des Weltreiches des „Königs von Asien" zu werden, erlebte Babylon einen weiteren politischen und ökonomischen Verfall.

Der langsame Niedergang einer Stadt

Babylon verlor unter griechischer Herrschaft immer mehr an politischer Bedeutung. Die Stadt wurde zwar zunächst zur Residenzstadt des griechischen Königs Seleukos I., der sich aber eine neue Hauptstadt bauen ließ, der er den Namen Seleukeia gab. Große Teile der Bevölkerung von Babylon wurden dorthin umgesiedelt. Die Stadt am Euphrat blieb zwar das religiöse Zentrum des Königreichs, aber der langsame Niedergang war nicht zu übersehen. Das einzige größere Bauwerk aus der griechischen Zeit, von dem wir heute noch wissen, war ein Freilichttheater. Auch einige Reste griechischer Häuser und Hausverzierungen sind erhalten geblieben.

140 v. Chr. änderten sich die Herrschaftsverhältnisse in Babylon ein weiteres Mal, und die Parther aus dem heutigen Iran traten die Nachfolge der Seleukiden an. Das parthische Reich war vom 3. Jh. v. Chr. an so stark gewachsen, dass es schließlich vom heutigen Syrien bis nach Indien reichte. Annähernd 500 Jahre lang beherrschten die Parther ein Weltreich, das auch ökonomisch eine herausragende Bedeutung besaß und den Handel zwischen Europa und Asien (bis nach China) beherrschte. Wie vorher Alexander der Große wurden die Parther nun zu den wichtigsten Akteuren der antiken Globalisierung.

Die Parther mussten sich vom 1. Jh. v. Chr. an gegen Angriffe des Römischen Reiches zur Wehr setzen. Dabei konnten sie die römischen Legionen immer wieder schlagen und ihr eigenes Herrschaftsgebiet verteidigen. Für die Römer waren die Parther gerade deshalb „Barbaren“, und dieses Bild beherrscht bis heute die europäische Wahrnehmung dieses Volkes. Leider ist unser heutiges Wissen über die Parther sehr begrenzt – und das gilt eben auch für ihre Herrschaft in Babylon.

Über die letzten Jahrhunderte der Existenz von Babylon wissen wir recht wenig. Dass die Stadt keine prägende Kraft mehr besaß, lässt sich daran ablesen, dass der babylonischen Sprache kaum noch Bedeutung zukam. Seit Alexander dem Großen war das Griechische die Verwaltungssprache, und Aramäisch setzte sich immer stärker als Alltagssprache durch. Damit einher ging, dass der Stadtgott Marduk als Gott Bel nur noch eine lokale Bedeutung behielt. Die Astronomischen Tagebücher wurden zwar noch bis ins 1. Jh. n. Chr. fortgeführt, fanden aber keine große Beachtung mehr. Die Zahl der Stadtbewohner nahm stetig ab und war nach der Zeitenwende vermutlich auf einige Tausend gesunken. Zwar standen die Stadtmauern noch, aber es fehlte die militärische Stärke, um sie zu verteidigen, sodass viele der verbliebenen Bewohner bei der Nachricht vom Anrücken eines feindlichen Heeres während eines der römisch-parthischen Kriege fluchtartig Babylon verließen. Zeitweise gelang es den

Römern, die unbedeutend gewordene Stadt zu besetzen, ohne dass ihnen dies im Kampf gegen die Parther viel gebracht hätte.

Babylon blieb eine Vielvölkerstadt, von der wir allerdings wenig wissen, weil nun aramäische Buchstaben auf Leder geschrieben wurden, und dieses Leder ist im Laufe der Jahrhunderte zerfallen. Bekannt ist, dass der Bel-Tempel ein Zentrum religiösen Denkens und der Wissenschaft blieb. Babylon schrumpfte weiter, war bald nur noch ein größeres Dorf. Zu den letzten Spuren der einst so großen Stadt, die von Archäologen gefunden wurden, gehören einige magische Tonschalen aus dem 5. bis 7. Jh. n. Chr.

Nur durch den Dorfnamen Babil blieb die Erinnerung daran wach, dass hier einmal eine der bedeutendsten Städte der antiken Welt gestanden hatte. Einige der europäischen Reisenden des 17. und 18. Jahrhunderts, die Arabien besuchten, machten sich auch auf die Suche nach dem sagenhaften Babylon, waren aber tief enttäuscht von den wenigen Resten, die von der aus Lehm gebauten Stadt übrig geblieben waren. Immerhin war weiterhin bekannt, wo sich die Stadt befunden hatte.

Was blieb, war der schlechte Ruf

In der kirchlichen Tradition hatte Babylon zu dieser Zeit längst einen festen Platz – den denkbar schlechtesten. Seit den Kirchenvätern Augustinus und Origenes war es üblich geworden, alles Schlechte und den Teufel mit der Stadt am Euphrat zu verbinden und sie dem göttlichen Jerusalem gegenüberzustellen. Finsternis und Licht wurden durch diese beiden Städte repräsentiert. Vermutlich hatten diese Kirchenväter nur sehr geringe Kenntnisse von der historischen Stadt Babylon, aber die negative Rolle, die die Stadt in ihrer Theologie einnahm, hat sie über viele Jahrhunderte behalten.

Die Negativdarstellungen Babylons taten auch in der Zeit der Neuzeit ihre Wirkung, bis hin zu einem so klugen Geist wie Johann Gottfried Herder, der 1820 in seinen „Ideen zur Philosophie der Menschheit" ein ausgesprochen negatives Bild von Babylon (und seiner Nachbarreiche) zeichnete: „Aus kleinen Anfängen nomadischer Völker waren sie entstanden, der Charakter erobernder Horden blieb ihnen auch immer eigen. Selbst der Despotismus, der in ihnen aufkam, und die mancherlei Kunstweisheit, die insonderheit Babylon berühmt gemacht hat, sind völlig im Geist des Erdstrichs und des Nationalcharakters seiner Bewohner."[193] Zwar erwähnt Herder die architektonischen Leistungen der Babylonier und die ungeheuren Mauern und

---

[193] Johann Gottfried Herder: Ideen zur Philosophie der Menschheit, Dritter Teil, Zwölftes Buch, Sämtliche Werke, Band 31, Tübingen 1806, S. 65.

Türme Babylons, aber er fügt dann hinzu: „... und da nach Nomadenart die Anlagen einmal gemacht waren, so konnten nach ebendieser Art sie leicht auch bereichert und verschönt werden, wenn nämlich die Horde auszog und raubte."[194] Der Philosoph vertrat die These, dass es sich bei den „Verschönerungen" Babylons um Nachahmungen ägyptischer Kunstwerke gehandelt habe. Und die babylonische Wissenschaft, die von den Verbindungen zu vielen anderen Ländern profitiert habe, sei „einer abgeschlossenen gelehrten Zunft anvertraut, die bei dem Verfall der Nation zuletzt eine hässliche Betrügerin wurde."[195]

Auch im 20. Jahrhundert sind Zerrbilder des Niedergangs Babylons zu finden. Wieder werden wir bei Werner Keller und seinem Buch „Und die Bibel hat doch recht" fündig. Er inszeniert in seinem Buch sogar den Niedergang einer ganzen Weltregion, um seine theologische Botschaft plakativ zu verkünden: „Die Zeiger der Weltuhr nähern sich dem Jahr 500 v. Chr. Der Alte Orient hat über drei Jahrtausende auf dem Buckel. Die Völker im ‚Fruchtbaren Halbmond' sind vergreist, ihre schöpferische Substanz ist erschöpft, sie haben ihre Aufgabe erfüllt, und die Zeit reift heran, da sie vom Schauplatz der Geschichte abtreten."[196] Als Beleg führt der Autor unter anderem an, dass König Nebukadnezar sich mit der Sehnsucht nach längst Vergangenem „plagt" und man Texte auf Sumerisch und Altbabylonisch schreibt. Diese Beweisführung ist wissenschaftlich betrachtet als unsinnig zu bezeichnen. Wer käme auf den Gedanken, aus der Tatsache, dass heute an Gymnasien Latein gelernt wird, abzuleiten, Europa sei „vergreist" und werde bald aus der Geschichte abtreten? Hier sei daran erinnert, dass der Rückgriff auf die Geschichte im antiken Babylon einen spezifischen religiösen Hintergrund hatte, den man nicht teilen muss, den man aber auch nicht verschweigen darf, um den Eindruck zu erwecken, eine zum Untergang verurteilte Gesellschaft „plage" sich nur noch mit dem Vergangenen und habe jede schöpferische Kraft verloren.

Um die These vom Abtreten aus der Geschichte überhaupt begründen zu können, trennt der Autor willkürlich die Region des „Fruchtbaren Halbmonds" vom damaligen Persien und heutigen Iran, obwohl diese Trennung damals nicht bestand und zum Beispiel die Elamiter, die im heutigen Südiran siedelten, über Jahrtausende die Geschichte Mesopotamiens entscheidend mitgeprägt haben. Es geht Werner Keller offenbar vor allem darum, diese Aussage zu machen: „Nur ein Volk – in viele Teile aufgelöst und zu jener Zeit weit über den ‚Fruchtbaren Halbmond' verstreut – erliegt

[194] Ebenda, S. 65f.
[195] Ebenda, S. 72f.
[196] Werner Keller: Und die Bibel hat doch recht, a. a. O., S. 328.

nicht der Sattheit, der Erschlaffung: die Söhne Israels …"[197] Nein, so einfach ist die Weltgeschichte nicht verlaufen, und es ist meines Erachtens gefährlich, einer ganzen Weltregion zu unterstellen, über sie „senkt sich das Dunkel unmerklich aber unaufhaltsam".[198] Um so bedauerlicher, dass dieses Werk weiterhin als Taschenbuch verkauft wird, ohne es um eine kritische Analyse ergänzt zu haben.

---

[197] Ebenda, S. 330.
[198] Ebenda.

Die Wiederentdeckung Babylons

In der Neuzeit wuchs das Interesse an Babylon wieder, aber die Berichte der antiken griechischen Schriftsteller wie Herodot und die wenigen Reiseberichte über die Reste von Babylon warfen mehr Fragen auf, als sie beantworteten. Es erschien schwierig bis unmöglich, sie in Beziehung zu den biblischen Texten über Babylon zu setzen. Der kluge Voltaire schrieb angesichts wilder Spekulationen über das antike Mesopotamien: „Ich gestehe, dass ich von den beiden Reichen Babylonien und Assyrien nichts begreife.“[199] Andere ersetzten wissenschaftliche Erkenntnisse durch viel Fantasie und wählten dafür gern das Bild vom „Sündenbabel“ als Ausgangspunkt.

Anfang des 19. Jahrhunderts unternahmen europäische Archäologen erste größere Grabungen im Mittleren Osten, vor allem in Palästina und in Mesopotamien. Im Auftrag der Britischen Ostindien-Kompanie, die in London ein archäologisches Museum eröffnen wollte, führte Claudius James Rich erste Grabungen in Babylon durch. Er beschrieb und zeichnete vor allem detailliert, was er noch von der einstigen Großstadt vorfand. Seine Buchveröffentlichung über die Ruinen von Babylon veranlasste weitere britische Altertumsforscher, sich auf den Weg nach Babylon zu machen. Die Funde von Rich, darunter die berühmte Nabonid-Stele und zahlreiche Tontafeln, sind heute im Britischen Museum ausgestellt, ebenso die Funde weiterer britischer Forscher.

Von 1852 an gruben auch französische Archäologen in den Lehm- und Schutthügeln von Babylon. Aber ihre Expedition wurde von Rückschlägen überschattet, bis hin zu einer Schiffskatastrophe, bei dem viele Funde für immer im Meer versanken. So wurden vor allem die britischen Grabungen fortgesetzt. Bald erkannten die Einheimischen der Umgebung von Babylon, dass sich mit den Keilschrifttafeln und Kunstgegenständen aus der Antike gutes Geld machen ließ. Bisher hatten sie nur nach gebrannten Ziegeln gegraben, die sich gut beim Hausbau wiederverwenden ließen, nun boten sie den Händlern eine größere Zahl von Tontafeln und andere Funde an. Die englischen und französischen Forscher ihrerseits packten alles, was wertvoll zu sein schien, in Kisten und verschifften es nach Europa, wo es bis heute in Museen ausgestellt wird. Das Britische Museum verlor allerdings gegen Ende des 19. Jahrhunderts das Interesse an Babylon und stellte dort alle archäologischen Grabungen ein. Dafür machten sich neue Archäologen mit großen Ambitionen auf den Weg nach Babylon.

[199] Zitiert nach: Babylon Mythos, a. a. O., S. 156.

Graben für die Weltgeltung

Ende des 19. Jahrhunderts strebte das Deutsche Reich unter Kaiser Wilhelm II. auf allen Gebieten nach Weltgeltung. Dazu gehörte nicht nur eine große Kriegsflotte. Auch auf wissenschaftlichem Gebiet wollte man mit Großbritannien und Frankreich auf Augenhöhe konkurrieren. Es kam hinzu, dass Kaiser Wilhelm II. ein großes Interesse an archäologischen Themen und am Orient hatte. Deshalb war er sofort begeistert, als kurz vor der Jahrhundertwende deutsche Archäologen den Plan entwickelten, Babylon auszugraben.

Ausgangspunkt für das Projekt war ein Bericht des Architekten und Archäologen Robert Koldewey, der 1887/88 und ein Jahrzehnt später noch einmal Mesopotamien bereist hatte und anschließend dafür warb, Babylon und besonders den Palast von König Nebukadnezar auszugraben. Er gehörte 1898 zu den Gründungsmitgliedern der Deutschen Orient-Gesellschaft, die dank vieler Einzelspenden, einer bedeutenden Spende des Kaisers und staatlicher Zuschüsse den Plan fassen konnte, eine Ausgrabungsexpedition nach Mesopotamien zu senden. Robert Koldewey überzeugte die Kommission, die über das Ziel der Ausgrabungen entscheiden sollte, dass Babylon der viel versprechendste Ort für deutsche Grabungen war. Eine wichtige Rolle spielten dabei blau glasierte Ziegel, die er aus der Stadt am Euphrat mitgebracht hatte. Der Mythos Babylon und seine Bedeutung in der Bibel ließen ebenfalls diese Stadt als geeigneten Ort erscheinen, die deutsche Position in der internationalen Archäologie zu festigen. Mit der Leitung des Vorhabens wurde Robert Koldewey beauftragt, der bereits über Erfahrungen bei anderen Ausgrabungen verfügte. Ihm wurde vor der Ausreise sogar eine Audienz beim Kaiser gewährt.

Die Karawane des kleinen deutschen Archäologenteams erreichte am 22. März 1899 Babylon, und man begann sofort mit den Grabungen, die bis in den Ersten Weltkriegs ununterbrochen fortgeführt wurden. Grundlage für die Arbeit war eine Vereinbarung mit dem Osmanischen Reich über die Teilung der Funde der deutschen Archäologen. Um sich auf längere Grabungen in der abgelegenen Wüstenregion einzurichten, wurde zunächst ein geräumiges Expeditionshaus mit Wohn- und Lagerräumen errichtet. Auf dem ausgedehnten Grabungsgelände waren neben einigen wenigen deutschen Archäologen ständig etwa 200 bis 250 einheimische Arbeiter tätig. Robert Koldeway ließ sich, um die Arbeiten auf der bis dahin größte archäologische Grabung im Mittleren Osten überwachen zu können, ein Motorrad aus Deutschland kommen, damals noch eine große Seltenheit in dieser Region der Welt.

Die Erwartung an die Archäologen bestand in erster Linie darin, Skulpturen und andere antike Objekte für die im Aufbau befindliche Vorderasiatische Sammlung der Königlichen Museen in Berlin zu beschaffen. Es herrschte aber in Deutschland auch ein großes Interesse daran, mehr über jene Stadt zu erfahren, von der in der Bibel so häufig die Rede war und deren Bedeutung für die Entstehung der Zivilisation man zumindest ahnte. Die Ausdehnung des antiken Babylons mit seiner Innenstadt von mehr als 2,5 Quadratkilometern Größe machte es, so wusste der realistische Robert Koldewey, völlig unmöglich, selbst in Jahrzehnten die ganze Stadt auszugraben. Deshalb konzentrierten sich die deutschen Archäologen zunächst darauf, die Topografie der Stadt zu erfassen, um sich anschließend auf einige besonders Erfolg versprechende Grabungsflächen zu konzentrieren. Um das zu finden, was vom antiken Babylon noch übrig geblieben war, musste eine Schicht von bis zu 24 Metern Sand und Schutt abgetragen werden, wozu sogar eine Feldbahn gebaut wurde.

Bald konnte von bedeutenden Grabungsergebnissen nach Berlin berichtet werden. Die Archäologen stießen auf die Reste der Prozessionsstraße, des gewaltigen Ischtar-Tores und des Palastes von König Nebukadnezar II. Allerdings stellte sich heraus, dass die antiken Lehmziegel stark von eindringendem Grundwasser geschädigt worden waren, wohingegen die sehr viel weniger zahlreichen glasierten Ziegel die Jahrtausende gut überstanden hatten. Von ihnen waren Tausende Exemplare und vor allem Bruchstücke erhalten geblieben, die in Holzkisten nach Berlin geschickt wurden.

Die Grabungen der Deutschen Orient-Gesellschaft in Babylon waren aus deutscher Perspektive ein großer Erfolg. Neben spektakulären Einzelfunden gelang es den Archäologen vor allem, vieles über die Geschichte, die Architektur und das Alltagsleben in Babylon zu erfahren, eine Mammutaufgabe in einer antiken Stadt mit einer über 2.000-jährigen Geschichte, die immer wieder zerstört und neu aufgebaut worden war. In Berlin machte sich allerdings eine gewisse Enttäuschung darüber breit, dass nicht mehr Skulpturen, Schmuckstücke etc. in den Kisten aus Babylon ankamen, die sich in Museen ausstellen ließen. Koldewey hingegen vertrat die Auffassung, kein Fund sei unbedeutend, und schon gar nicht so unbedeutend, dass man nicht akribisch notierte, wo man ihn gefunden hatte, und ohne dass er auf einer Zeichnung festgehalten wurde. Das setzte Maßstäbe für weitere archäologische Grabungen.

Ein Grundproblem archäologischer Forschung in mesopotamischen Städten besteht darin, dass diese vorwiegend mit ungebrannten Lehmziegeln errichtet wurden, sodass wenig von der einstigen Pracht übrig geblieben ist. Und das Wenige muss man abtragen, um zu älteren Schichten vordringen zu können. Babylon ist im Laufe der Jahrtausende etwa ein Dutzend Mal neu erbaut worden. Die deutschen Grabungen konzentrierten sich auf die Zeit von Nebukadnezar II., man entdeckte aber auch einige Spuren des Babylons zur Zeit von König Hammurabi aus dem 18. vorchristlichen Jahrhundert. Was man auf dieser Grundlage über die Frühgeschichte der antiken Stadt erfahren könnte, ist bis heute unerforscht geblieben. Angesichts der Tatsache, dass in Babylon und anderen irakischen archäologischen Grabungsstätten kaum mehr als Erdhaufen zu finden sind, zitierte die „New York Times“ 2009 die US-amerikanische Archäologin Elizabeth C. Stone mit dem Satz: „Man braucht eine besondere Art von Romantik, um die mesopotamischen Grabungsstätten zu lieben.“[200]

„Daniels Löwengrube“ – mit der Bibel unter dem Arm in Babylon

Viele Christen verfolgten die deutschen Ausgrabungen in Babylon mit der Hoffnung, dass die biblischen Geschichten über diese Stadt durch die Archäologen bestätigt würden. Robert Koldewey hat solchen Hoffnungen keine neue Nahrung gegeben – außer beim Besuch einer frommen britischen Reisegruppe, die von dem Archäologen über das Grabungsgelände geführt wurde. Um die Erwartungen der Besucher nicht ganz zu enttäuschen, bezeichnete er ein Grabungsloch, an dem man zufällig vorbeikam, als „Daniels Löwengrube“ und einen Ziegelschlackenberg als den Feuerofen aus der Danielgeschichte. Der Archäologe ging noch einen Schritt weiter, hat später sein Kollege Walter Andrae berichtet. Er ergriff einen zufällig daliegenden Ziegelstein mit einem Stempel von Nebukadnezar und erklärte den frommen Reisenden, die Textzeile sei ein Teil des berühmten Menetekels. Als die Reisegruppe dankbar und beglückt abgereist war, kritisierten seine Mitarbeiter den Archäologen, aber Robert Koldeway antwortete: „Wieso? Wer glaubt, wird selig! Sollte ich ihnen die Freude nehmen und sie enttäuschen? Das wird bis an ihr Lebensende *das* Erlebnis für sie bleiben!“ Die Erwartung, irgendwo unter den Lehmbergen, tatsächlich Daniels Löwengrube zu finden, hatte Robert Koldewey nicht, dafür unterschied er zu deutlich Mythen und historische Wirklichkeit. Dennoch und gerade deshalb haben seine archäologischen Funde und ihre wissenschaftliche Auswertung uns sehr dabei geholfen, die biblischen Geschichten über Babylon besser zu verstehen und historisch einzuordnen.

Ein weiteres Mal ist Robert Koldewey auf die berühmte Geschichte von Daniel zurückgekommen, dieses Mal in einem Zeitungsbeitrag, in dem er 1910 über die Grabungen in Babylon schrieb: „Es ist merkwürdig und sehr eindrucksvoll, wenn Stätten, die Jahrhunderte lang der staunenden Diskussion der Welt aussichtslos unterlagen, jetzt in selbstverständlicher Wirklichkeit hervortreten. Dies ist wirklich der Saal, in dem der uns von Kindheit an bekannte, aber damals für uns nur in sagenhaftem Dämmer lebende Nebukadnezar thronte, Belsazar schlemmte. Auf den Dächern dieses Palastes standen der König und Daniel, als sie sich über die Vorzüge Marduks und Jahwes unterhielten. In diese Höfe bestellte Alexander seine Generäle und gab ihnen

---

[200] Zitiert nach: Steven Lee Myers: Babylons Ruins Reopen in Iraq, New York Times, 2.5.2009.

die letzten Befehle zur Eroberung der Welt. Hier krankte und litt er, und von hier aus ließ er sich täglich in den Tempel der Ninmach zum Opfer tragen!"[201]

Warum der Kaiser zur „Biesterkonferenz" einlud

Zwei Schiffsladungen mit der „Ausbeute" der Grabungen trafen 1903 in Berlin ein. Die 399 Kisten voller glasierter Steine und anderer Funde bildeten die schwergewichtige Grundlage für die heutigen Babylon-Schätze des Vorderasiatischen Museums. Wer heute das Museum besucht, steht vor allem staunend ehrfurchtsvoll vor dem Ischtar-Tor und der Prozessionsstraße, den beeindruckenden Zeugnissen babylonischer Baukunst und Berliner Rekonstruktionsfähigkeiten. Es gab allerdings Streit über den Umgang mit den vielen Tausend glasierten Ziegeln und Ziegelbruchstücken. Die Archäologen in Babylon hatten noch intakte Reste des Tors und der Prozessionsstraße ausgraben können und machten sich die Mühe, jedes einzelne Fundstück zu nummerieren, in eine Papiertüte zu legen und zu verschnüren. Exakt wurde die jeweilige Fundstelle vermerkt. Das sollte es ermöglichen, die Stücke bei der Rekonstruktion des Tors, soweit es überhaupt noch möglich war, an der originalen Stelle zu platzieren.

Der Aufwand war umsonst, denn in Berlin wurden die Bruchstücke ausgepackt, entsalzt und dann in beliebiger Reihenfolge auf großen Tischen platziert, um für die Rekonstruktion einer Figur oder eines Wandstücks passend erscheinende Stücke auszuwählen und ggf. zurechtzusägen oder zurechtzuschleifen. Wo die Glasur fehlte, wurde die Stelle übermalt. So entstanden schön aussehende Wände und Tierreliefs, die aber aus zufällig ausgewählten Bruchstücken zusammengefügt wurden. Als der Archäologe Walter Andrae, der engste Mitarbeiter Koldeweys, bei einem Deutschlandbesuch 1908 die Arbeiten begutachtete, war er entsetzt: „... Ich persönlich halte nämlich das Aneinanderschleifen der Stücke nicht für schön, weil es ein grausamer Eingriff ist, der nicht einmal eine gute Wirkung hervorzubringen scheint".[202] Er forderte, die fehlenden Teile für den Betrachter erkennbar zu machen, statt sie zu übertünchen. Der Streit mit den Museumsleuten eskalierte, sodass sich schließlich der Kaiser zum Eingreifen veranlasst sah. Er berief höchstpersönlich die sogenannte „Biesterkonferenz" am 14. Oktober 1908 ein, um zu klären, wie mit den Relieftieren (den „Biestern") umzugehen sei. Walter Andrae konnte sich beim Kaiser mit seiner Auffassung auf ganzer Linie durchsetzen, aber das nützte ihm nicht viel, denn gleich

---

[201] Zitiert nach: Ralf-B. Wartke (Hrsg.): Auf dem Weg nach Babylon, Robert Koldewey – Ein Archäologenleben, Mainz 2008. S. 128.
[202] Zitiert nach: Ebenda, S. 130.

nach seiner Abreise zurück nach Babylon wurde wieder kräftig gesägt, geschliffen und gemalt. Erst bei der letzten Lieferung, die 1927 das Museum erreichte, wurde mehr darauf geachtet, an welcher Stelle ein Bruchstück gefunden worden war und mit welchen anderen Bruchstücken es vermutlich zusammengehörte. Aber da waren die Arbeiten an Ischtar-Tor und Prozessionsstraße schon weit vorangeschritten.

Die Entdeckung der Reste des Turms

Trotz solcher Probleme war die archäologische Erforschung Babylons überaus erfolgreich. Und mit dem Glück der Tüchtigen gelang es den Archäologen kurz vor dem Ersten Weltkrieg sogar noch, den berühmten Turm – oder das, was davon übrig geblieben war – zu entdecken. Viel war von dem einst weit über Babylonien hinaus berühmten Bauwerk nicht mehr zu erkennen, aber es zählte vor allem, dass nun bewiesen war, dass es den Turm tatsächlich gegeben hatte. Es ist heute immer noch beeindruckend, was Robert Koldeway, seine deutschen Assistenten und die zahlreichen einheimischen Arbeiter in wenigen Jahren unter schwierigsten äußeren Bedingungen geleistet haben. Selbst der Ausbruch des Ersten Weltkriegs veranlasste sie nicht, die Grabungstätigkeit einzustellen. Erst 1917, als britische Truppen sich rasch Babylon näherten, wurden die Arbeiten eingestellt.

Robert Koldewey hatte annähernd zwei Jahrzehnte lang fast ohne Urlaub nicht nur in Babylon gearbeitet, sondern auch weitere deutsche Ausgrabungen in Mesopotamien betreut. Seine ausgezeichneten Arabischkenntnisse, seine Ausbildung als Archäologe und Architekt, sein Zeichentalent und seine enorme Hartnäckigkeit hatten ihn zum idealen Ausgrabungsleiter gemacht. Als er Ende des Ersten Weltkriegs nach Berlin zurückkehrte, waren viele berühmte Bauten und auch ganz gewöhnliche Wohnhäuser in Babylon lokalisiert und zum Teil ausgegraben worden. Man wusste nun unvergleichlich mehr über das Babylon in der Zeit von Nebukadnezar II. als zwei Jahrzehnte zuvor. Auch hatte Robert Koldewey neue Maßstäbe für wissenschaftliche Ausgrabungen im Mittleren Osten gesetzt. So hatte er sich mit seiner Auffassung durchgesetzt, dass es nicht nur darauf ankommt, einige schöne Schmuckstücke zu finden, sondern dass es gilt, systematisch zu erfassen, wie die Menschen in früheren Zeiten gelebt haben. Die intensive archäologische Arbeit in Mesopotamien hinterließen Spuren. Alfred Lichtwark, der Direktor der Hamburger Kunsthalle, schrieb über eine Begegnung mit dem Archäologen bei dessen Deutschlandreise 1904: „Koldeway aus Babylon, ganz zum Araber geworden, er blickt, lächelt, gestikuliert wie ein Semit vom arabischen Typus …“[203] Etwas skurril und kauzig soll der Archäologe in all den

[203] Zitiert nach: Ebenda, S. 71.

Jahren in der Fremde geworden sein, wenn er zum Beispiel wiederholt in Anlehnung an eine indische Weisheit mit drohendem Finger verkündete: „Geh an der Welt vorüber, es ist nichts."[204] Nach dem Tod des Archäologen am 4. Februar 1925 in Berlin schrieb sein Schüler Julius Jordan: „Koldewey war ein Einsiedler drüben am Euphrat und hier unter den vielen Leuten."[205]

Beeindruckende Präsentation in Berlin

Nach dem Ersten Weltkrieg erreichten deutsche Museumsvertreter in schwierigen Verhandlungen, dass 1927 insgesamt 536 Kisten mit zurückgelassenen Fundstücken nach Berlin transportiert werden konnten. Jetzt wurde es möglich, mit Ziegelresten die Rekonstruktion des spektakulären Ischtar-Tores und der Prozessionsstraße abzuschließen. Dabei musste man sich den architektonischen Bedingungen des Vorderasiatischen Museums anpassen. Es war nur Platz für die Rekonstruktion des Vortores, das immerhin noch eine Höhe von 18 Metern hat. Von den 180 Metern der Prozessionsstraße in Babylon ließen sich nur 30 Meter in Berlin neu gestalten. Aber auch in dieser Form sind Tor und Prozessionsstraße mit den blau glasierten Ziegeln und den zahlreichen Tierfiguren überaus beeindruckend. Daneben sind heute zahlreiche babylonische Kunstwerke im Vorderasiatischen Museum auf der Berliner Museumsinsel zu bestaunen.

Das neu entstandene Museum in Bagdad erhielt nach dem Ersten Weltkrieg einen Teil der Funde der deutschen Grabungen, die nach dem Abbruch der Grabungen im Lande zurückgeblieben waren. Aber die wertvollsten Funde befanden sich schon in Berlin oder im Rahmen der Fundteilungen in der früheren osmanischen Hauptstadt Istanbul. Und was blieb nach den deutschen archäologischen Grabungen in Babylon selbst zurück? Reiner Luyken hat für die „Zeit" 2009 die Reste der antiken Stadt besucht und diagnostiziert: „Nach knapp 20 Jahren hinterließ der vom Reich ausgesandte Archäologe ein seiner Kostbarkeiten entblößtes Gerippe. Er verpackte alles, was glänzte, in Kisten ... Der teutonische Gelehrte räumte gründlicher auf als alle anderen Schatzgräber seiner Zeit. In den an Kunstraub reichen Annalen der Altertumsforschung war sein Beutezug einer der dreistesten."[206]

---

[204] Zitiert nach: Ebenda, S. 158.

[205] Zitiert nach: Ebenda, S. 174.

[206] Reiner Luyken: Archäologie im Irak, Der Banausen-Bau von Babylon, Die Zeit, 25.7.2009.

Meist ignoriert – die irakische Archäologie

Sie sind international bisher kaum beachtet worden, die irakischen Beiträge zur Erforschung der Geschichte von Babylon. Meist werden nur in Nebensätzen die irakischen Arbeiter erwähnt, die den europäischen Archäologen des 19. und beginnenden 20. Jahrhunderts halfen, die Reste der Gebäude des antiken Babylons freizulegen und wertvolle Skulpturen, Tontafeln und Alltagsgegenstände zu bergen. Dabei ist vor allem der eigenständige Beitrag von Hormudz Rassam bei der Erforschung von Babylon nicht zu bestreiten. Er stammte aus einer christlich-chaldäischen Familie in Mossul und hatte sich als Assistent britischer Archäologen so große Kenntnisse erworben, dass er von 1879 an eigene Grabungen durchführen konnte. Die Empörung über systematischen Raubgrabungen seiner Landsleute nach gebrannten Ziegeln, die sich für Neubauten in der Umgebung als Baumaterial verwenden ließen, und die Plünderung von Tontafeln und anderen wertvollen Gegenständen aus dem alten Babylon veranlassten Hormudz Rassam dazu, eigene Grabungen mit nur geringer finanzieller Unterstützung durch das Britische Museum durchzuführen. Er fand unter anderem den wertvollen Kyros-Zylinder, der heute im Britischen Museum ausgestellt ist. Auch die von dem irakischen Forscher entdeckten Tontafeln besitzen heute einen großen Wert für die Erforschung der Geschichte und des Alltagslebens in Babylon. Hormudz Rassam, schreibt der britische Archäologe Jonathan Taylor, „erfuhr jedoch niemals die Anerkennung, die er verdient hätte. Er hatte, trotz der geringen Mittel, die ihm das Britische Museum zur Verfügung stellte, Großes geleistet."[207]

Bei den deutschen Grabungen mussten die Einheimischen dann erneut die Hilfsarbeiten übernehmen. Eine eigenständige irakische Archäologie konnte sich erst in den letzten Jahrzehnten entwickeln. In den Jahren 1979 und 1980 machten irakische Archäologen einen sensationellen Fund.[208] Es gelang ihnen, den Tempel des Gottes Nabu-scha-hare zu entdecken und durch eine umfangreiche Grabung wieder zugänglich zu machen. Der Tempel wurde auf Geheiß des assyrischen Königs Asarhaddon im 7. Jh. v. Chr. errichtet, nachdem sein Vater große Teile der Stadt Babylon und den Vorgängerbau des Tempels zerstören ließ. Dieser Tempel in der Nähe der Prozessionsstraße passte allerdings nicht in das städtebauliche Konzept von König Nebukadnezar II. Er ließ alle religiösen Gegenstände aus dem Tempel holen und diesen dann sorgfältig mit Sand verfüllen und bedecken. Darüber wurde anschließend das von dem

---

[207] Jonathan Taylor: Die britischen Forschungsreisenden im 19. Jahrhundert, in: Babylon Wahrheit, a. a. O., S. 61.

[208] Vgl. Antoine Cavigneeauc: Irakische Ausgrabungen – Der Tempel des Nabu-scha-hare, in: Babylon Wahrheit, a. a. O., S. 79f.

babylonischen König geplante Gebäude errichtet. Die Wände des Tempels blieben weitgehend erhalten, sodass das Gebäude von den irakischen Archäologen wiederhergestellt und mit einer neuen Holzdecke versehen werden konnte. Im Tempel war vor der Zuschüttung allerdings so gründlich „aufgeräumt" worden, dass man nur noch Tontafeln von Keilschriftschülern fand, die damals nicht als erhaltenswert erachtet worden waren. Die irakischen Archäologen haben sie geborgen und an anderen Grabungsplätzen in Babylon zahllose Keilschrift-Tontafeln gefunden, von denen viele noch nicht entziffert worden sind.

Wie die Zerstörung einer Stadt weiter voranschreitet

Der irakische Diktator Saddam Hussein wollte sich zum legitimen Nachfolger von König Nebukadnezar stilisieren, der sein Land zu einer neuen Blüte führte. Bei dieser Selbstinszenierung kam Babylon eine herausragende Bedeutung zu. Deshalb ordnete der Diktator 1978 eine Reihe von Baumaßnahmen an, die die alte Pracht der Stadt wiedererstehen und den neuen Herrscher preisen sollten. Nach Skizzen der deutschen Archäologen des 19. und beginnenden 20. Jahrhunderts wurden Kopien des Ischtar-Tores und des Palastes von König Nebukadnezar errichtet, wobei die Stempel der Ziegel dieses Mal nicht König Nebukadnezar priesen, sondern Saddam Hussein. Eine der Aufschriften der Ziegel lautete: „Ich, Saddam Hussein, Präsident und Beschützer des irakischen Volkes, habe den Palast des Nebukadnezar und die Zivilisation des Iraks wiederauferstehen lassen." Beim Bau eines Palastes für Saddam Hussein wurde u. a. das Ausgrabungshaus der deutschen Archäologen um Robert Koldewey zerstört.

Die Bauvorhaben Saddam Husseins stießen bei ausländischen und einheimischen Archäologen auf große Vorbehalte, aber die einheimischen Kritiker wagten nicht, sich offen gegen den Diktator zu stellen. Ein Anlass für Kritik war, dass die Nachbauten eher einer Disneywelt als ernsthaften Reproduktionen entsprachen. Außerdem sind durch die viele Tonnen schweren Gebäude darunterliegende, noch nicht erforschte archäologische Schichten für immer zerstört worden. Die gewaltigen Baupläne des Diktators sind durch den Irakkrieg und den Sturz seines Regimes nur teilweise verwirklicht worden, was archäologische Fachleute nicht bedauern. So kam es auch nicht mehr zum geplanten Wiederaufbau des berühmten Turmes.

Als besonders gravierendes Problem erweist sich inzwischen der Nachbau des Ischtar-Tores, der bewirkt hat, dass auf dieser Fläche kein Wasser mehr verdunsten kann und die Grundwasserverhältnisse sich gravierend verändert haben. Dadurch wird das bedroht, was nach den Grabungen des 19. Jahrhunderts und dem Bau der Torkopie von dem ursprünglichen Tor noch übrig geblieben ist. Aber auch die Anlage neuer Seen und das Aufschütten von Hügeln auf dem Gebiet des früheren Babylons haben irreparable Schäden verursacht.

1987 war der „Wiederaufbau" von Babylon so weit vorangeschritten, dass zum ersten „Babylon International Festival" eingeladen werden konnte, eine gewaltige Propagandaveranstaltung von einem Monat Dauer mit dem Ziel, Saddam Hussein als legitimen Nachfolger der Könige Hammurapi und Nebukadnezar II. zu feiern. Das Festival stand unter dem Motto: „Von Nebukadnezar zu Saddam Hussein – Babylon beschwört seine Glorien". Aus Anlass des Festivals wurde auch eine Medaille geprägt, die die Köpfe von Saddam Hussein und Nebukadnezar II. zusammen darstellte und möglichst große Ähnlichkeiten sichtbar machen sollte. Bis 2002 folgten weitere Festivals, dann setzte der Irakkrieg solchen Jubelfeiern für den Diktator ein Ende.

Die Medaille hatte übrigens eine skurrile Wirkungsgeschichte. Auf der Rückseite des bereits erwähnten Buches „The Rise of Babylon – Sign of the End Times“[209] des fundamentalistischen US-Theologen Charles H. Dyer ist die Medaille abgebildet mit diesem Text: „Saddam Hussein und der antike Welteroberer Nebukadnezar. Nicht nur sehen sie gleich aus, auch ihre Mission ist die gleiche – die Kontrolle der Welt.“ Der leicht durchschaubare Propagandatrick von Saddam Husseins, auf der Medaille dem berühmten babylonischen König gleichen zu wollen, wird hier zum Anlass, eine äußerliche Ähnlichkeit zu konstatieren und eine Ähnlichkeit der Ziele zu postulieren.

Zu berichten ist noch von einem geheimnisumwitterten „Projekt Babylon“. Ende der 1980er Jahre wollte das Regime von Saddam Hussein unter strengster Geheimhaltung eine Riesenkanone bauen, deren Geschosse sowohl Israel bekämpfen als auch Satelliten ins Weltall schießen sollten. Die Rohre der Kanonen hatten eine Länge von bis zu 52,5 Metern. Sie wurden von der staatlichen Ölgesellschaft als angebliche Bestandteile von Ölleitungen importiert, aber der eigentliche Zweck der Rohre und der weiteren Komponenten der Geheimwaffe wurde vom britischen Geheimdienst enttarnt. Den Machthabern in Bagdad blieb nichts übrig, als die gewaltige Kanone 1991 unter Aufsicht von UN-Inspektoren zu zerstören. Das „Projekt Babylon“ war gescheitert. Und noch einmal wurde die antike Metropole unter ganz anderen Vorzeichen mit militärischen Vorhaben in Verbindung gebracht. Die verfolgten Christen des Iraks bauten 2014 die „Brigade Babylon“ auf, um die Stadt Mossul zurückzuerobern.

Das Tragische an der propagandistischen Instrumentalisierung des antiken Babylons durch die Rekonstruktionsversuche und Festivals von Saddam Hussein besteht darin, dass sie nicht das Ziel hatten, im irakischen Volk das Bewusstsein für seine beeindruckende und bewundernswerte gemeinsame Geschichte zu wecken und so zur Festigung einer gemeinsamen Identität in einem ethnisch und religiös zerrissenen Land beizutragen. Vielmehr wurden die Geschichte Babylons und die davon übrig gebliebenen Spuren missbraucht, um einem von vielen gehassten Diktator zu huldigen.

Angesichts des seit Jahren andauernden Bürgerkriegs im Irak wird es sehr schwierig werden, in naher Zukunft eine zweite Gelegenheit zu schaffen, Babylon zum Ausgangspunkt für die Wiederbelebung der gemeinsamen Identität einer Gesellschaft zu machen, deren Ursprünge in die Zeit der Blüte Babylons zurückreichen.

---

209 Charles H. Dyer: The Rise of Babylon – Sign of the End Times, Wheaton 1991.

Diese Identitätsfindung wird auch dadurch erschwert, dass zahlreiche bedeutende Fundstücke aus Babylon und den anderen mesopotamischen Städten heute in Museen von Berlin, London und Paris ausgestellt sind oder in deren Magazinen lagern. 2009 sagte der irakische Botschafter in Berlin, Alaa Al-Hashimy, der „Berliner Zeitung“: „Die Objekte, die aus Mesopotamien stammen, gehören einfach dorthin, sie gehören zum kulturellen Erbe des Irak.“[210] Damit meinte er auch die Ausstellungsobjekte im Vorderasiatischen Museum in Berlin. Der Diplomat fügte hinzu: „Ich fordere das nicht, aber es bleibt unser Recht, uns zu wünschen, dass unsere Kunstschätze zurückkehren.“ Weniger diplomatisch äußerte sich der irakische Archäologe und Mitarbeiter des irakischen Kulturministeriums Mohammed Aziz Selman al-Ibrahim im Jahre 2002 gegenüber der britischen Zeitung „The Guardian“ angesichts der Grabungsstätten in Babylon, wo kaum noch etwas vom Ischtar-Tor zu finden ist: „Ich bin wütend, aber was können wir tun? Ich kann nur an die deutsche Regierung appellieren, uns unsere Altertümer zurück in den Irak zu geben.“[211]

Das Geschäft mit geraubter Kunst

Der Irakkrieg wurde zur nächsten Katastrophe für das, was einmal Babylon war. In den Wirren des Krieges wurden 2003 die Museen geplündert, die die Funde aus den Zeiten von Hammurapi und Nebukadnezar präsentiert hatten. So wurde eine Sammlung mit 5.000 Rollsiegeln aus einem Museumsmagazin in Bagdad gestohlen. Ein großer Teil der irakischen Kunstwerke dürfte sich heute im Besitz europäischer und nordamerikanischer Sammler befinden. Sie zahlten bei Auktionen viel Geld für einzelne Keilschrifttafeln und Rollsiegel – ein sehr lukratives Geschäft für die internationalen kriminellen Syndikate, die diesen Handel beherrschen. Gestohlen oder zerstört wurden in den Museen von Bagdad und Babylon außerdem unersetzliche Archiv- und Bibliotheksbestände.

Nach UNESCO-Informationen gibt es weiterhin einen lebhaften Handel mit gestohlenen Kunstwerken, Rollsiegeln und Keilschrifttafeln aus dem Irak. Immer wieder tauchen bei Kunsthändlern und Kunstauktionen einzelne Objekte auf, die aus Museen im Irak geraubt worden sind. Im September 2013 konnte die Krefelder Staatsanwaltschaft dem irakischen Botschafter ein Dutzend Kunstgegenstände übergeben, die einem Hehler abgenommen werden konnten. Aber solche Erfolge sind selten. Experten haben Belege dafür, dass die Plünderungen bis heute andauern und schwer zu stoppen sind, solange es eine kaufkräftige Nachfrage gibt. Es wird geschätzt, dass der internationale illegale Kunsthandel inzwischen annähernd so hohe Gewinne abwirft

---

[210] Irak möchte Berliner Kunstschätze zurück, in: Berliner Zeitung, 7.10.2009.

[211] Ewen MacAskill: Iraq appeals to Berlin for return of Babylon gate, The Guardian, 4.5.2002.

wie der Drogenhandel. Wie teuer babylonische Funde inzwischen sind, zeigte sich am 9. April 2014, als ein Keilschrift-Zylinder von König Kyros II. legal bei einer Auktion in New York versteigert wurde. Er wechselte für 605.000 Dollar den Besitzer und befindet sich nun im Privateigentum.

Schützengräben und Panzerstraßen

Die US-Armee besetzte im April 2003 Babylon, richtete hier zunächst ein „Operationszentrum" ein und etablierte dann ihr Divisionshauptquartier Zentral-Süd ausgerechnet zwischen den Ruinen der antiken Stadt. Ein Grund war, dass man hier die Infrastruktur nutzen konnte, die für Saddam Hussein geschaffen worden war. Später wurde die Behauptung aufgestellt, man habe den historisch wertvollen Ort vor Plünderern schützen wollen. Der britische Archäologe John Curtis besuchte im Dezember 2004 Babylon und berichtete über den Ausbau der US-Basis zum amerikanisch-polnischen Divisionshauptquartier: „Von diesem Zeitpunkt an nahm die Größe des Camps rasch zu, sodass es schließlich eine Ausdehnung von 150 Hektar erreichte und dort 2.000 Soldaten stationiert waren. Das Camp wurde direkt im Herzen des antiken Babylons errichtet."[212] Es befand sich zwischen der nördlichen Stadtmauer und den Ausgrabungsstätten des Ischtar-Tors, der Prozessionsstraße und des Südlichen Palastes.

Die Tageszeitung „Die Welt" schrieb 2008 im Rückblick auf die amerikanische Besetzung der Grabungsstätten von Babylon: „2000 Jahre nachdem der letzte Herrscher durch das Ischtartor geschritten war, ratterten Panzer über die alte Prozessionsstraße von Babylon. Sie gehörten amerikanischen Truppen, die in den antiken Stätten im April 2003 ihr Camp Alpha aufschlugen. Kellog, Brown und Root, ein Zweigunternehmen des Halliburton-Konzerns, ... planierte Erdhügel, legte einen Hubschrauberlandeplatz und Parkplätze an, zog Gräben, baute Zeltstädte, befestigte Straßen und füllte Tausende Sandsäcke mit Ausgrabungsmaterial."[213]

In einem UNESCO-Bericht werden die gravierenden Schäden durch die US-amerikanischen und polnischen Armee-Einheiten kritisiert. Genannt werden u. a. Schützengräben, die durch antike Ruinengebiete gezogen wurden, die Planierung von Hügeln und die Zerstörung antiker Straßenbeläge durch schwere Fahrzeuge. Die US-Regierung erklärte sich schließlich bereit, eine Entschädigungssumme von 800.000 Dollar zu zahlen.

---

[212] John Curtis: The Present Condition of Babylon, in: Babylon – Wissenskultur in Orient und Okzident, Berlin 2011, S. 9.

[213] Die zweite Zerstörung des großen Babylon, in: Die Welt, 19.06.2008.

Neuen Streit gab es 2012, als bekannt wurde, dass eine neue Ölpipeline dicht an den Resten der antiken Stadt vorbeigeführt werden sollte. Das irakische Ölministerium begann gegen den Protest der für die Bewahrung antiker Stätten zuständigen Regierungsstellen damit, die Pipeline auf einer Länge von 1,5 Kilometern Länge und annähernd zwei Meter Tiefe durch ein noch nicht durch Grabungen erschlossenes Stadtgebiet des antiken Babylons zu verlegen. Das Ministerium argumentierte, die neue Leitung verlaufe parallel zu zwei bereits während der Herrschaftszeit von Saddam Hussein verlegten Ölleitungen. Angeblich wurden bei der Verlegung der neuen Ölpipeline keinerlei antike Spuren gefunden. Die neue Pipeline ist inzwischen fertig gestellt worden.

Dringende Erhaltungsarbeiten müssen verschoben werden

Mittlerweile droht das, was von den Resten der antiken Großstadt noch vorhanden ist, im Grundwasser zu versinken und auf diese Weise für immer zerstört zu werden. Der Grundwasserspiegel der früheren Ausgrabungsflächen ist sehr hoch, was u. a. daran liegt, dass in der Herrschaftszeit von Saddam Hussein in der Nähe die bereits erwähnten Seen angelegt wurden. Auch die Bewässerungslandwirtschaft im Bereich des früheren Stadtgebietes von Babylon hat zum Anstieg des Grundwasserspiegels beigetragen.

Eine Priorität der archäologischen Arbeiten besteht deshalb darin, die bisherigen Ausgrabungen vor der völligen Zerstörung zu bewahren. Dazu zählt die Stabilisierung einsturzbedrohter Mauern. Sie werden durch den steigenden Grundwasserspiegel gefährdet, denn das stark salzhaltige Wasser dringt in die Fundamente der Mauern ein. Das Salz lässt die Ziegel zerfallen und verwandelt sie in Puder.

Die zerstörte Infrastruktur in der umkämpften Region, die prekäre Sicherheitslage sowie der Mangel an Finanzmitteln erschweren diese Arbeiten. Die Hoffnung, durch die Eintrittsgelder von Touristen einen wesentlichen Teil der Erhaltungskosten zu finanzieren, erweisen sich angesichts der kriegerischen Auseinandersetzungen im Land gegenwärtig als Illusion. Auch die bescheidenen archäologischen Grabungen im Irak mussten immer wieder unterbrochen werden. Weiterhin steht deshalb die Erforschung des weitaus größten Teils des antiken Babylons noch aus.

Als weiteres Problem kommt seit längerer Zeit hinzu, dass sich Dörfer in der Nachbarschaft von Babylon auf das Gelände der antiken Stadt ausdehnen. Von diesem Problem hatten schon die deutschen Archäologen Anfang des 20. Jahrhunderts berichtet, aber inzwischen hat die Nutzung der archäologisch wertvollen Flächen für landwirtschaftliche Zwecke ein sehr viel größeres Ausmaß angenommen.

Angesichts der zahlreichen Zerstörungen in der jüngeren Vergangenheit und fehlender Perspektiven für grundlegende Restaurations- und Schutzmaßnahmen hat die UNESCO die Ruinen von Babylon bisher noch nicht in die Weltkulturerbe-Liste aufgenommen, ist aber grundsätzlich dazu bereit. Anfang 2015 hat die irakische Regierung einen neuen Anlauf genommen, Babylon in die Liste aufnehmen zu lassen.

Die Folgen der IS-Angriffe im Irak

Der IS-Vormarsch hat erneut alle Hoffnungen auf Frieden im Irak und ungehinderte archäologische Arbeiten in Babylon zerstört. Im Oktober 2014 waren die IS-Kämpfer vorübergehend nur noch etwa 37 Meilen von Babylon entfernt. Diese Kämpfer sind dafür berüchtigt, wertvolle archäologische Fundstätten zu zerstören. In der „Süddeutschen Zeitung" vom 8.12.2014 heißt es hierzu: „Die Terrorgruppe Islamischer Staat hat sich als besondere Bedrohung der Fundstätten gezeigt. So wie früher die Taliban in Afghanistan, unternimmt die bewaffnete Gruppe den systematischen Versuch, Kultstätten religiöser Gruppen zu zerstören, die sie als häretisch betrachtet. Die Gruppe macht damit auch Propaganda und hat Belege der bewussten Zerstörung von Dutzenden heiliger Stätten im Internet und in seinem Hochglanzmagazin *Dabiq* veröffentlicht."[214] In der eroberten Stadt Mossul wurde das Archäologische Institut geschlossen, weil Archäologie „unislamisch" sei. Im Februar 2015 zerstörten IS-Kämpfer zahlreiche assyrische Figuren und Statuen in Mossul mit Presslufthämmern. Sie filmten – offenbar zur Abschreckung – das Zerstörungswerk. Die Statuen seien Götzenbilder aus der Zeit der Vielgötterei, und der Islam verbiete die bildliche Darstellung von Menschen und von Gott. Viele andere Kunstschätze von Mossul werden ins Ausland geschmuggelt und an Kunstsammler verkauft, um den „Islamischen Staat" zu finanzieren.

Sollten die IS-Kämpfer das Grabungsgelände von Babylon erobern, wären auch hier viele wertvolle Zeugnisse der babylonischen Geschichte akut bedroht. Wie gefährdet die Reste der antiken Stadt bereits sind, zeigte sich im März 2014, als bei einem Selbstmordattentat an einem der Kontrollpunkte nach Babylon mehrere Dutzend Iraker ihr Leben verloren. Bisher wird das Gebiet von Regierungstruppen verteidigt, und man weiß um die symbolische Bedeutung dieses Ortes. Im Oktober 2014 sagte der archäologische Direktor der Ausgrabungsstätte, Hussein Fleih, einem ausländischen Korrespondenten: „Babylon ist ein Symbol der Stärke. Für diejenigen,

[214] Andrew Lawler: Krieg gegen Ruinen, Süddeutsche Zeitung, 8.12.2014.

die stolz auf den Irak sein wollen, ist Babylon das Beste, was wir haben. Es ist ein Symbol der Einheit vom Norden bis zum Süden."[215]

Eine ganz ähnliche Position vertritt der Heidelberger Altorientalist Stefan Maul. Er setzt sich für die Förderung der archäologischen Forschung und die Erhaltung der Kunst- und Kulturschätze im Irak ein. „Die altorientalischen Kulturen sind im Bewusstsein der Bevölkerung sehr präsent. Die archäologischen Fundorte von Assur bis Babylon, die Kunst- und Kulturschätze des leider im vergangenen Krieg geplünderten Irak-Museums im Herzen Bagdads und auch Schlüsseltexte wie das Gilgamesch-Epos werden als Teil der eigenen Kultur wahrgenommen. Jedes irakische Kind weiß davon."[216] Die Identifizierung mit den menschheitsgeschichtlich so bedeutenden Kulturen könne, so Professor Maul 2013, der „gedemütigten Bevölkerung ihren Stolz zurückgeben".

---

[215] In Babylon, Iraqis Shield Ancient Symbols of Identity From Islamic State, Christian Science Monitor, 8.10.2014.

[216] Zitiert nach: Oliver Fink: Der gedemütigten Bevölkerung ihren Stolz zurückgeben, Journal der Universität Heidelberg, 4/2013.

Der Mythos lebt noch immer

Der Mythos Babylon lebt weiter, auch in Deutschland. Der Name Babylon dient heute vor allem dazu, die Offenheit für unterschiedliche kulturelle Beiträge zum Ausdruck zu bringen. Nicht die Sprachverwirrung prägt dabei die Erinnerung an die antike Großstadt, sondern das friedliche und bereichernde Miteinander von Menschen aus unterschiedlichen Kulturen. Diesen Reichtum schätzen viele Initiativen, die Bildungs-, Stadtteilkultur- und Sozialarbeit in multikulturell geprägten Städten ins Leben gerufen haben. In Essen hat sich ein multikulturelles Bildungszentrum nach Babylon benannt. Ein Verein, der in Berlin interkulturelle Sozialarbeit betreibt, hat als Logo einen stilisierten Wohnturm und firmiert als „Babel e. V.". Ein Tanzstudio in Karlsruhe erinnert auf seiner Website an die Legende von der Zeit, als alle Leute eine einzige Sprache hatten, heute sei die gemeinsame Sprache der Tanz: „Tanzstudio Babylon vereint die Tänze unterschiedlicher Nationalitäten und bietet Kurse für Bauchtanz, Flamenco, Irisch, Russisch und Salsa-Karibic." Zu den kulturellen Initiativen, die eine ganz eigene Babylon-Tradition entstehen lassen, gehört auch das Jugendmusiktheater-Ensemble „Trying Babylon" des Kulturzentrums COPRA in Solingen, bei dem u. a. professionelle Künstler junge Leute in Schauspiel, Musik und Tanz unterweisen und gemeinsam mit ihnen Theaterstücke erarbeiten. An der Universität Regensburg hat sich die internationale Theatergruppe „Babylon" gebildet. In Bremen musiziert das junge Ensemble „New Babylon" mit Mitwirkenden verschiedener Nationalitäten.

In Berlin trägt ein bekanntes Programmkino den Namen „Babylon", und ausgerechnet dort versammelt sich jeden Sonntag eine Gemeinde im Rahmen eines freikirchlichen „Berlinprojekts". Es wendet sich an „junge Kreative", für die Pastor Christian Nowatzky diese Botschaft hat: „Viele Menschen hier machen extreme Erfahrungen, sei es im Job, im Sex, bei Partys. Denen können wir sagen: Macht das alles, lebt, genießt, und genau dann, wenn ihr merkt, dass da noch etwas fehlt, dann kommt zum Berlinprojekt. Das meint Jesus doch, wenn er sagt: ‚Ich bin das Brot des Lebens.'"[217] Das neue Babylon an der Spree braucht anscheinend auch neue religiöse Antworten, und die finden Interessierte sonntags im „Babylon". Auch Kinos in Hagen und Fürth haben diesen Namen gewählt. Zahlreich sind die Filme und Fernsehserien, die das Wort Babylon im Titel führen, zum Beispiel die Serie „Babylon Berlin".

Zu den Hoffnungsträgern für eine Vielfalt, die bereichert, gehört der Sportverein „FC Turabdin-Babylon Pohlheim". Angefangen hat der Klub 1979 als „FC Babylon" in der Stadt Pohlheim. Die Stadt liegt im Landkreis Gießen, wo mehr als 1.000 aramäi-

[217] Zitiert nach: Renate Meinhof: Dein Berlin-Mitte komme, Süddeutsche Zeitung, 15.12.2013.

sche Familien leben, die aus ihrer irakischen Heimat geflüchtet sind. 2002 erfolgte die Fusion mit einem ebenfalls aramäischen Verein, der sich nach dem Berg und der Region Turabdin benannt hatte, einem Zentrum des nordirakischen Christentums mit assyrischen und aramäischen Wurzeln. Inzwischen gehören dem Verein Fußballer an, die aus unterschiedlichsten Ländern in den Landkreis Gießen gekommen sind. Die „Gießener Zeitung“ schrieb 2010 über die „Babylonier“, ihr Verein sei „ein Beispiel für ein erfolgreiches, sportliches Miteinander verschiedenster Kulturen vereint im Sport Fußball“.[218]

Nachdem die Vielsprachigkeit in Babylon nach einem biblischen Bericht im Chaos geendet haben soll, bietet heute „Babylon“ Abhilfe. Sie ist nach eigenen Angaben „die am häufigsten heruntergeladene Übersetzungssoftware der Welt“. Für eine andere Verständigung will die Zeitschrift „Babylon“ sorgen, denn sie widmet sich der Beschäftigung mit dem deutsch-jüdischen Verhältnis und ist eine unverzichtbare intellektuelle jüdische Stimme in Deutschland. Und das Berliner RBB-„Inforadio“ bietet jeden Sonntag mit der Sendung „Babylon“ vielfältige Beiträge aus Kirche und Religion, Integration und Gesellschaft an.

Auch gastronomische Anbieter haben die Stadt am Euphrat entdeckt, zum Beispiel der „Babylon Pizza Service“ in Delmenhorst. Ein ähnliches Angebot hat das Restaurant „Babylon“ in Memmelsdorf mit Lieferservice. In Itzehoe hat ein Restaurant die Stadt am Euphrat etwas verlegt und preist sich unter dem Namen „Babylon“ als „Mediterranes Restaurant“ an. Gäste schätzen es in Internet-Beurteilungen als „griechisches Restaurant“. Das „Babylon“ in Köln kommt der kulturellen und geografischen Namensgeberin näher, stellt es sich doch als „Orientalisches Restaurant“ vor. Der Name der antiken Metropole löst offenbar weiterhin so viele Assoziationen aus, dass landauf, landab Firmen unterschiedlichster Art das Wort Babylon im Namen führen. Das reicht vom „Babylon Grill“ in Bottrop über diverse Friseursalons bis zu Juweliergeschäften. Und seit einiger Zeit trägt eine Strauchrosen-Neuzüchtung den klangvollen Namen „Babylon Eyes“.

Nicht vergessen dürfen wir die Stadt Babylon auf Long Island in den USA. Dort leben mehr als 200.000 Menschen, deren Vorfahren aus Europa, Afrika, Lateinamerika, Asien und selbst von den pazifischen Inseln in die USA gekommen sind. Sogar eine winzige Minderheit von Angehörigen der indianischen Bevölkerung gibt es in der Stadt, die früher weitgehend „weiß“ war und sich inzwischen zu jener ethnischen Vielfalt entwickelt, die schon das antike Babylon geprägt hat.

---

[218] Björn Gerdesam: FC Turabdin-Babylon – erfolgreicher Fußball und Völkerverständigung, Gießener Zeitung, 15.12.2010.

Selbst die Vorstellung vom „Sünden-Babel" lässt sich heute gut vermarkten und inspiriert die Besitzer von „einschlägigen" Betrieben bei der Wahl ihres Namens. „The Babylon" in Hamburg wirbt als FKK- und Nightclub. In Buchholz in der Nordheide verspricht der „Nachtclub Babylon" eine „Reise in 1.000 und eine Nacht", und der „Club Babylon" in Neckarsteinach offeriert einen „Babylon-Discount".

Hier befinden wir uns schon an der Grenze zwischen der Faszination Babylon und dem Bild von Babylon als sündiger Stadt, als Moloch. Und dieses Bild wird im Zeitalter der Globalisierung auf Städte in aller Welt angewendet. Der russische Schriftsteller Wiktor Jerofejew bezeichnet seine Heimatstadt Moskau als „Hure Babylon" und fügte in einem Interview mit „Spiegel Online" hinzu: „Amsterdam und New York sind dagegen Kinderspielplätze. Dieses Moskau ist für mich das Licht des Teufels ..."[219] Deutlich weniger negativ hat Kurt F. de Swaaf 2010 das „Babylon am Main" beschrieben, das Bahnhofsviertel Frankfurts, wo „die multikulturelle Bevölkerung des Viertels recht friedlich, wenn schon nicht mit-, dann zumindest nebeneinander"[220] lebt. Wenig überraschend bewertet die NPD die gewachsene kulturelle Vielfalt in unserem Land negativ. So hielt ein Mitarbeiter der NPD-Fraktion im Sächsischen Landtag im März 2006 einen Vortrag unter dem Titel „Heimat statt ‚Babylon' – Die Überfremdung als deutsche Schicksalsfrage", und zwei Jahre später sprach ein Mitglied dieser Fraktion von der Gefahr, „in einem babylonischen Sprachgewirr unterzugehen oder zumindest zu primitivisieren".

Kein Zweifel: Der Mythos Babylon lebt. Oder sollten wir besser sagen, dass die Mythen leben. Je nach Bedarf wird ein bestimmter Mythos wieder belebt oder neu kreiert. Die Beschäftigung mit der tatsächlichen Geschichte des antiken Babylons würde eine solche Mythenbildung nur stören. Und während im Irak die übrig gebliebenen Lehmziegel immer mehr zerfallen, wachsen die Mythen ungehindert weiter – ohne irgendeinen Bezug zum realen Babylon.

---

[219] „Moskau ist die Hure Babylon", Interview mit Wiktor Jerofejew, Spiegel-Online, 15.7.2008

[220] Kurt F. de Swaaf: Frankfurter Bahnhofsviertel – Babylon am Main, Spiegel-Online, 18. 8. 2010.

Der Mut zur Wahrhaftigkeit

Das historische Babylon hatte wenig gemein mit dem Bild, das von der Stadt in biblischen Texten gezeichnet wurde. Dieser Befund ist eindeutig. Um so bedauerlicher ist es, dass in zahllosen Predigten und Bibelarbeiten der Eindruck vermittelt oder nahegelegt wird, dass die biblischen Geschichten vom Turmbau zu Babel oder vom Menetekel von historischen Ereignissen erzählen. Es ist unredlich, so zu tun, als sei es irrelevant, ob der Turm zu Ende gebaut oder der babylonische Herrscher von seinen eigenen Leuten getötet wurde. „Everything goes" ist in der Gesellschaft eine gefährliche Botschaft, und im Umgang mit historischen Tatsachen ist dies auch der Fall. Die Versuche, im Stil von „Die Bibel hat doch recht" zu versuchen, die wissenschaftlichen Erkenntnisse von Archäologie und Altorientalistik so selektiv wahrzunehmen oder umzudeuten, dass sie anscheinend doch noch irgendwie mit den biblischen Aussagen im Einklang zu bringen sind, schadet der Glaubwürdigkeit der Kirchen und ihrer Predigerinnen und Prediger. Vor allem aber verbaut ein solcher Versuch den Zugang zur Botschaft biblischer Texte. Wir können dann zu einem tieferen Glauben gelangen, wenn wir viele der biblischen Geschichten nicht als historische Tatsachenberichte lesen, sondern als erzählte Theologie, mit der tiefe religiöse Wahrheiten vermittelt werden sollen. Dem werden viele Theologinnen und Theologen vermutlich zustimmen. Aber dann ist der Mut gefordert, dies in Predigten nicht zu „vergessen". Nicht selten ist es einfacher, so zu predigen, als hätten die Menschen wirklich vergeblich am Turm von Babylon gearbeitet und wären an menschlichem Größenwahn gescheitert. Das lässt sich trefflich mit heutigem Größenwahn in Beziehung setzen. Aber die Wahrhaftigkeit erfordert es, auf solche plakative Gegenüberstellung zu verzichten und die Turmgeschichte als Glaubenszeugnis erkennbar werden zu lassen.

Und wer daran noch Zweifel haben sollte, der möge das Nachwort der zuletzt erschienenen Ausgabe von „Und die Bibel hat dort recht" lesen. Dort wird über die Bibel festgestellt: „Längst wissen wir: Sie enthält Elemente der unterschiedlichsten Literaturgattungen – vom erbaulichen Traktat bis zum Kriminalroman, von der Predigt bis zum Gesetzestext, vom liturgischen Hymnus bis zum Liebeslied, von der Geschichtsschreibung bis zur Novelle; auch Sagen, Anekdoten und Volksmärchen fehlen nicht."[221] Diese Aussage muss nach allem, was bisher aus diesem Buch zitiert worden ist, überraschen, zumal hinzugefügt wird: „Die Bibel ist durchaus nicht ‚aus einem Guss', und wir kennen einigermaßen ihre ‚Gussnähte'."[222] Wenn dem so ist,

---

[221] Werner Keller: Und die Bibel hat doch recht, a. a. O., S. 440f.
[222] Ebenda, S. 441.

dann ist es offenkundig unsinnig, mit archäologischen Mitteln die historische Zuverlässigkeit all jener biblischen Texte beweisen zu wollen, die als Novellen oder Sagen einzuordnen sind. Eigentlich müsste das Buch „Und die Bibel hat doch recht" nach diesem Nachwort ganz neu geschrieben werden auf der Grundlage einer Einordnung der einzelnen biblischen Texte in die erwähnten literarischen Gattungen. Nun muss verraten werden, dass das Nachwort nicht von Werner Keller stammt, sondern von Joachim Rehork, der 1978 auf Bitten von Werner Keller das Buch im Blick auf neue Forschungsergebnisse bearbeitet hatte. Er bezeichnet die Bibel in seinem Nachwort als „Glaubensdokument",[223] und dieser Einordnung kann ich mich uneingeschränkt anschließen.

Der Umgang mit den „Anderen"

Es gibt eine weitere Dimension, die beim Umgang mit den Babylon-Geschichten nicht vernachlässigt werden kann: die Frage nach der Darstellung der „Anderen". Es ist menschlich nur zu verständlich, dass die Verfasser biblischer Texte einen großen Groll und Zorn gegen die hegten, die Jerusalem erobert, den Tempel zerstört und viele Menschen verschleppt hatten. Aber wir sollten uns heute hüten, dieses Bild von Babylon mit der historischen Realität jener Stadt zu verwechseln, die zwei Jahrtausende lang zu den führenden politischen, ökonomischen und kulturellen Zentren in Mesopotamien gehörte. Babylonien und seine Hauptstadt waren kein Paradies, und ihr Reichtum beruhte in beträchtlichem Maße auf der Ausplünderung und Ausbeutung eroberter Gebiete. Aber die Menschen in Babylonien lebten nicht schlechter oder waren stärker unterdrückt als die Bewohner anderer damaliger Reiche in der Region zwischen Nil und Indus. Es ging den meisten Menschen in Babylon ökonomisch relativ gut, sie lebten vergleichsweise sicher und konnten ihre Rechte in vielen Fällen vor Gerichten einklagen. Frauen waren besser gestellt als anderswo, wahrscheinlich auch als im damaligen Palästina. Selbst den Sklaven ging es in Babylon eher besser als in manchen benachbarten Reichen. Man sollte die gesellschaftlichen Verhältnisse in Babylon gewiss nicht idealisieren, aber sie sind denkbar ungeeignet, um Babylonien zum „Reich des Bösen" der damaligen Zeit zu machen.

Es gehört fast schon zu den Banalitäten jeder Friedenserziehung, von einem Freund-Feind-Schema und einer Verteufelung der „Anderen" wegzukommen. Das gilt es auch im Umgang mit biblischen Texten zu beherzigen, und wir sollten uns davor hüten, die pauschale Diffamierung von Fremdvölkern im Alten Testament unbesehen zu übernehmen. Gerade das, was an biblischen Texten – wie den Visionen in der Of-

[223] Ebenda, S. 442.

fenbarung des Johannes – häufig so beeindruckt, ist zugleich das Problematische an diesen Texten: die schroffe Gegenüberstellung von Gut und Böse, von denen, die für oder aber gegen Gott sind, von Heiligen und Huren. Solche Gegenüberstellungen verleihen Selbstvertrauen und Überzeugungskraft, wenn man davon überzeugt ist, zu den Guten zu gehören – und diese Überzeugung ist wahrlich weit verbreitet. Aber es bildet auch die Grundlage für Fundamentalismus, Intoleranz und nicht selten Gewalt. In der heutigen komplexen Welt, in der alles mit allem zusammenzuhängen scheint und Orientierung schwer fällt, sind solche Aufteilungen in Gut und Böse attraktiv. Allerdings ist auch die Gegentendenz gefährlich, die Relativierung von Allem und Jedem. Zwischen beiden Extremen einen Weg zu finden, ist anstrengend. Es erfordert, Zusammenhänge genau zu analysieren, Interessen zu erkennen, Propaganda zu durchschauen. Gerade die bunte Vielfalt der Bilder von Babylon, die antike Historiker wie Herodot, biblische Autoren, die Maler und Schriftsteller vieler Jahrhunderte und nicht zuletzt die Babylonier selbst auf ihren Tontafeln hinterlassen haben, lädt ein zu einer gründlichen und möglichst vorurteilsfreien Beschäftigung mit einer Stadt, die auf vielfältige Weise das mit beeinflusst hat, was wir als „moderne Zeiten" ansehen. Babylon zu verstehen, hilft deshalb auch, die Wurzeln unseres heutigen Lebens besser zu verstehen – und uns zu verabschieden von pauschalen Bewertungen, die oft nicht das Geringste mit dem zu tun haben, was einmal an den Ufern des Euphrats geschah, was gedacht und geglaubt wurde.

Abschied von religiösen Schwarz-Weiß-Bildern

Zu einer achtungsvollen Wahrnehmung des Lebens in Babylon gehört es auch, die Religion der Menschen zu achten. Wenn wir heute die pauschale Diffamierung traditioneller Religionen durch viele europäische Missionare kritisch betrachten und einen interreligiösen Dialog für unverzichtbar halten, können wir dann eine fremde Religion im alten Orient pauschal negativ darstellen und bewerten, ohne uns näher mit ihr zu beschäftigen? Wie in diesem Buch dargestellt, war der Glaube der Babylonier keineswegs „primitiv", und es ist lohnend, sich mit dieser Religion zu beschäftigen. Das hat auch eine aktuelle Bedeutung. US-amerikanische Truppen hätten mit Sicherheit nie die Via Dolorosa in Jerusalem mit ihren Panzerketten platt gemacht, während sie offenkundig nicht zögerten, dies mit der Prozessionsstraße in Babylon zu tun. Wir lernen erst allmählich, auch bedeutenden Orten anderer Religionen aus früherer Zeiten mit Achtung zu begegnen. Es geht im Kern um die Frage, ob wir Gottes Wirken auch in anderen Religionen wahrnehmen können oder auch nur wahrnehmen wollen. Wir können uns an dem sehr frommen Dichter Matthias Claudius orientieren, der über die asiatischen Religionen äußerte: „Alle sind übermenschlichen Ursprungs und durch ein himmlisches Wesen geoffenbart und mitgeteilt worden.“[224]

Ein solches Verständnis anderer Religionen war in biblischen Zeiten nicht selbstverständlich und ist es heute auch nicht. Aber es kann die Grundlage für ein Miteinander der Religionen bilden, die unsere Welt dringend nötig hätte. Auch für die theologische Beschäftigung mit Babylon und dem Glauben der Babylonier kann das gelten, was Professor Stefan M. Maul für die Übersetzungsarbeit der Altorientalistik formuliert hat: „Unsere große Aufgabe liegt darin, die anderen, uns zunächst fremden Formen des Ausdrucks zu erkennen und zu verstehen. Nur ehrfürchtiger Respekt, Offenheit, genaues Hinsehen und große Sachkenntnis werden es uns ermöglichen.“[225]

So, wie wir uns vor einigen Jahrzehnten vom Schwarz-Weiß-Fernseher verabschiedet haben, sollten wir uns endgültig von Schwarz-Weiß-Bildern verabschieden, um eine immer komplexere Welt der Religionen und deren Wurzeln zu verstehen und zu interpretieren. Das meiste in dieser Welt ist grau oder im günstigen Falle bunt. Die Befürchtung, „das wird mir nun aber zu bunt“, kann uns dazu verleiten, auf einfache Schwarz-Weiß-Bilder zurückzugreifen, um die Welt in Gut und Böse, in „Wir“ und „die Anderen“ zu unterteilen. Religiösen Fundamentalisten gelingt es perfekt, die Welt auf diese Weise zu sortieren, aber um welchen Preis? Alle anderen gewöhnen sich besser an den Gedanken, dass es keine Alternative dazu gibt, den oft mühsamen Weg des genauen Hinsehens, des Abwägens, des Verständnisses zu gehen. Dieser Weg darf nicht dazu führen, alle Übel dieser Welt so zu relativieren, dass eigener Zorn über schlimme Zustände verfliegt und eigenes Engagement unterbleibt. Aber wer die vielen Grautöne und das Bunte in dieser Welt entdeckt, der ist davor gefeit, in blinder Wut auf die Vernichtung der Anderen zu hoffen oder sogar daran mitzuwirken.

Gerade weil Babylon in manchen biblischen Texten mit so viel Hass und Vernichtungswünschen bedacht wird, lohnt es sich, an diesem Beispiel die vielen Grautöne und bunten Farbtupfer einer der ältesten Städte der Welt zu entdecken. Dieses Buch hat hoffentlich gezeigt, wie spannend und wie bereichernd ein solcher Prozess ist. Babylon war kein multikulturelles Paradies, aber auch kein Reich des Teufels. Es war vor allem eine Stadt, in der Menschen mit unterschiedlichen ethnischen, kulturellen und religiösen Wurzeln miteinander gelebt und gearbeitet haben. Sogar einen hohen Turm haben sie fertig gestellt. Und das Ganze ist trotz aller Widrigkeiten mehr als

---

[224] Zitiert nach: Peter Berglar: Matthias Claudius, Reinbek 1977, S. 120.

[225] Stefan M. Maul: Wiedererstehende Welten, Aufgaben und Möglichkeiten moderner Altorientalistik, in: Mitteilungen der Deutschen Orient-Gesellschaft zu Berlin, 130, Berlin 1988, S. 273.

zwei Jahrtausende lang die meiste Zeit gut gegangen. Das verdient Achtung, ohne all die Mängel und Schattenseiten zu ignorieren oder zu verschweigen.

Das wirkliche Leben, lernen wir gerade von Babylon, beginnt erst jenseits von Schwarz-Weiß-Bildern.

Literaturauswahl

Albani, Matthias: Daniel, Traumdeuter und Endzeitprophet, Leipzig 2010, 315 Seiten.

Albertz, Rainer: Die Exilszeit, Stuttgart 2001, 344 Seiten.

Babylon – Stadt zwischen Himmel und Erde, Zeitschrift „Welt und Umwelt der Bibel“, 3/2005.

Brueggemann, Walter: Out of Babylon, Nashville 2010, 178 Seiten.

Esquivél, Julia: Paradies und Babylon, Guatemaltekische Visionen und Gebete, Wuppertal 1985, 111 Seiten.

Jursa, Michael: Babylon, München 2004, 128 Seiten.

Keller, Werner: Und die Bibel hat doch recht, Berlin 2013, 461 Seiten.

Marzahn, Joachim/Schauerte, Günther (Hrsg.): Babylon Wahrheit, München 2008, 648 Seiten.

Maul, Stefan M.: Das Gilgamesch-Epos, Neu übersetzt und kommentiert, München 2005, 192 Seiten.

Sals, Ulrike: Die Biographie der „Hure Babylon“, Tübingen 2004, 567 Seiten.

Unter der Herrschaft der Perser, Israel erfindet sich neu, Zeitschrift „Welt und Umwelt der Bibel“, 3/2011.

Wartke, Ralf-B. (Hrsg.): Auf dem Weg nach Babylon, Robert Koldewey – Ein Archäologenleben, Mainz 2008, 192 Seiten.

Wullen, Moritz/Schauerte, Günther (Hrsg.): Babylon Mythos, München 2008, 280 Seiten.